サバイブのための歩法

システマ・フットワーク

そのわずかな差が、生死を分ける

北川貴英
Takahide Kitagawa

日貿出版社

ミカエル　最初は立ち位置を見て、立ち位置を変えていくようにします。自分が負ける位置に立っていることが分かる、ということが最初のステップなのです。すでに負けていることが分かれば、逆転するわずかな希望を見出すことができるようになってきます。それが分からずに無闇に突っ込むのはただの自殺行為ですから。

自分が不利な立ち位置に立っていることが分かれば、より良い位置に移動したり、戦略を練ったりすることができます。自分にチャンスがないと分かっていたら突入する必要はないでしょう？　蛇でいっぱいの部屋に踏み込むようなものです。入らないのが賢明ですね。

—「良い立ち位置」とはどのような位置ですか？

ミカエル　敵がシャシュカを持っているとしたら、その位置と剣の軌道を踏まえてそこから外れる位置に立たなくてはいけません。身体の向きやシャシュカの刃の向き、手の位置などから、シャシュカが描く平面が決まります。その平面から逃れるのです。攻撃の軌跡から逃れるのです。

無料ウェブマガジン　コ2【kotsu】（http://www.ko2.tokyo/）連載
北川貴英「システマ随想　第七回　ミカエル・リャブコ　インタビュー in ロシア」より抜粋

はじめに

システマの創始者、ミカエル・リャブコは身長170センチほど。ロシア人としては小柄な部類に入ります。そのためミカエルよりも腕の長い人はごまんといます。またかなり恰幅の良い体格ですので、ミカエルよりも素早く動ける人もたくさんいます。しかし、こうした有利な条件を持つはずの誰もが、ミカエルに打ち負かされてしまいます。ミカエルよりリーチが長いはずの攻撃が届く前に、ミカエルより素早い人が攻撃を仕掛ける前に、ミカエルのパンチがヒットしてしまうのです。はたから見ても、ミカエルはゆっくりと動いているだけ。目にも留まらぬ動きをするわけではありません。

なぜそのようなことが起こるのか。ずっと分からずにいたのですが、友人でもあるオランダのインストラクター、アレン・ダッベルボアが、解決の糸口を与えてくれました。

「ミカエルの足元をよく見てみろ。相手の動きに合わせてほんの少しだけ、位置をズラしているだろう。あれで完全に優位に立ってしまっているんだ」

そう言われて改めて観察してみると、確かにミカエルは足の位置を微妙に動かしています。それはとても小さくて、これまですっかり見逃していたようなさりげない動きでした。でも、このほんの数センチ、いや数ミリ単位の足の動きで、自らの優位を決定的なものにしてしまっているのです。同様の動きはヴラディミア・ヴァシリエフなどマスターやシニア・インストラクター達にも見出すことができます。こうした人たちとは、向き合った瞬間から手も足も出ないような気にさせられてしまいます。それでは練習にならないので攻撃を仕掛けるのですが、案の定やすやすとコントロールされてしまいます。動く前から完全に制されてしまっているのです。アレンのアドバイスを受けてから、なぜこうした現象が起こるのか、おぼろげながら分かるようになってきました。それが立ち位置です。彼らは向き合う前から有利な立ち位置を確保してしまっているのです。このことが彼らの技にばかり気を取られていた私には、まったく見えていませんでした。

立ち位置を決めるのは、足を置く位置です。足の置き方、運び方は才能や身体能力に左右されることもありません。分かれば分かるほど向上し、年齢によって衰えるどころかむしろ老獪さが増すでしょう。さらに着目する人がかなり少数派であることも気に入りました。こうして私はフットワークに興味を持ち、個人的な研究を進めていったのです。

もちろん、フットワークだけでマスター達の動きやシステマの全てを解明できるわけではありません。システマにはブリージングという、より重要な原則がありますし、そのほかにも姿勢、リラックス、カーム（calm）など、フットワーク以上に大事なことは山ほどあります。そもそもマーシャルアーツというカテゴリ自体が、システマの一側面にすぎないのです。

こうしたことを踏まえつつ、あえてシステマのマーシャルアーツ的な側面に限定して、もっとも重要なテクニックを挙げるとしたら、フットワークなのではないかと思います。

どれだけ強力なストライクを打てて、ナイフディフェンスが巧みでも、それが見当違いな場所で行われていれば全く意味がありません。しかし逆に、多少稚拙な技術であっても、それを適切な位置で適切なタイミングで用いれば恐るべき影響力を発揮することができるのです。


本書は「フットワーク」という角度から創始者であるミカエル・リャブコやヴラディミア・ヴァシリエフといった、マスターたちから筆者が学んだことを、そのまま伝えることを目指しました。しかしフットワークは常にあらゆるスキルの一部として扱われ、単体で取り上げられることはほとんどありません。そのためマスターたちが教えてくれたこととともに、筆者がマスターたちの動きや教えを分析し、試しながらつかみ取っていったことも加味されています。その意味では『システマ入門』（ＢＡＢジャパン）や『システマ・ストライク』（日貿出版社）などこれまでに上梓した解説書に比べたら、筆者の解釈がいくらか強く反映した内容になっています。

そのためレベルとしても筆者の力量の範囲内という限定されたものになってしまっていることは否めません。

ただフットワークは、肉眼ではとらえることの困難な「見えざる動き」の中では、もっとも一般化しやすい領域といえます。なぜならインターナルワークなど、身体や意識の深層で行われるものと異なり、図式化して説明することが可能だからです。また物理的な動きと精神面のつながりが実感しやすいという特徴もあります。そのためフットワークは「見える動き」と「見えざる動き」の架け橋としてとても有効なのではないかと筆者は感じています。

本書で解説するフットワークは、なにか一定の解答や一般的な格闘技のテキストにあるような、具体的な足運びを提供するものではありません。適切なポジショニングは常に変化し続けるため、全てに対応できる万能な答えなどないためです。そのため本書では、適切なタイミングで適切な位置にいるための前提となる、身体と意識のあり方について解説していきます。どれも一見地味で華やかさはありませんが、どんな武術・格闘技、あるいはスポーツや日常生活にも活きる〝土台〟となることでしょう。

人間が二人以上いれば、位置関係が生まれます。その変化がもたらす機微が分かってくれば、マーシャルアーツはもちろん、日常生活における対人関係もより豊かな色彩を帯びてくることでしょう。本書がそんな世界の入り口として役立てば、筆者としては幸甚です。

北川貴英

目次

第3章　どこへ足を置くのか？
前進、後退、転換 81

ポジショニングを武器にする 82

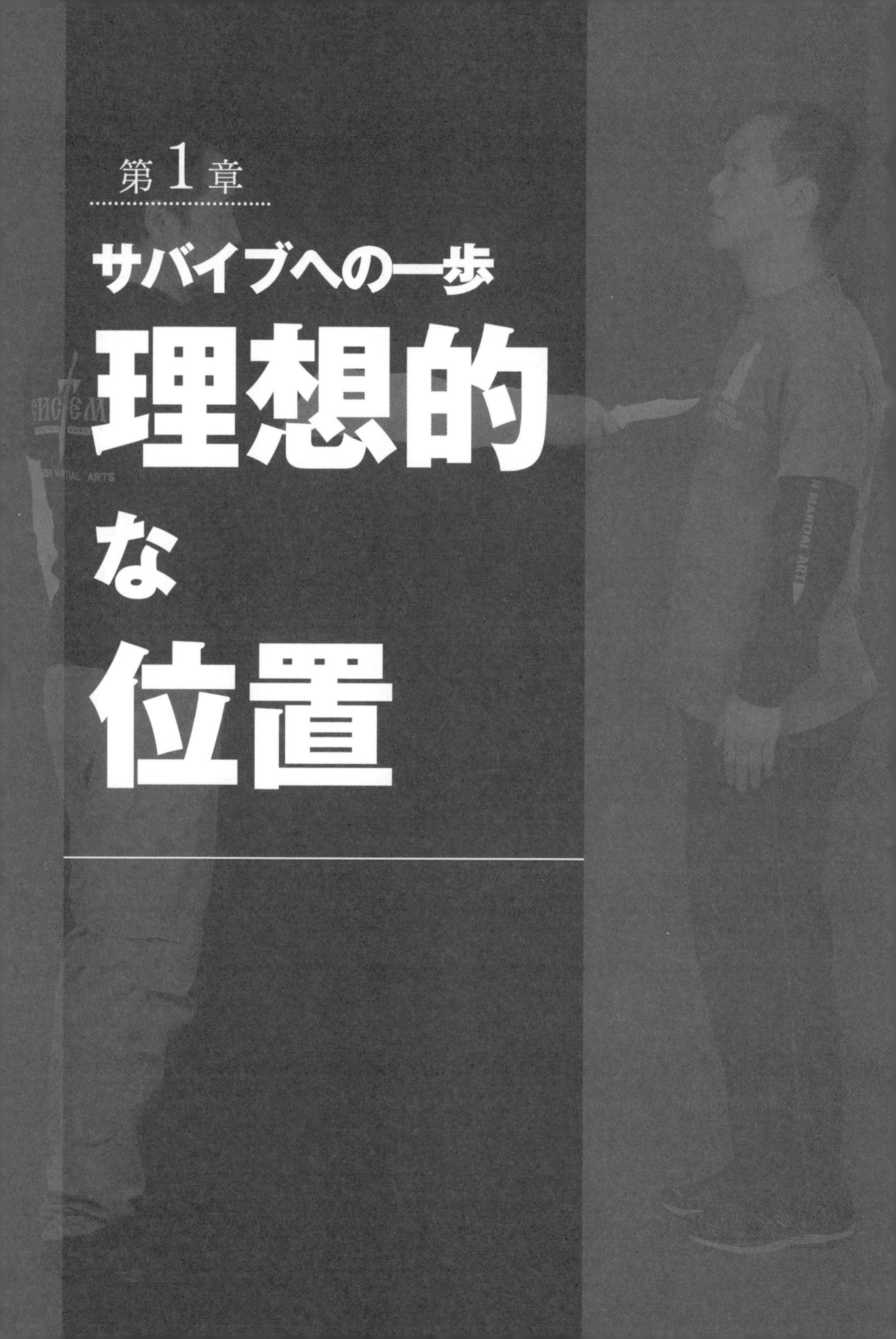

第1章

サバイブへの一歩
理想的な位置

サバイブのための〝位置取り〟

フットワークの主な目的は、適切な位置に適切なタイミングで身を置くことです。正しい姿勢で立っていれば、身体は足の上にまっすぐ乗っています。ですからポジショニングとは、理想的なタイミングで理想的な場所に足を置く技術ということができます。

では理想的な場所とはどんな場所なのでしょうか?

その条件は次の二つです。

1. 自分が安全であること。

2. 相手にとって不利であること。

この二つは次のように言い換えることも可能です。

1. 相手の攻撃範囲から外れていること。

2. 相手が自分の攻撃範囲内にいること。

これら二つが組み合わされば、理想的な位置の定義が生まれます。

つまり

「相手の攻撃範囲から外れ、相手が自分の攻撃範囲内にいる位置」

ということになります。しかし必ずしもこの二つが必要なわけではありません。

システマには「サバイブ（生き延びる）」という至上命題があります。これを踏まえれば、1．の「自分にとっての安全」は、2．の「相手にとって不利」よりもプライオリティーとしてはるかに勝ることになります。

ですからまずは自分の安全を確保した上で、必要に応じて2．の「相手にとって不利」という条件を揃えるのです。もし相手を攻撃範囲内に入れようと焦るあまり、自分が相手の攻撃範囲内に入ってしまえば、相打ちの可能性が非常に高いギャンブルに身を投じることになります。それでは「サバイブ」を最優先とするシステマの原則に反してしまいますし、それ以上に自分がダメージを被ることになってしまうのです。

また攻撃範囲は攻撃手段によって大きく異なります。

ナイフでの刺突やピストルであれば直線ですし、スティックを振る、刀で斬りつけるといった振り回す系統の攻撃であれば扇状になります。もし自分が何らかの武器による攻撃範囲に入ってしまっていれば、そこから離脱するようにします。防御するという選択肢もありますが、防御の成功には自分の防御手段が相手の攻撃手段よりも強固である必要があります。素手でナイフやスティックを受けるのはよほどの実力者でない限り無理ですし、銃弾や自動車といった、相当強度のある障壁でなければ防ぎきれない危機もあるでしょう。その時初めて目にする攻撃がどの程度の破壊力なのか、正確に見極めることなどできません。自分の防御手段が勝るかどうかという賭けに自分の命や身体をさらすなど、とても得策とは言えないでしょう。すると速やかに攻撃範囲から回避する方がずっと現実的な選択肢ということになります。攻撃範囲は攻撃手段によって多種多様です。しかしその形状は「直線」と「扇型」の二つに大別することができます。

システマではそれぞれの武器に応じた個別の対処法があるわけではありません。なぜなら異なる攻撃手段であっても攻撃範囲そのものには多くの共通点があるからです。また、これら二つの他にも超至近距離における「つかみ」や、ショットガンのような円錐状のもの、爆弾のように攻撃範囲が球状になっているものもありますが、本書のテーマから少し外れることになるので、ひとまず置いておきます。

攻撃の種類

１．直線

攻撃が一直線の軌跡を描くものです。

ストレートパンチ、前蹴り、ナイフ、剣、槍、スティックなど刺突全般、銃弾等。

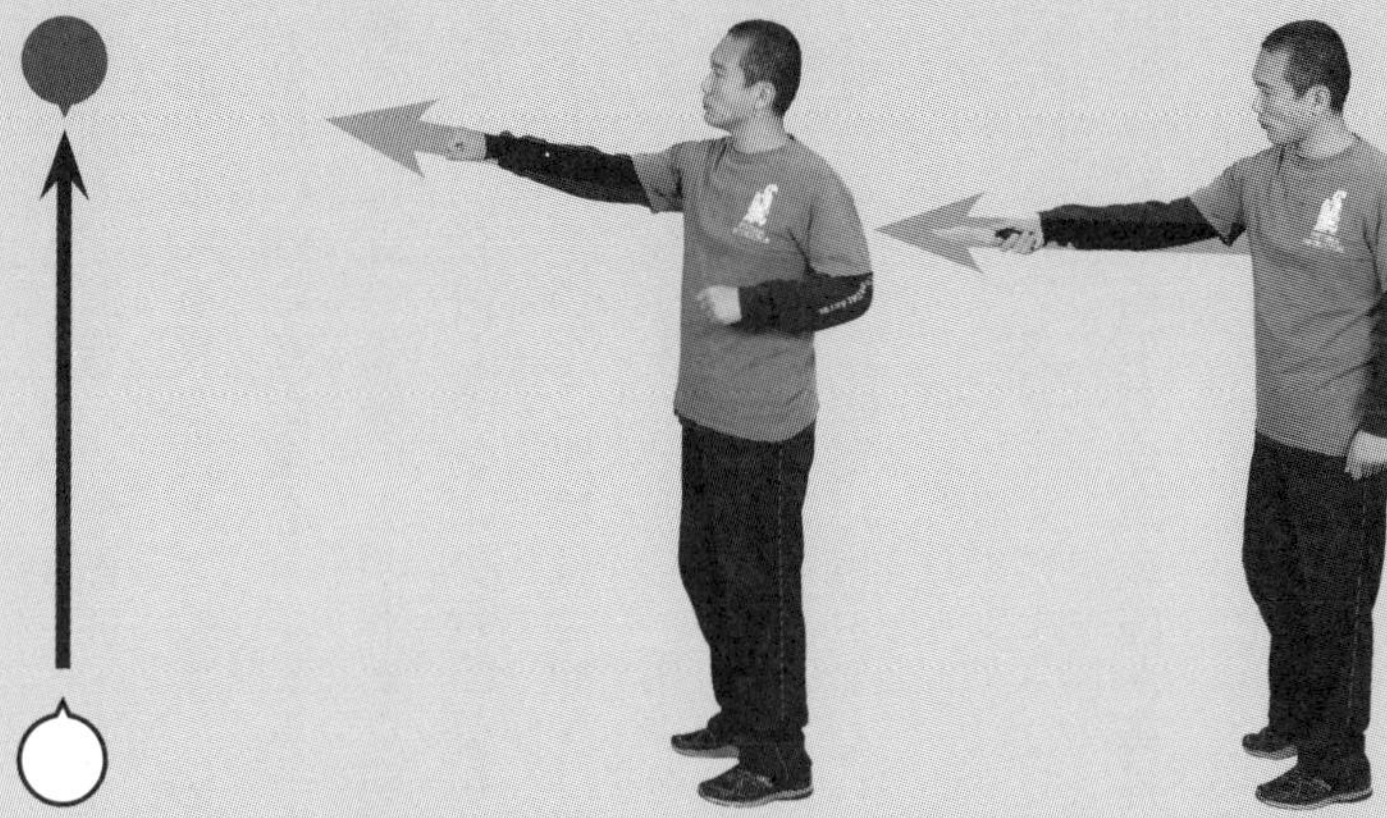

２．扇型

攻撃の軌跡が扇型の平面を描くものです。

回し蹴り、フック、アッパー、刀剣での斬撃、チェーン、スティック、ウィップなどの振り打ちなど、スイング系全般。

○届く範囲、有効な範囲

直線状の攻撃範囲と、扇状の攻撃範囲。両者ともさらに二つの領域に分割することができます。それは「届く範囲」と「有効な範囲」です。例えばスティックやチェーンなどによるスイング系の攻撃であれば、先端に近い方が遠心力が乗る一方、手元に近いところほど威力が低下します。この場合、軌跡が描く弧に近い先端の方が有効な範囲となります。それよりも手元に近い部位は攻撃手段が届くけれども、有効ではない範囲となります。またストレートパンチであれば、手を伸ばしきったところでようやく当たる距離は「届くけれども、有効ではない範囲」となります。威力の乗ったパンチを当てるにはもう少し接近し、相手を「有効な範囲」の中に入れなくてはいけません。

このように「有効な範囲」は「届く範囲」のごく一部です。自分が何らかの攻撃を仕掛ける場合、その成否はこの有効な範囲に確実に相手を入れられるかどうかにかかってきます。

ここで改めて適切なポジショニングについて考えてみましょう。

すると先ほど挙げた「相手の攻撃範囲から外れ、相手が自分の攻撃範囲内にいる位置」という定義では不十分ということになります。「届く範囲」と「有効な範囲」という区分を踏まえ、もう少し発展させる必要が出てきます。

こうして導き出される原則は、

「相手の攻撃が届かず、自分の有効な攻撃が当たる位置」となります。本書で解説するのは、こうした位置を察知し、的確に確保するためのトレーニング法についてです。

○手の「届く範囲」と「有効な範囲」

マーシャルアーツにおいて最も使用頻度の高い武器は「手」です。ナイフやピストルもまた手を用いて操作されますので、手の存在抜きにフットワークを語ることはできません。そこで明確にしておきたいのは、手の「届く範囲」と「有効な範囲」についてです。なぜならほんのわずかな距離の違いによって、手の能力が最大限に発揮されることもあれば、全く削がれてしまうこともあるためです。しかしナイフやピストルといった武器と異なり、手は明らかに危険な部位が定かではありません。そのうえ、様々な使い方ができるため「届く範囲」と「有効な範囲」の区別がつきにくくなっています。ですからここでは腕の構造から、両者の範囲を求めることにします。

まず両手をめいっぱい伸ばして、できるだけたくさんの空気を抱え込むように動かしてみてください。こうして生まれる領域が、「届く範囲」です。続いて自動車のハンドルを持つようなつもりで手を前に出してみてください。自動車を運転したことのない方は自転車やバイクでも構いません。

余裕のある有効な範囲。この状態であれば、攻防を含む様々な動作が余裕をもって行えます。

届く限界の範囲ではそれ以上何か行う余裕がありません。

こうして両腕で描かれる領域が、「有効な範囲」です。

誰でもレンタカーや新車など、初めての車に乗る際は運転しやすいように座席やハンドルの位置を微調整します。この時、必ず腕が適度に曲がり、力が抜けた状態を目指すでしょう。わざわざ腕を伸び切らせたり、縮こまらせたりといった窮屈な姿勢をとる人はいないはずです。なぜなら生命の危機に直結する問題のため、誰もが本能的に腕を正確にかつ力強く動かすことができる状態と姿勢を求めるのです。こうして比べてみると腕の「有効な範囲」は「届く範囲」に比べてかなり狭いことが分かります。だからこそ、この狭い範囲に相手を入れるスキル、つまりフットワークが重要になるのです。

○位置関係を決める「距離」「角度」「向き」

まずは一対一というシチュエーションに限定して、相手との位置関係（ポジション）について考えていきましょう。これは「距離」「角度」「向き」の３つの要素に分けて考えることができます。

「距離」…相手との距離です。一般的に危険物に対して遠いほど安全で、近いほど危険度が増す傾向があります。ですからセルフディフェンスにおいては、できるだけ対象と距離をとることが基本になります。

「角度」…相手に対する角度です。一般的に相手の正面より側面、側面より背後の方が安全になります。理由は人体の攻撃範囲が前面にあるためです。サバイブを念頭におく場合、優先されるのは「角度」よりも「距離」になりますが、距離をとることができない場合は、より安全な角度に移動するようにします。

「向き」…相手に対する自分の向きです。もしタイミングよく相手の背後に回ったとしても、背中合わせになっていたら何もできません。それは相手の攻撃範囲から逃れながらも、相手を自分の攻撃範囲に入れていないためです。しかし逃亡を目的とするなら、この位置関係はとても有効になります。このように対象に対して同じ距離、同じ角度に身を置いたとしても、自分が向いている向き

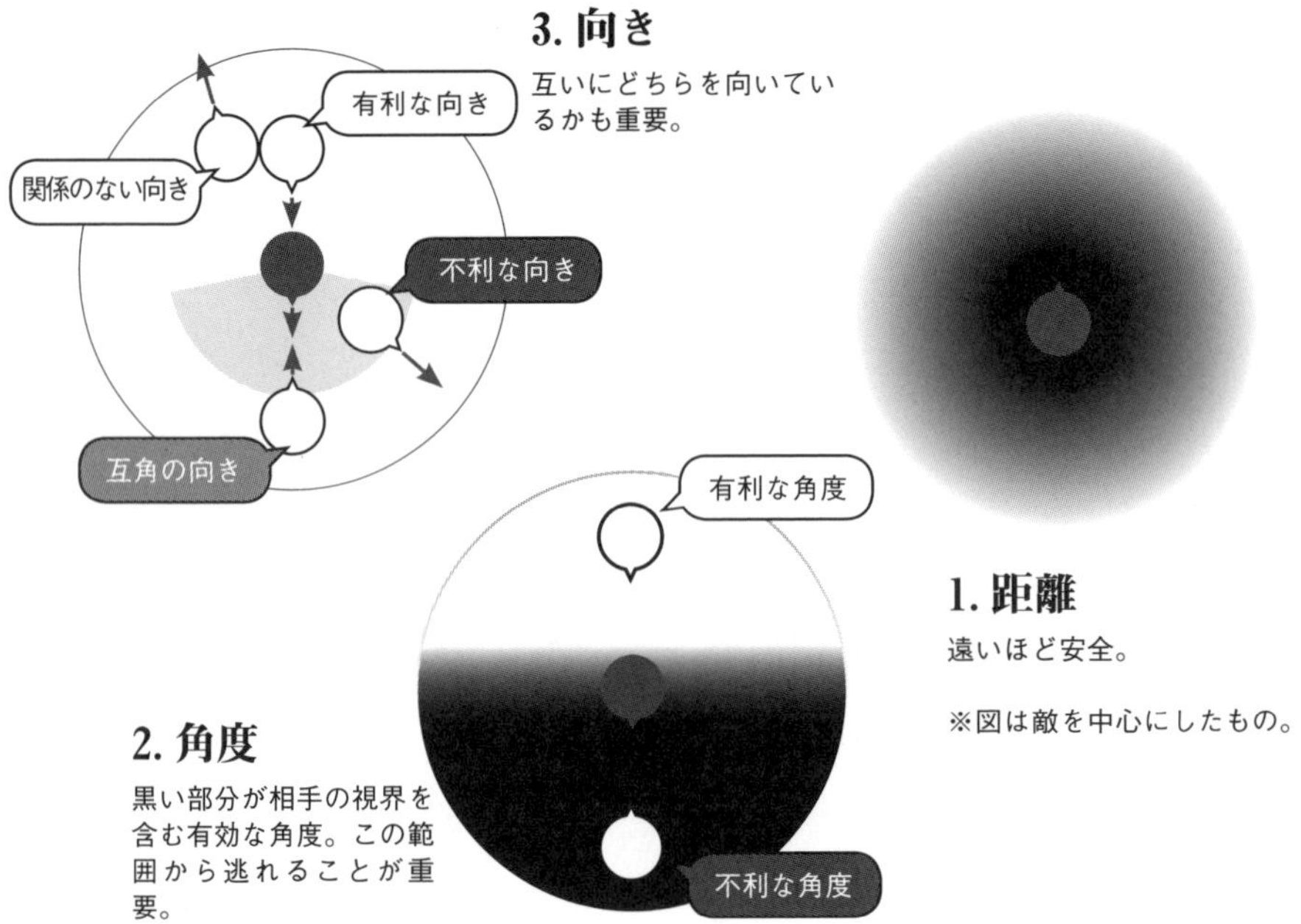

互いにどちらを向いているかも重要。

遠いほど安全。
※図は敵を中心にしたもの。

黒い部分が相手の視界を含む有効な角度。この範囲から逃れることが重要。

によって、そこから生じる展開が大きく変化することになります。

兵力をどのように配置するか。

それは古来から武将や軍略家が試行錯誤してきた、一大テーマでした。なぜなら配置いかんで小勢が多勢を圧倒するようなことが起こり得るからです。それはマーシャルアーツにおいても同様です。歩法を秘伝として伝えられている流派が多いのも、その重要性を熟知しているためなのではないでしょうか。

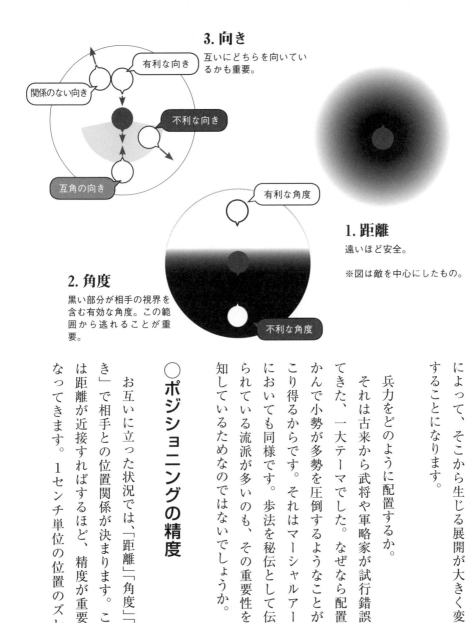

○ポジショニングの精度

お互いに立った状況では、「距離」「角度」「向き」で相手との位置関係が決まります。これは距離が近接すればするほど、精度が重要になってきます。1センチ単位の位置のズレ、わずか５センチのズレでも、刃物を相手にした場合は致命傷となります。

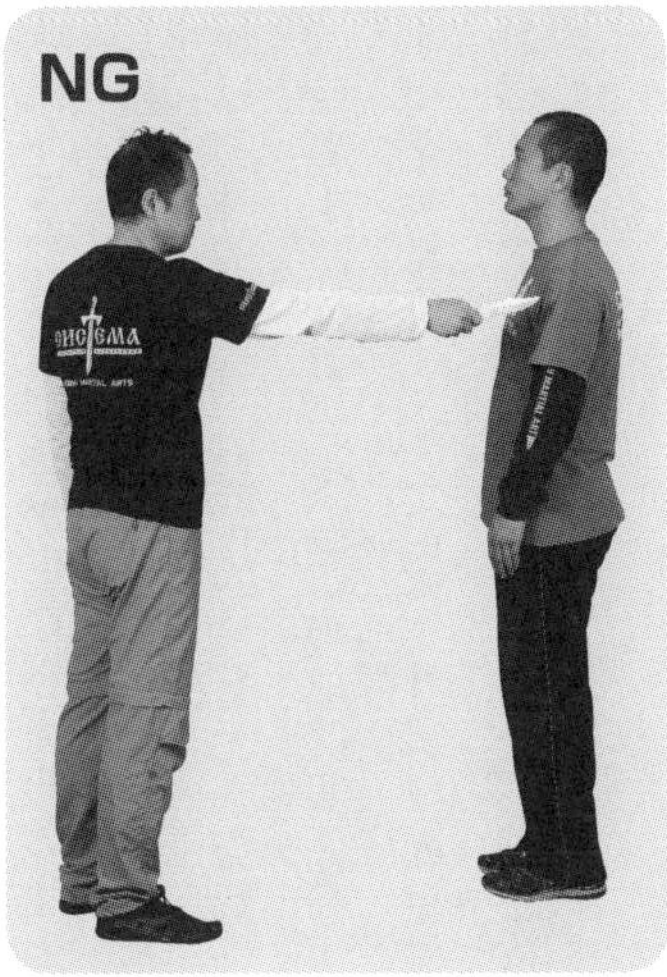

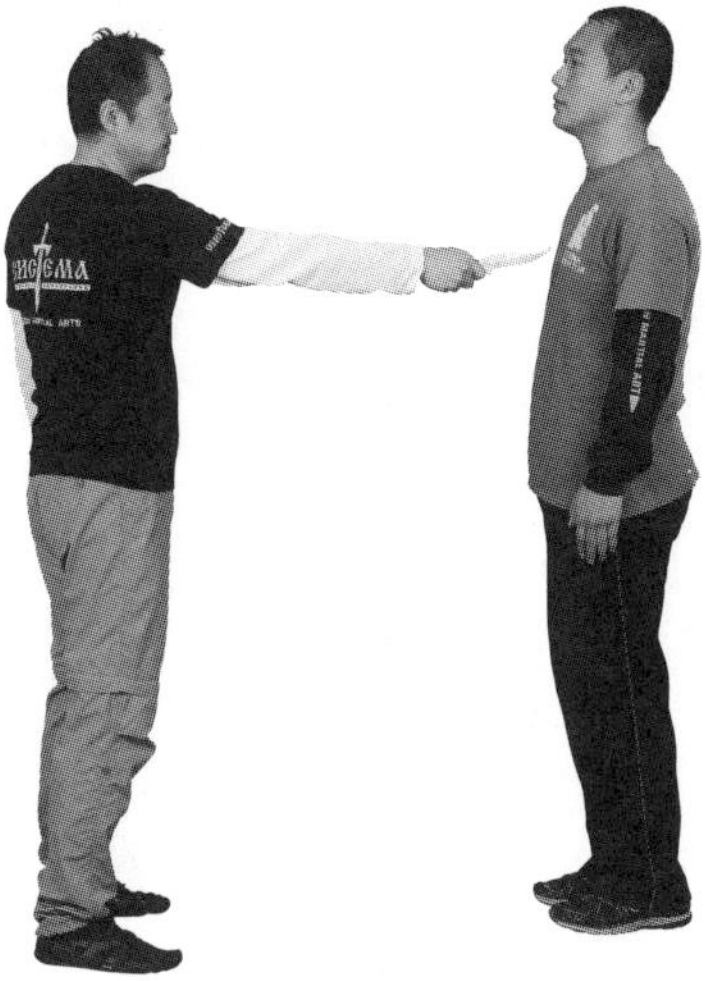

数度単位の角度のズレが命運を分けるようになるのです。

通常、一歩の歩幅は、身長のおよそ０．４倍〜０．５倍とされています。

身長１７０センチであれば、70センチから80センチといったところでしょう。

その半分の小股歩きでも、35センチから40センチほどになります。しかしこれでは近接時におけるポジショニングの精度としてはかなり大雑把であると言えます。

例えばナイフであればほんの5センチの距離の違いが、無傷と致命傷という大きな分かれ目となります。重いダンボール箱やビール箱を担ぐ際も、手を箱にかけた後、無意識に足の位置を微調整することと思います。それは足の位置の微妙な違いによって、身体への負担が大きく軽減することを、経験的に知っているためです。またカウンセリングの臨床などでは、カウチに横たわったクライアントに対して横から話しかける配置が用いられることがあります。これもまた位置関係が生む心理的影響を考慮してのものです。真正面から向き合うよりも、ほんの少し角度をつけたり横にズレたりした方が、心理的圧迫感が軽減するためです。つまり二者の位置関係は物理的にも、精神的にも大きな影響を与えるのです。

マーシャルアーツにおいて、この位置関係を決定するのは、足の位置です。

それを1センチ単位、さらにはミリ単位の正確さで置く位置を調整するのです。なぜなら足の位置が悪ければ、その上に乗る身体もまた不利な位置に置かれることになるためです。

人の身体は自然な状態において、足の上に身体がまっすぐに乗ります。それこそ強度的に強く、かつ機動性が最大限に発揮される姿勢です。もし「リーチ」を稼ごうとするあまり、胴体をねじったり肩を突き出したりしてしまうと、この姿勢が崩れてしまいます。それによって「リーチ」を拡大させることができるかも知れませんが、引き換えに身体の強度と機動性を大きく損なってしまうことになるのです。その結果、「有効な範囲」は逆に狭まります。自らの攻撃圏も身体も、足の上にまっすぐ上半身が乗っているという条件が満たされている時に本来の能力を発揮します。だからこそ、足を置く位置が重要になってくるのです。

○パーソナルスペース

このように位置取りには多種多様な要素が複雑に絡み合ってきます。ですが対立のシチュエーションは絶えず変化し、同じ状況は二度と訪れることはありません。ですから常に状況に応じた位置取りをする必要があるものの、いちいち考えて判断するわけにもいきません。状況を把握し、分析するというプロセスにはどうしてもある程度の時間が必要になります。それがタイムラグとなり、分析の答えが出た頃には最適な位置が変化してしまうのです。ですから思考することなく、最適な位置を見出す能力が必要となります。

考えずに的確なポジショニングをする。

そう考えると難しそうな気がしますが、私たちはすでにその能力を身につけています。それが「パーソナルスペース」と呼ばれるものです。誰もが自分の周囲に、他者に踏み込まれることに抵抗感を感じる一定の領域を持っています。普段は漠然と感じているこの感覚に注目し、その精度を高めることで、正確なポジショニングの助けとなるのです。

◯パーソナルスペースの感覚

人は他者に対して根源的な恐怖心を抱いています。それは未知が恐怖の源となるためです。どんなに親しい間柄であっても、他者のことを完全に理解することはできません。だからこそ恐怖心を抱き、その作用として筋肉が緊張し、心拍数や呼吸数が高まるのです。それは危険を伴う相手であ

パーソナルスペースは相手やその時の状況によって刻々と変化する。その変化を感じることが、武術・格闘技の第一歩と言えます。

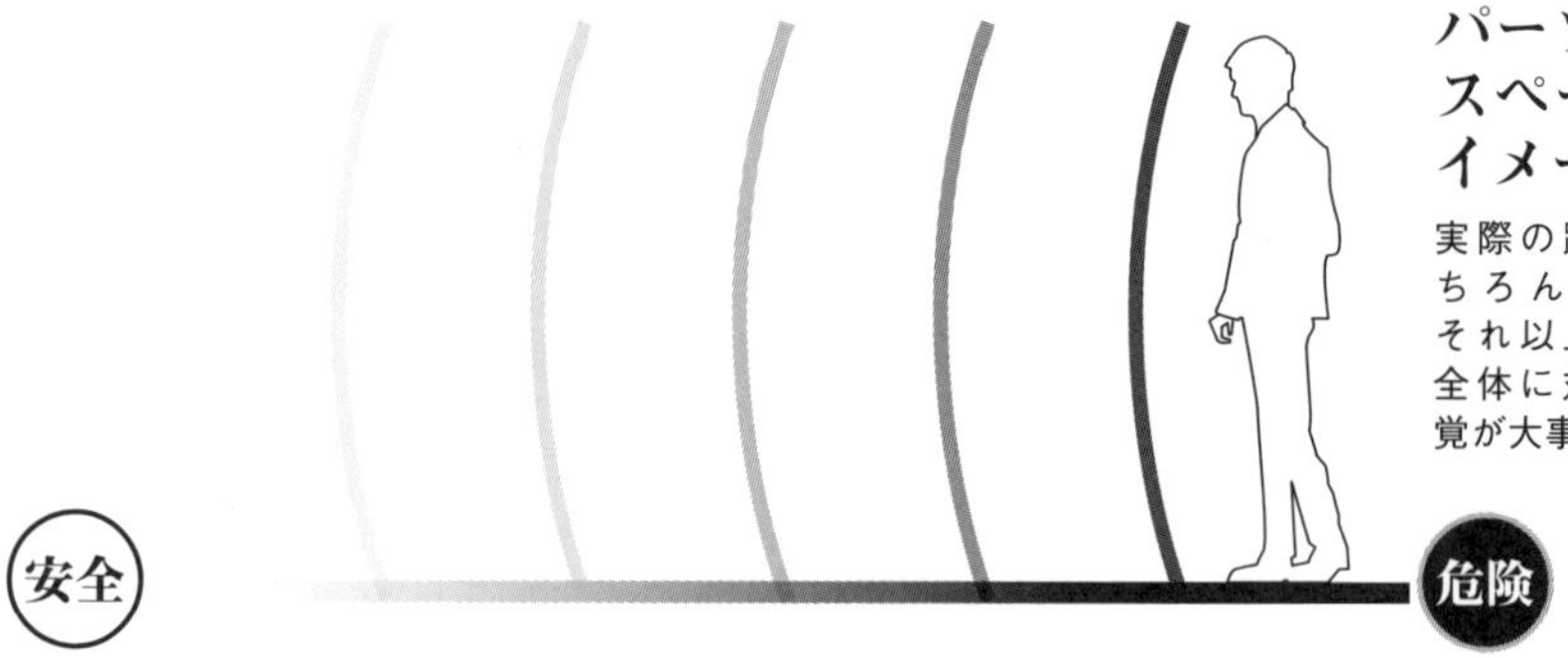

パーソナルスペースのイメージ

実際の距離はもちろんですが、それ以上に空間全体に対する感覚が大事です。

ればなおのことです。

　パーソナルスペースとは、他者の接近を知らせるレーダーのようなものです。何者かが踏み込んでくると、身体は警戒モードに移行し、筋肉の緊張や心拍、呼吸の乱れといったわずかな変化を起こします。それは安全な空間では和らぎ、危険度の高い空間では顕著になる傾向があります。この性質を利用して、自分にとっての安全な空間とそうでない空間を見極めるのです。この方法だと位置取りの動きを身体が主導することになります。すると目で見て脳で考えてから動くよりも情報伝達のプロセスがシンプルになるため、最適なタイミングを逃さずに済むのです。

　ただ、このパーソナルスペースの感覚はとても微かなものであるため、筋肉が力んでいると感じることができません。力みの感覚がノイズとなって、身体が発する警報をかき消してしまうのです。システマでリラックスを重要視するのは、危機を未然に察知する繊細な状態を維持するためでもあるのです。パーソナルスペースの感覚は、ポジショニングの基本となります。どんなにスムーズに移動できたとしても、自分にとっての適切な立ち位置が見出せなければ、意味がないためです。ここではパーソナルスペースを感じ、利用するためのドリルをいくつか紹介するので、ぜひ行ってみてください。

○ブリージング（呼吸法）

身体が危機を知らせる信号をキャッチするうえでも、スムーズな足運びのためにも、筋肉のリラックスが欠かせません。そのためにシステマで用いられるのは、独自の呼吸法「ブリージング」です。『Let Every Breath...』（ヴラディミア・ヴァシリエフ著、システマジャパンより日本語版刊行）、『最強の呼吸』（マガジンハウス）、『システマ・ボディーワーク』（ＢＡＢジャパン）、『システマ・ストライク』（日貿出版社）などなど、システマを紹介する書籍やＤＶＤでは必ず取り上げられていますので、重複することになりますが、改めて解説をしておきます。すでに十分ご存知の方は読み飛ばして頂いても構いません。

ブリージングの基本は「鼻から吸って、口から吐く」、これだけです。

身体やメンタルにわずかな緊張感を感じたら、この呼吸をすることによって心身に落ち着きを取

ブリージングの練習

①鼻から息を吸う。
②口を軽くすぼめてフーッと吐く。この時、周囲に「フーッ」という音が聞こえるくらいの強さが必要です。

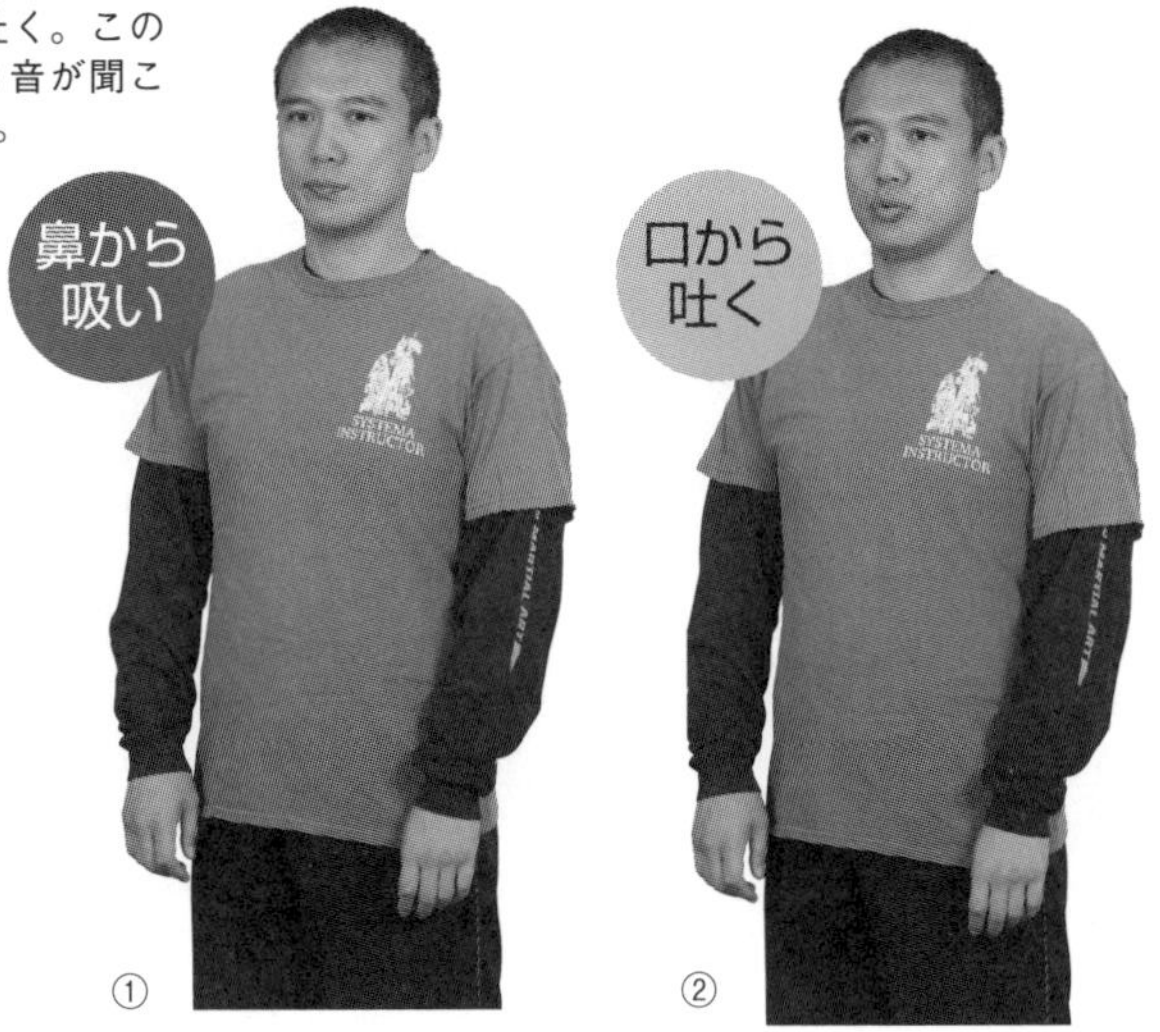

り戻すようにします。ブリージングによって、狭くなった視野を広げたり、自然な姿勢を維持したり、身体のセンサーを鋭敏にしたりなど本書で扱うステップワークにおいても、重要な役割を果たします。テクニカルなトレーニングをする時についおろそかになりがちですので、くれぐれも忘れないように注意してください。

最初は意図的に強い呼吸で練習しますが、これでは相手に気配を悟らせる原因となります。そのため、ゆくゆくは音を立てずにブリージングができなくてはいけません。しかし全身に呼吸が行き届いた身体で息を凝らすのと、そうではない身体で息を凝らすのとでは、全く意味が異なります。まずは音を立てて深い呼吸ができるようにトレーニングをしたうえで、最小限のブリージングでもリラックス

危機を感じるドリル

①ナイフや針など、鋭く尖ったものを用意します。
②これを肌に近づけます。この時、身体に生じる変化に意識を向けます。
③喉や目など、急所にも近づけてみましょう。独特の不快感を味わうことができるはずです。これが身体が発する警報であり、安全な位置を確保するガイドとなります。この感覚をしっかり感じて、覚えておきましょう。

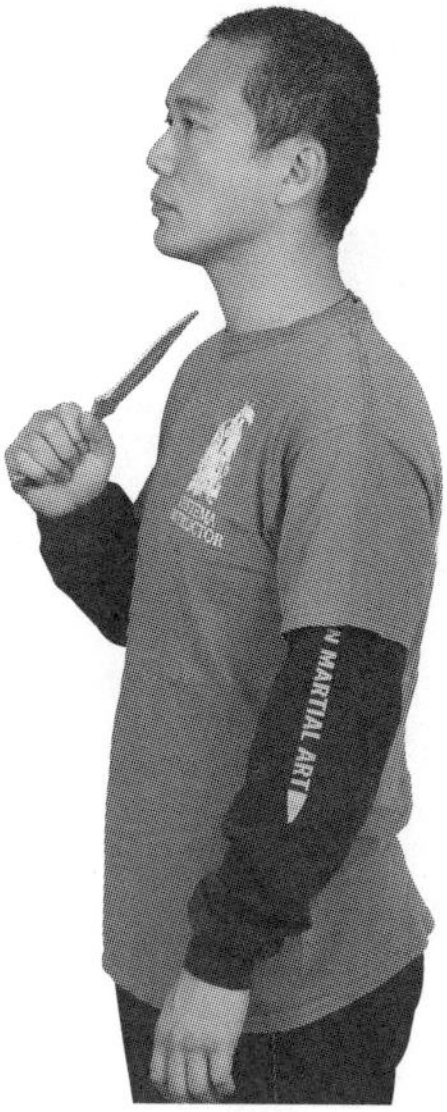

効果が得られるようにしていくのです。

○危機を感じるトレーニング

現代人の大多数は、危険に対する警戒心がかなり鈍ってしまっています。そのため身体が発する危機感、緊張感といってもピンとこない方も多いでしょう。そこで上のような方法で身体が発する「警報」を体験してみてください。後に続くパーソナルスペースを感じるトレーニングを行う上で、この感覚は欠かすことができません。

二人で行っても良いでしょう。自分で行った時とは違う変化をしっかり観察します。

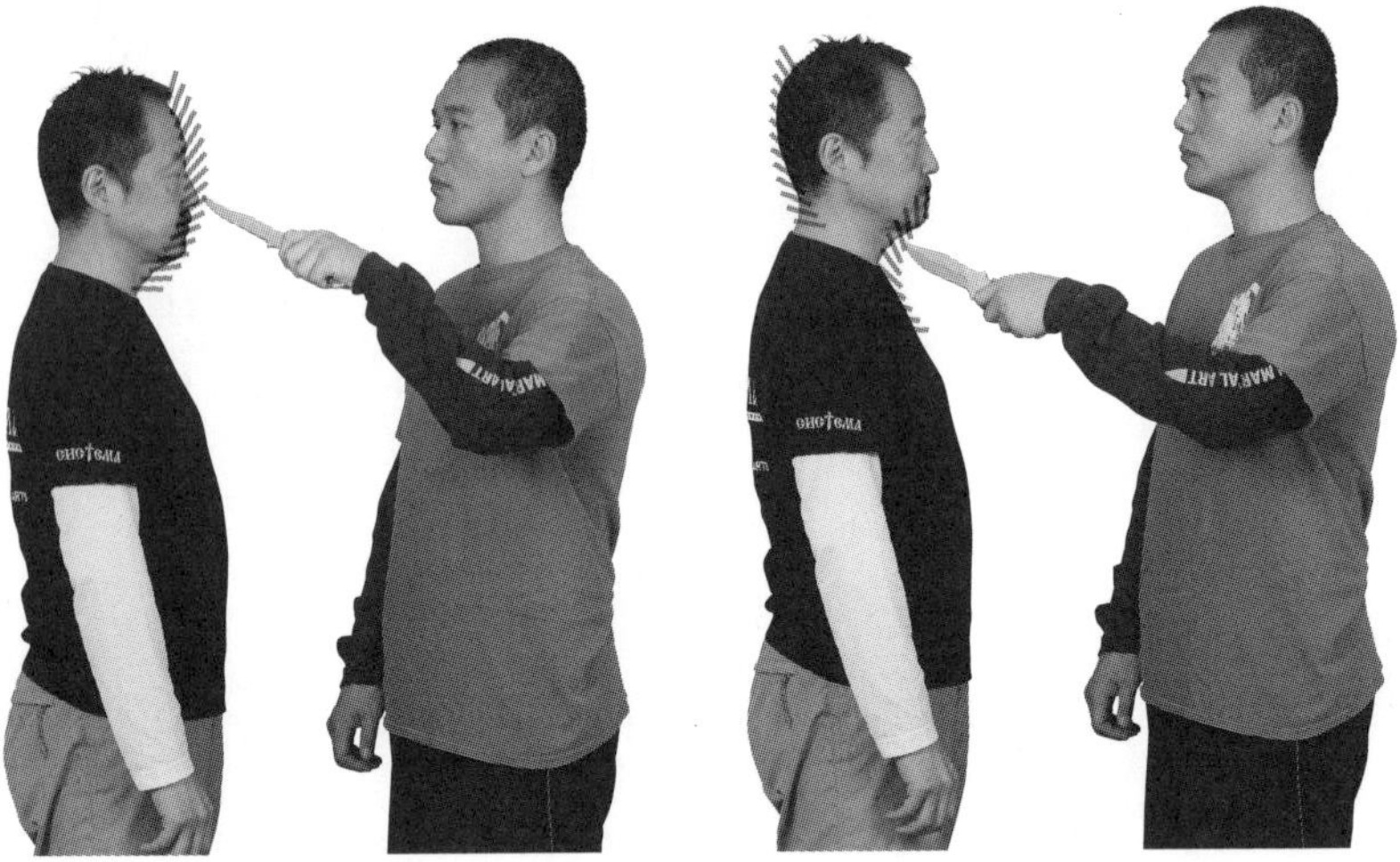

○パーソナルスペースを感じる

パーソナルスペースを感じるドリルです。実際に近づいてくる相手に対して、自分の身体がどのように反応するかを観察します。

近づかれる側は最初のうち、漠然とした違和感が感じられる程度だと思います。繰り返すなかでその違和感が身体のどの部位のどのような変化によるものなのか、より詳しく観察していくようにしましょう。

方向によってはとても遠かったり、あるいは近かったりするかも知れません。

また、パーソナルスペースは必ずしも均一な同心円というわけではありません。とてもいびつな形をしていることもあるでしょう。最初は心もとなく感じられるかも知れませんが、身体の感覚を尊重して自分なりの境界線を見つけるようにしてみてください。おぼろ

自分のパーソナルスペースを知るドリル

①Ａはリラックスして立ちます。
②③Ｂは３メートルほど離れたところに立ち、Ａに向かってゆっくりと歩いていきます。
④ＡはＢの接近に伴って、自分の身体にどのような変化が生じるか観察します。これを２回～５回ほど繰り返します。

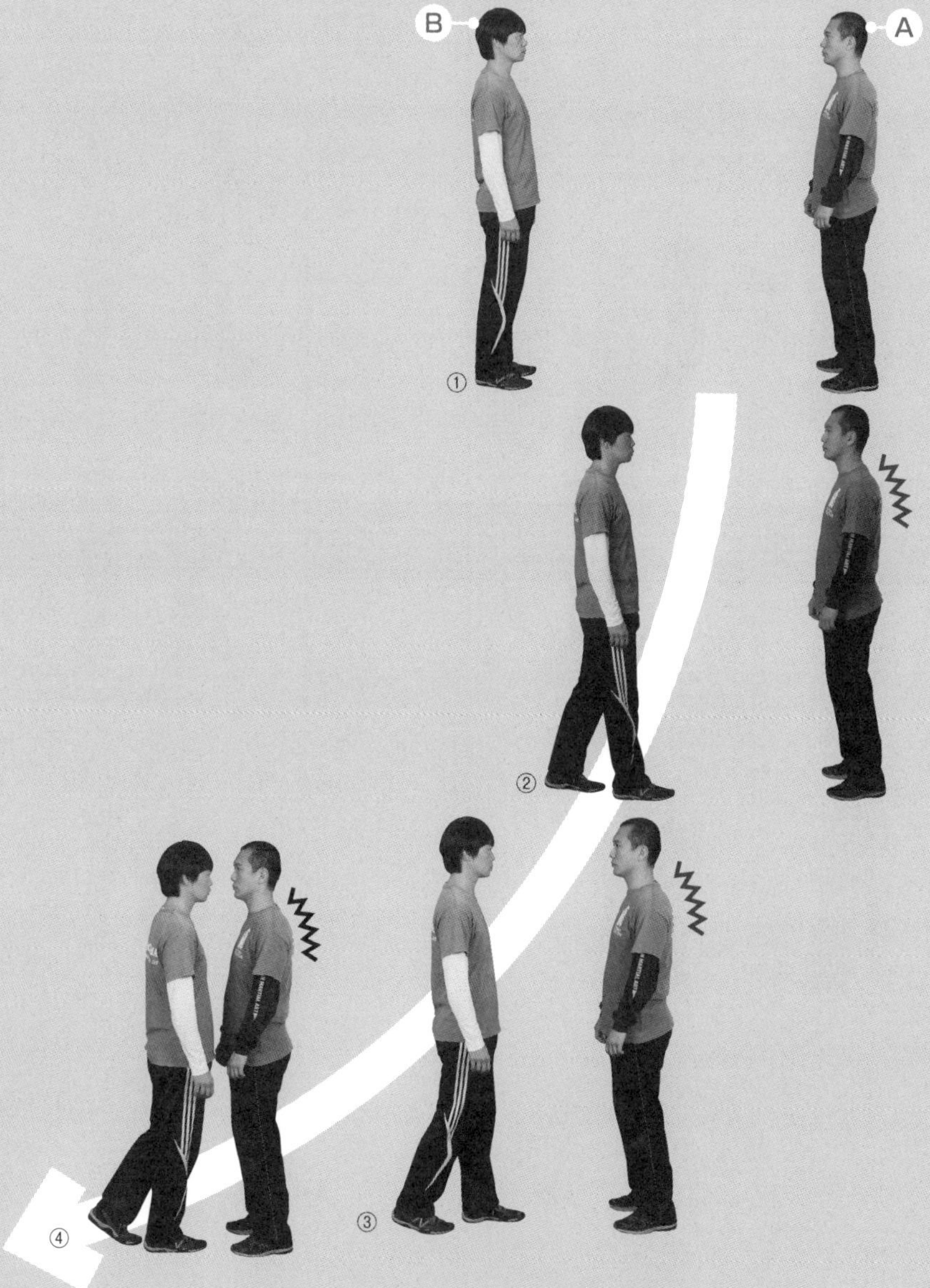

パーソナルスペースの輪郭を感じる1

①Aはリラックスして立ちます。
②Bは3メートルほど離れたところに立ち、Aに向かってゆっくりと歩いていきます。
Aは Bの接近に伴って、自分の身体にどのような変化が生じるか観察します。
Bも自分の身体に意識を向け、Aへの接近に伴ってどのような変化が生じるか観察します。
③BはAの目前まで迫ったら再び離れ、次は別の角度から近づきます。
これを様々な方向から繰り返すことで、Aは全方位に対する緊張感を観察します。
違和感を感じた場所を繋ぐと、AとBを隔てる境界線が描き出されることでしょう。

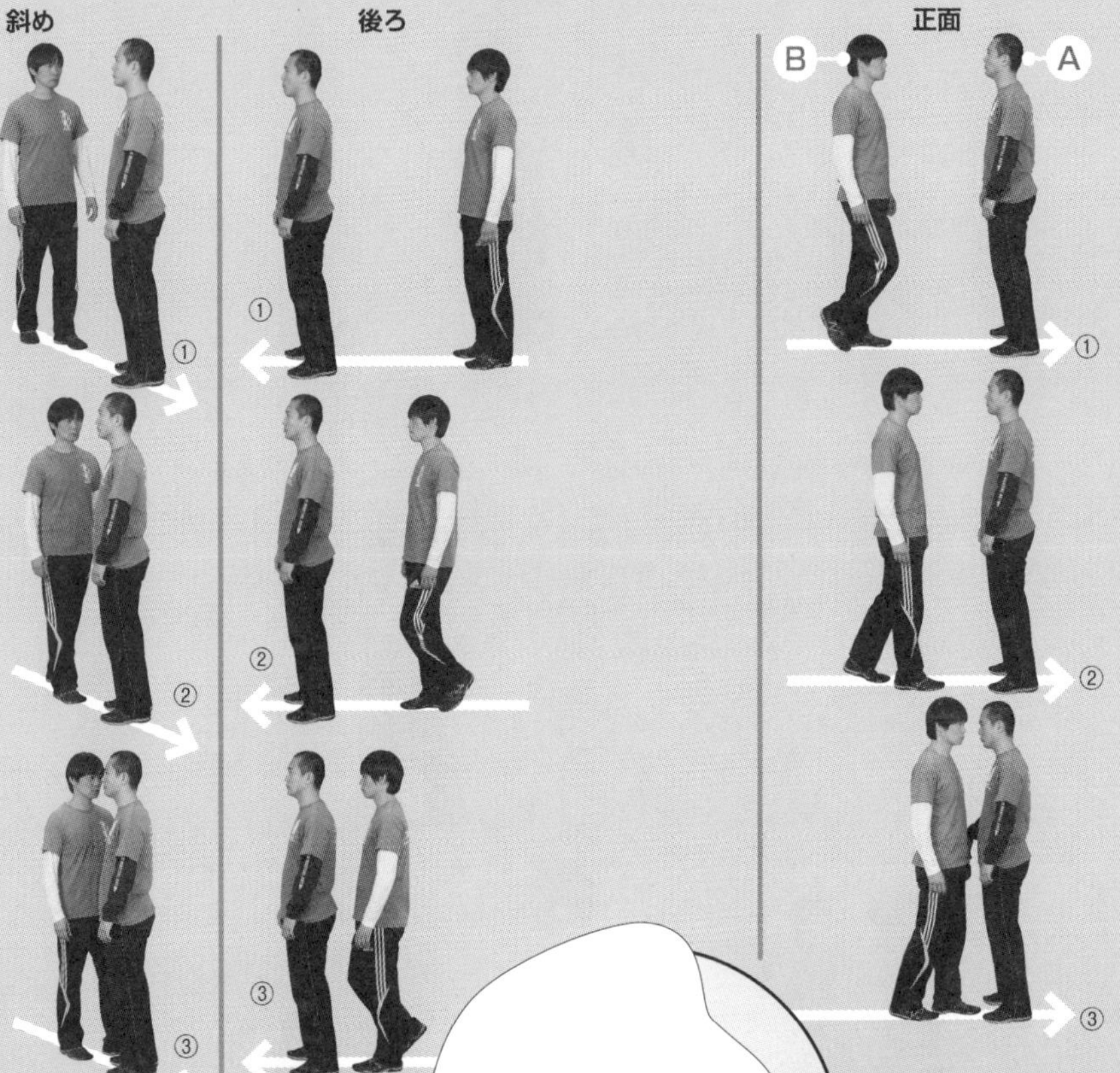

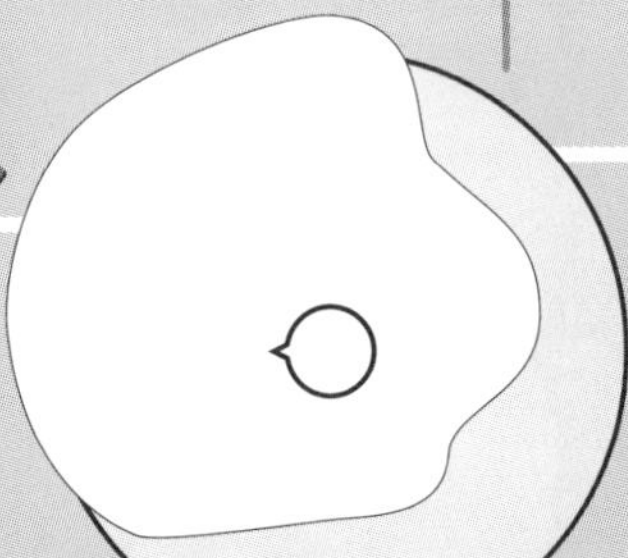

実際にこの方法で自分のパーソナルスペースを明確化すると、自分を中心にした正円ではなく方向によってかなり違いがあることに気がつくでしょう。

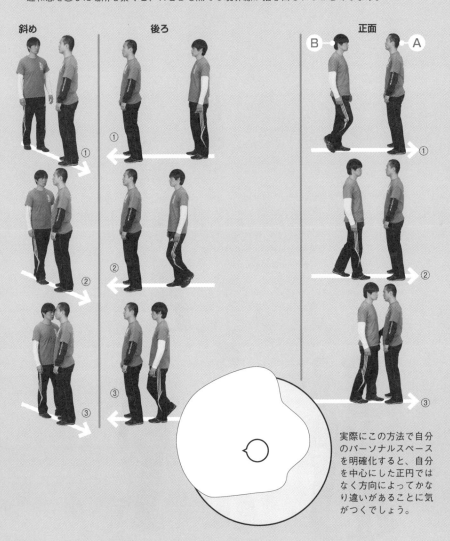

パーソナルスペースの輪郭を感じる２

①Ａはリラックスして立ちます。Ｂは３メートルほど離れたところに立ち、Ａに向かってゆっくりと歩いていきます。
②Ｂは自分の身体に意識を向け、Ａへの接近に伴ってどのような変化が生じるか観察します。
③Ｂは身体の緊張感が高まった時点で立ち止まります。そこがＡとＢとの境界線です。
④～⑥ＢはＡの目前まで迫ったら再び離れ、次は別の角度から近づいて同じように境界線で立ち止まります。

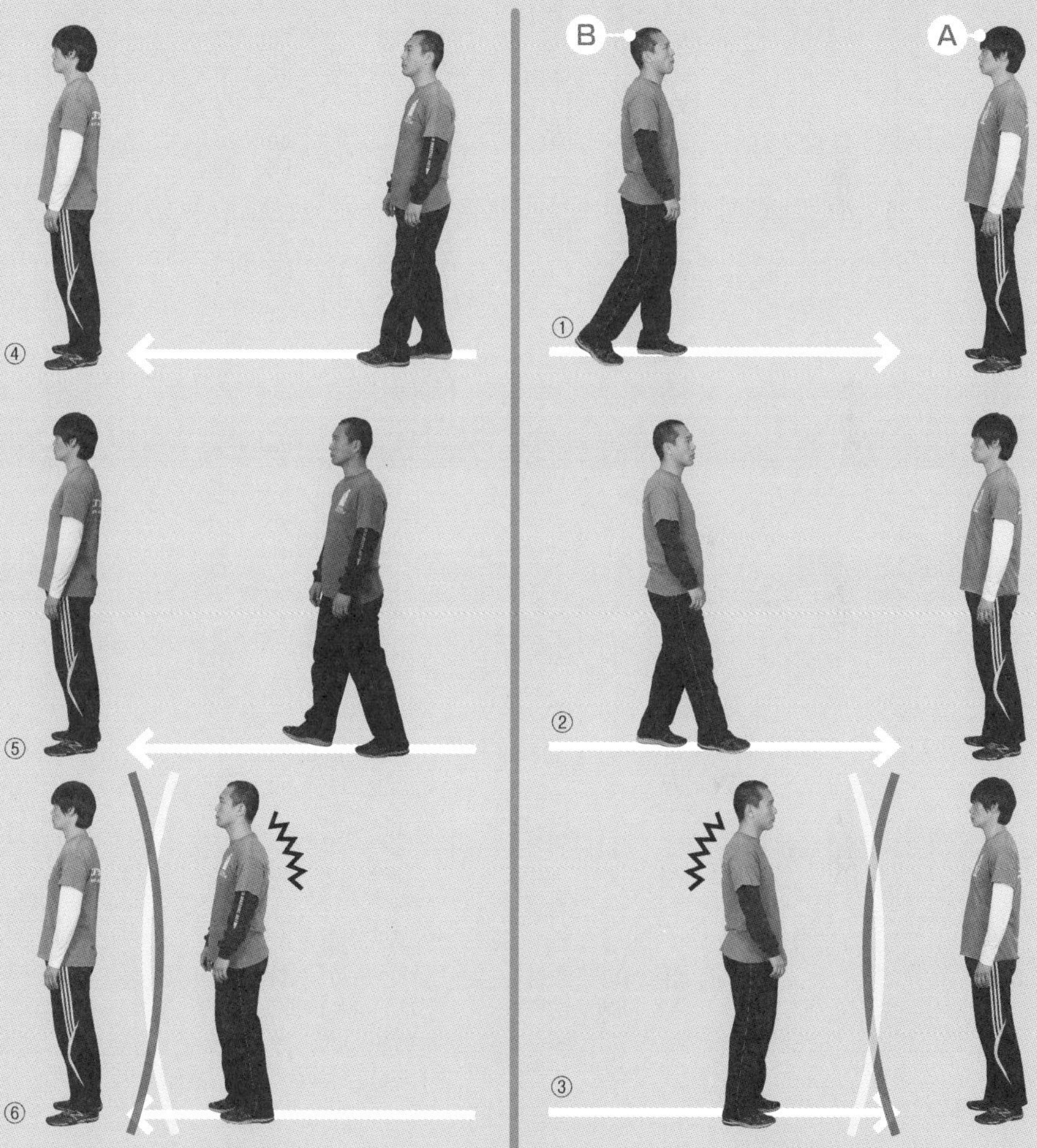

げでも境界線が感じられた人は、数センチ単位で感覚の違いを確かめ、境界線の輪郭をより明確にしていきます。

こうした緊張感を感じるワーク全般における注意点は、感じようと集中しすぎないことです。過剰に集中すると呼吸が浅くなり、筋肉が緊張してかえって分かりにくくなってしまいます。特にうつむくように首が曲がってしまったり、上を向くようにのけぞってしまったりするのは、頭が働きすぎてしまっているサインです。こうした姿勢の崩れに気付いたらすぐにブリージングを行い、背骨をまっすぐにし、神経を落ち着かせるようにしましょう。

こうして危険な位置、不利な位置を見極められるようになってきたら、安全な位置、有利な位置へと移動することになります。次に問題となるのが、この「移動」です。よりスムーズかつ的確に移動するにはどうしたら良いのか。これを見直すために、次の章からは「歩き方」について詳しく取り上げていきます。

パーソナルスペースに従って動く

①②Ａに対してＢがゆっくりと歩いていきます。Ａは身体の緊張感に意識を向けます。

③Ｂの接近によって緊張感が増したら、Ａは緊張感の和らぐ場所へとゆっくりと移動します。歩いている最中も、緊張感を味わい続けるようにしてください。焦ってせかせか動いてしまうと身体に力みが生じ、緊張感が分からなくなってしまいます。

④ＢはＡが移動してもコース変更することなく、Ａがいた地点を３歩ほど通りすぎるようにしてください。

Ｂは再び向きを変え、Ａに向かって歩きます。Ａは同じようにしてＢの進路から外れます。これを繰り返します。ＡはＢを直視しないよう心がけることで、トレーニングの効果を高めることもできます。

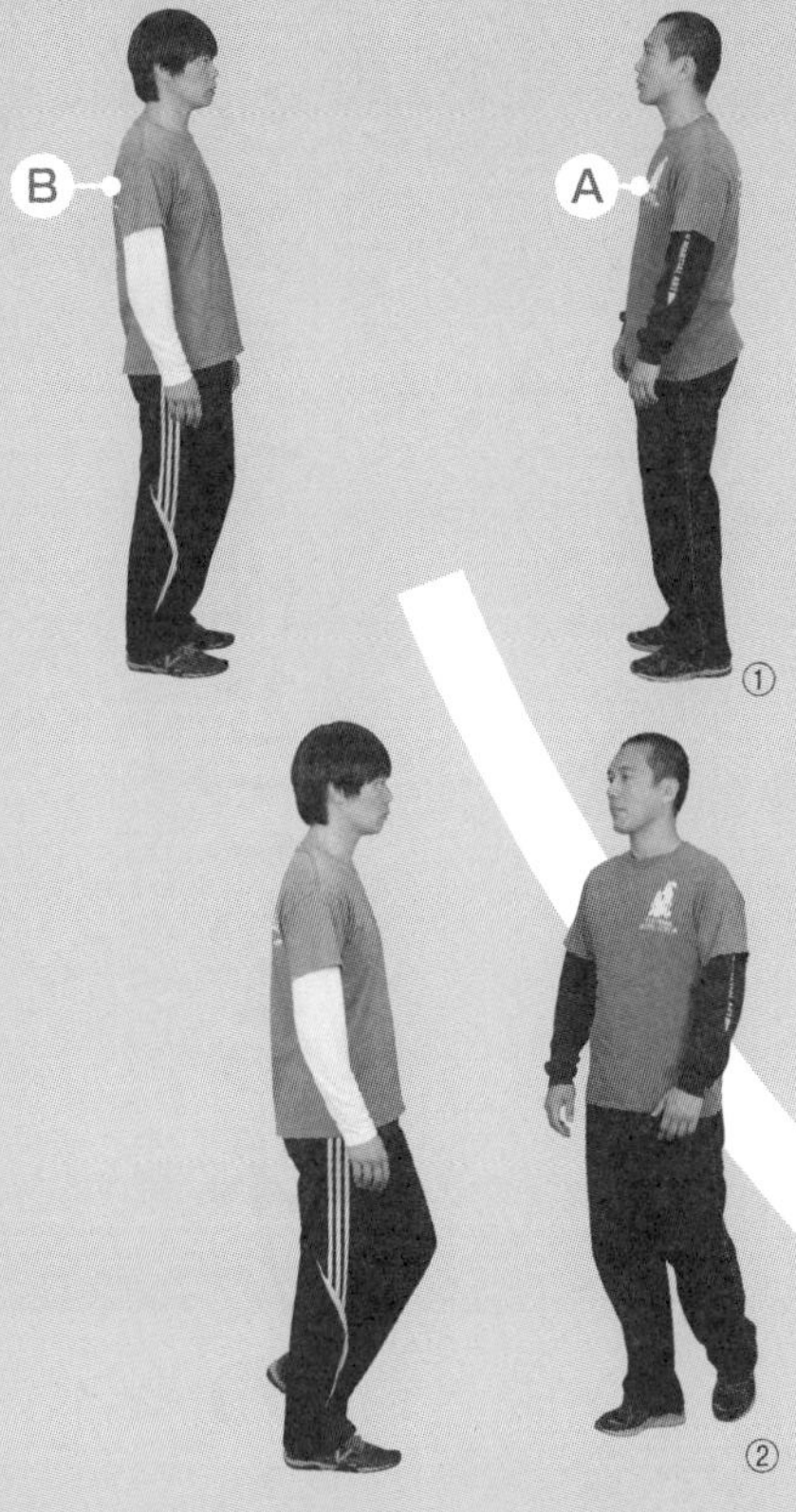

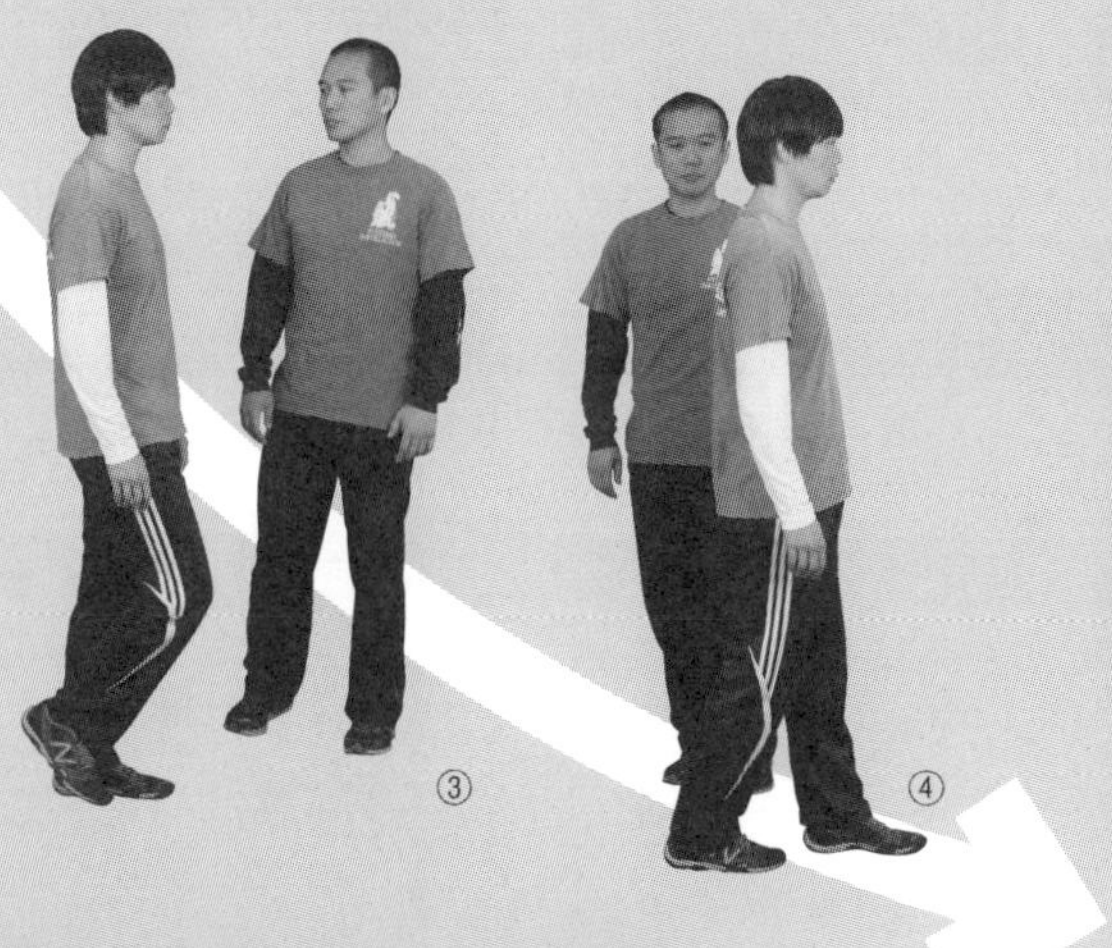

NG

違和感を感じようと身体に意識を向けすぎると、姿勢が歪み周囲の情報が遮断されてしまいます。その際は呼吸で姿勢を回復させます。

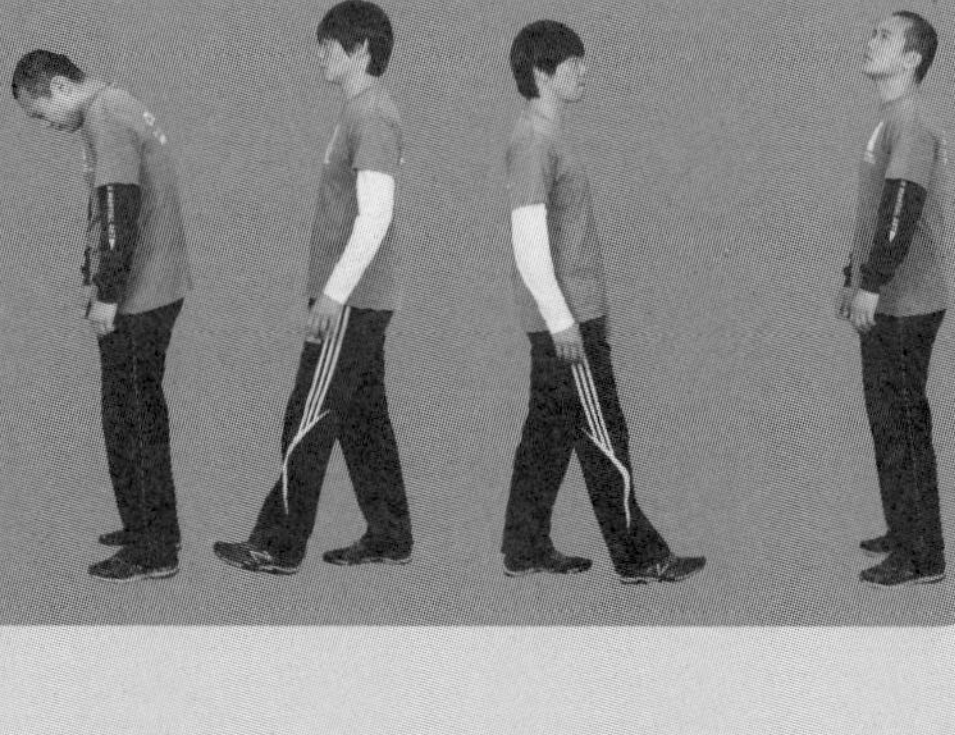

ミカエル・リャブコ　インタビュー　vol.1

「システマはどこから来たのか」

通訳・松本陽子

ロシアの戦士たち

―かつてロシアには優れた戦士がたくさんいたと聞いています。ミカエル自身はそういう人に会ったことはありますか？

ミカエル　たくさんいました。覚えていない人もいます。でもここ10年間は軍でそれほど強い人はでてきていません。私が良いと思うマスターは昔のスメルシ（スターリン直属の防諜部隊）のメンバーなどですが、いまも具体的な名前を挙げることはできません。彼らは戦時中、ドイツのスパイを収容するのが仕事でした。彼らは「相手を殺しても怪我をさせてもならない」という厳しい条件を課せられていました。生け捕りにしないと、情報を得ることができないからです。そのため、もし殺してしまっては自分が処罰されてしまいます。ですから銃で撃つこともできません。もちろん自分が死んだり、捕まったりしてしまうのもいけません。多くの情報を相手に引き渡すことになりますし、さらに自分の家族までも狙われてしまいます。

私の思うマスターの多くは前線で活躍していました。そのためとてもよく訓練されていたのです。あらゆるスポーツにも同じように多くのマスターたちがいるでしょう。それと同じように、軍にも多くのマスターがいたのです。

戦士について考えるなら、ソ連時代よりも古代のことを考えると良いでしょう。剣を持って戦っていた時代のことです。

例えばキエフ・ルーシ時代の大公、アレクサンドル・ネフスキー（1220年-1263年）、トヴェリのミカエル（ミハイル・ヤロスラヴィチ 1271年-1318年）の時代です。また、アンドレイ・ボゴリュプスキー（1111年頃-1174年）も同じウラジーミル・スーズダリ公国の人です。彼にはこんな伝説があります。ある日、15人の刺客が、夜、彼の寝首をかきに来たのです。その時、彼はぐっすりと寝ていた上に、手元に剣もありませんでした。でも彼はちょっとした傷を負っただけで生き延びました。敵の剣を奪って戦ったのです。

「タタールのくびき」と呼ばれる時代にも戦士たちはいます。チェルベイを破ったペレスヴェート（アレクサンドル・ペレスヴェート？—1380年）。その時の軍を率いたモスクワ大公ドミトリ・ドンスコイ（1350年-1389年）、もう少し時間を遡れば、モスクワ公ダニール（ダニール・アレクサンドロヴィチ 1261年-1303年）など、こういう人たちを色々と挙げることができます。みんな理想的なマスターでした。

ロシアの戦士たちは子供のうちに洗礼を受け、11歳になったら戦争に出て行きます。地理的に周囲を敵に囲まれていたこともあり、コサックの人たちは素手での戦いにも長けていたのです。

—昔から今に至るまで、変わることなくシステマに受け継がれていることはなんですか？

ミカエル　ダビデ王（前1000年-前961年頃）の時代のことです。彼は歌っては戦い、歌っては戦い続ける、神に遣わされた戦士でした。彼を助けたのが神使《しんし》ミハイルです。彼は祈りながら戦っていました。

ダビデ王については旧約聖書に投石器でゴリアテを倒したエピソードが有名ですね。ここから私たちの流派が生まれたと言えます。

ですからシステマのルーツを古来に遡れば、紀元前のイスラエルに至るのではないでしょうか。そういう意味では一番偉大なマスターは、神使ミハイルです。インターネットで神使ミハイルのイコンを見てみてください。力の抜けたとても自然な姿で剣を構えているでしょう。これが私たちの目指すあり方です。

システマのルーツ

—今あるシステマは全て、リャブコ家に由来するものなのでしょうか？

ミカエル　部分的にはそうです。肯定的なものを私が集めました。今、話したような理念は根底のところです。

—ミカエルの祖父たちがやっていたことに、ミカエルがプラスしたのですか？

ミカエル　そうとも言えます。祖父にも色々なことを見せてもらいました。でも例えば日本の空手や合気道について、父たちは知りません。それでもシステマはできていました。私は父たちの教えを踏まえてシステマの理念を語っていますけれども、もしかしたら父たちはそれほど気にしていなかったかも知れません。

また今、私が持っているような知識はなかったでしょう。それは特に重要ではなかったからです。父は日本の武道や風習などについても知りませんでした。

—技術的なベースは騎兵として知られるコサックの武術なのですか？

ミカエル　先ほどもお話ししたように、源流はイスラエルです。ですからコサックではありません。歴史のどこかでコサックがシステマを取り入れたのです。それが赤軍を経由して、私にまで伝わってきたということです。ですから歴史的にはローマが関わっているかも知れませんし、ギリシアも経由しているでしょう。そうやって繋がってきているのです。その過程で色々と試練に耐えて、今に至るのです。

—ミカエル自身は騎馬のトレーニングをしたのですか？

ミカエル　亡くなった父の家でも、祖父の家でも馬を飼っていましたので、乗ることもありました。でも父が亡くなった時に売ってしまいました。21世紀になってすぐのことですので、それほど昔ではありません。存命中、父はよく馬の世話をしていましたよ。もちろん私も上手に乗りました。飼ってるのに乗らない方がおかしいでしょう（笑）。

―「システマ」と名付けたのは誰なのでしょうか？

ミカエル　ヴラディミア・ヴァシリエフと私の二人でつけました。ある時、トロントにいる彼から電話がかかってきたのです。「何か名前つけないといけないんだけど、何か良いのある？」と。みんなに覚えてもらいやすい名前が良いというので、私が「システマにしたら？」と言ったんです。なぜならその名前の中には全てが入っているからです。完全なものとして。確か２０００年以降だったと思いますよ。名前は新しいですが、指している中身は変わりはありません。

―「汝、自身を知れ」が候補に入っていたと聞きましたが？

ミカエル　入ってましたけど、格闘技っぽくないでしょう？（笑）。確かに理念としてはありますけど、それをそのまま名前にする必要もないでしょう。

―「システマ」と名付けられる前はなんと呼ばれていたのですか？

ミカエル　「古代ルーシの格闘技」と呼んでいました。最初はそれでした。システマは商標ですね（笑）

システマ・モスクワ本部のマーク。

―システマのマークの由来について教えてください。

ミカエル　楕円の中に描かれている戦士はイリヤー・ムーロメッツ（ロシアの著名な伝説的な英雄。口承叙事詩ブィリーナの登場人物）です。ロシアでは誰もが知る戦士で、今はキエフに葬られています。お参りに行ったこともありますよ。その背後にあるのは太陽です。

―彼の戦いがシステマだったんですか？

ミカエル　そうとも言えます。偉大な戦士でした。

日本の武道について

―ロシアと同じように、日本にもかつて多くの達人がいたと言われています。ミカエルは日本の武道に対してどんな印象を持っているのでしょうか？

ミカエル　「武道」とくくってしまうと範囲が広すぎるので、個別に述べていきましょう。

例えば空手について言えば、単調な動きをしているように見えます。イチニ、イチニ、と動作を区切っています。力一杯、身体を緊張させているようですが、本来は緊張させることなく動くものなのではないでしょうか。それでインパクトの瞬間だけ、ほんの少し緊張を入れるのです。使っている筋肉の量は少ない方が良いです。

　また、「型」にはどういう意味があるのでしょう。型は淀みないものであるべきだと思います。身体がリラックスし、意識を末端において力みなく動くべきです。そうやって練習をするなら大きな意義があります。一生懸命、力を入れるのではなく力を抜いて動くのです。空手を学ぶ人は、なぜ型が必要なのか理解しているのでしょうか？　そのまま実戦で使うつもりなのでしょうか？

　もし実戦で使うとしたら動作は区切るべきでなく、スムーズに動くべきです。そのように滑らかに滞りなく動く訓練であれば、型を学ぶ意味があると思います。機械的に覚えた動きでは先はありません。もし空手家に指導する機会があれば、力むことなく動く方法を教えることは可能です。空手はとても武術として優れて

ミカエル・リャブコ
Mikhail Ryabko

システマ創始者。1961 年生まれ。5 歳からトレーニングを始め、15 歳で本格的な戦闘訓練を受ける。以後、ロシア内務省に所属する緊急対応特殊課（SOBR）の将校として、人質救出作戦や対テロ作戦、ボディーガードの養成などに従事。現在は検事総長のアドバイザーとして公務に携わるかたわら、システマ・モスクワ本部を中心に世界各国で指導をしている。

http://systemaryabko.com/en.html

いると思います。でも現状に関しては表面的なかたちにとらわれている気がします。

もちろんこれは私の個人的な意見です。意見を求められたから答えただけのことで、非難するつもりはまったくありません。

また、合気道はとても美しい武道です。しかしちょっとした問題があるように思います。

私たちが見ている今日の合気道は、〝本来の合気道なのか〟ということです。もともと植芝盛平の作った合気道があって、そこから多くの枝分かれが生まれました。今私たちが見ているのは枝分かれのほうであって、本来の合気道ではないのかも知れません。そう思うのも、システマで似たようなことが起こっているからです。

システマは私が基礎から少しずつ、昔から伝わることを教えています。しかし最近では枝分かれを始め、「自分はリャブコよりもシステマを分かっている」と喧伝する人たちさえ出てきました。

数年前から私は、身体と精神を内面的に扱うインターナルワークを教え始めました。ようやくこのことを教えられる段階にきたと判断したためです。でも従来のシステマを学んできた人の中に「ミカエルはシステマをやめてしまった」と考える人が出てきたのです。それで「だったら自分の方が分かっている」と、出て行きました。これと似たようなことが合気道にも起こったのではないかと思うのです。

合気エキスポ（雑誌「合気ニュース」が主催した、著名な合気道家や武術家たちが一堂に会した大イベント。ミカエル自身も2005年に招待講師として参加）には多くの優れた合気道家が集まりました。彼らは創始者・植芝盛平に敬意を表してはいますが、それぞれ自分のやり方でやっていました。そういう風にして別れてしまったら、本当の秘伝は失われてしまうのです。

私たちは力を抜き、緊張を解くことを第一にします。しかし内的なことは失われてしまうのです。どんな武術も本来は相手の力を使っているはずです。力を使わずに相手に近づくのは本来、簡単なことのはずです。それなのに力に対して力で対抗しようとするために、いろいろな技を考え出すのです。力を使わずに近づいていくのがシステマです。

もちろん力に力で対抗する技術にもそれなりの価値

がありますが、システマでは内的なことを考えていきます。武道における昔ながらの教え方は、まず師匠がお手本を見せ、それを弟子たちが真似するというやり方です。でも本当は、内面を育て、戦いに見合う人間になってから見本を見せるべきです。こうした点もシステマと他の武道の違いなのかも知れません。

—日本の武道家の中で誰か印象に残っている人はいますか？

ミカエル　先日YouTubeで見た、三船十段の動画は興味深かったです。とても美しく、力が抜けていました。型の演武では背中がまっすぐでしたが、乱取りだと少し曲がってしまっていました。実戦でも同じならなお良いように思います。ただ彼のやっていることと、一般的な柔道が求めていることは少し違うような気もします。柔道はもっとアグレッシブで好戦的で自分から仕掛けていく感じですね。柔道は本来、美しくて実戦的な武術だと思います。力をいれずにやればなお良いでしょう。

戦いと愛する女性の扱いはよく似ています。可愛い子と寝る時には、やさしくベッドに横たえるでしょう。乱暴に投げ落としたりしませんよね。柔道もそういう愛をもってやると良いのではないでしょうか。もし険しい顔で近づいたら、その男性は女性とうまくいきませんよね。私たちの武道を人生の一部として考えるなら、そうあるべきです。知って、見て、教えることで自分自身が高まっていくのです。

システマとスポーツ

—ロシアではトップアスリートがシステマを役立てていると聞いています。それはどのような形で行われているのでしょうか？

ミカエル　そのスポーツの種類によってどのように筋肉が用いられるか、どういう呼吸が必要か、といったことを教えます。その呼吸ができるようになれば、呼吸と動きを一致させるようにします。どのスポーツにもそれは当てはまります。トレーニングによって耐久力を高めたら、集中力を高めます。身体とメンタル両

2015年5月に行われた日本セミナーでミカエルの技を受ける菅谷明義インストラクター。

方の耐久力が必要です。特にテニスは1試合に2、3時間、時には5時間、6時間もかかります。まずはその人を、それだけ長い時間肉体的に耐え、能力を維持できるように教えなくてはいけません。また彼ら特有の問題として、一方の腕がもう一方より太くなってしまうことが挙げられます。それで肘に負担がかかって壊してしまうのです。同様にヒザにも負担がかかりますし、背中も特定の方向にいつも傾いています。そういうマイナス点をプラス面に変えていくようなトレーニングをします。サッカー、バスケットボール、空手、柔道、サンボ、スキーのジャンプ、ボクシングや卓球も全て同じです。ですからシステマはあらゆるスポーツの基礎と言えます。みんな知っておく必要があります。私のところにもあらゆるスポーツマンや武道家が習いに来ていますよ。

—どうもありがとうございました。

無料ウェブマガジン　コ2【kotsu】（http://www.ko2.tokyo/）連載
北川貴英「システマ随想」
第六回　ミカエル・リャブコ　インタビュー
「ロシアの達人と日本武道」より転載

第2章

サバイブのための立ち方と歩き方

フットワークは七難隠す

システマでは「Ｋｅｅｐ Ｍｏｖｉｎｇ（動き続ける）」の重要性がしばしば説かれます。その言葉は受け手によって様々な解釈ができますが、マーシャルアーツのトレーニングではまず、足を居着かせることなく、動かし続けることから始めます。

その効果はてきめんです。多少上半身の動きが硬く、技術が稚拙であったとしても、足が動いているだけでがぜん技の効果が変わってきます。たとえ粗雑なフットワークでも、上半身の未熟さを補ってしまうのです。〝色の白いは七難隠す〟という諺がありますが、フットワークは〝動きの七難を隠してしまう〟と言えるでしょう。

これはとても便利な半面、動きのアラをなんとなくごまかせてしまうことから、トレーニングの妨げになってしまうという難点もあります。そのためシステマのクラスでは、あえて足を止めて練習することもあるほどです。

この章の目的は、これほど便利なフットワークをさらに洗練させ、強力な武器にしていくことです。それには立ち方と歩き方から見直していくことが近道となります。

○姿勢とバランス

二本足で直立し、歩くのは人間の特徴です。その歩きを見直すには、前段階である〝立つ〟ことから見直す必要があります。なぜなら自然な立ち方を維持しながら歩くことが、自然な歩き方となるためです。

姿勢については拙著『システマ入門』（ＢＡＢジャパン）や『システマ・ボディーワーク』（ＢＡＢジャパン）などで詳細に解説していますが、ここでも簡潔に紹介します。

地球の中心へと向かう重力に対し、まっすぐ骨格が乗るのが自然な立ち方です。その時、負荷は骨格の構造によって分散されるため負担感なく立つことができます。もし曲がったり傾いてしまえ

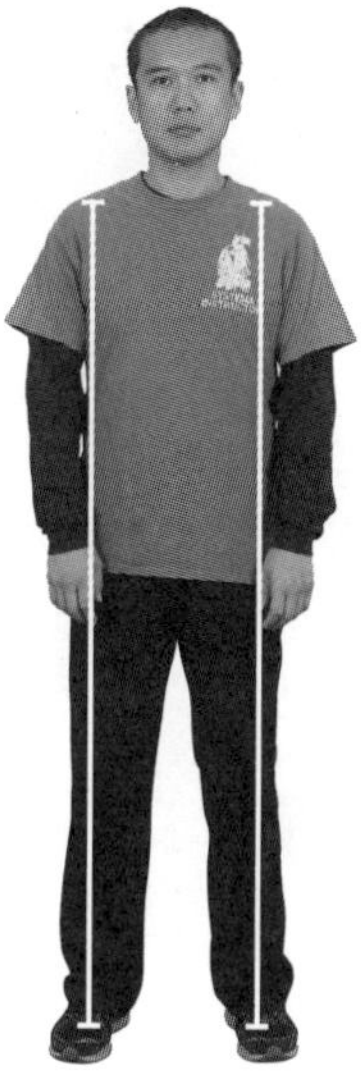

バランス良く“立つこと”がフットワークの始まりになります。

バランスの崩れと力みの関係を大げさに感じることで、緊張が明確になります。実際にはもっと小さな歪みと強張りが無数に身体に潜んでいます。

ば歪んだ部位に負担が集中し、身体は緊張します。それは身体が転倒を防ぐために反射的に筋肉を緊張させ、身体を固定しようとするためです。これは姿勢反射と呼ばれる、脊椎が生む反射の一つです。

試しに二本足で立った状態で、身体を前後左右に傾けてみましょう。すると身体を傾けるほど、つまりバランスを崩すほど身体に緊張が生じるのが自覚できることでしょう。硬直すれば動きは制限され、パフォーマンスも低下してしまいます。

逆に言えば身体はパフォーマンスを低下させてでも、〝立つ〟姿勢を維持しようとするのです。これを防ぐためには、バランスを崩さなければ良いということになります。つまり〝バランスが取れた状態を維持したまま、歩く〟のです。そうすることで緊張が必要最小限に抑えられ、身体が本来備えた強度と動きやすさの両方を十分に発揮することができるのです。

バランスが取れている時、足の裏全体に均一に体重が乗ります。

歩く時はこれと同様のことが、軸足の裏側で行われることになります。前重心の前のめり気味な歩き方では爪先側に体重が偏り、後ろ重心ではカカト側に強く体重がかかります。これらは前後にバランスが崩れてしまった歩き方となります。それでは歩くという動作全般に大きな緊張が生まれます。その結果、歩きながら行うあらゆる動作が余計に強張ったものになってしまうのです。

バランスのとれた姿勢を見出す

①前後に身体を傾けます。それに伴い、身体にどんな緊張が生じるのか探ります。足裏に意識を向ければ、傾いた方向に強く体重がかかっているのが分かるでしょう。

②左右に身体を傾けます。それに伴い、身体にどんな緊張が生じるのか探ります。①②を繰り返し行い、前後左右いずれにも傾くことのない、バランスが保たれた姿勢を探ります。この時、身体の緊張は最小限になり、足の裏には均一に体重が乗っているはずです。

③もしトレーニング仲間がその場にいれば、頭や肩から加重してもらうのも良いでしょう。

④バランスのとれた姿勢であれば、簡単に足を動かすことができます。慣れてくれば前後から人をぶらさげても容易に耐えることができます（実際にワークをする際は腰を痛める恐れがあるのでくれぐれもご注意ください）。

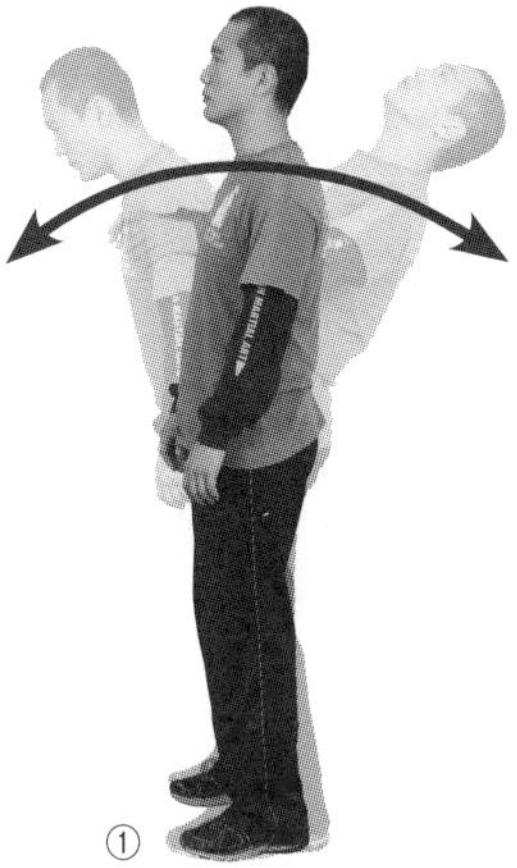

①

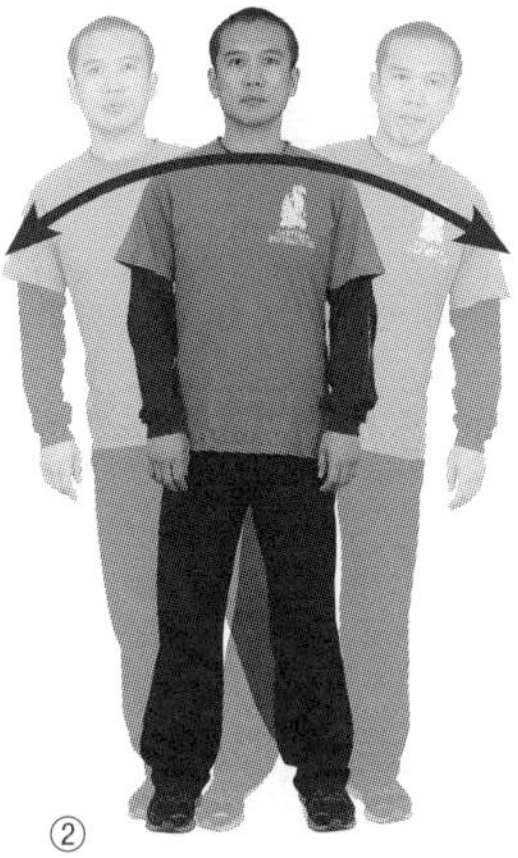

②

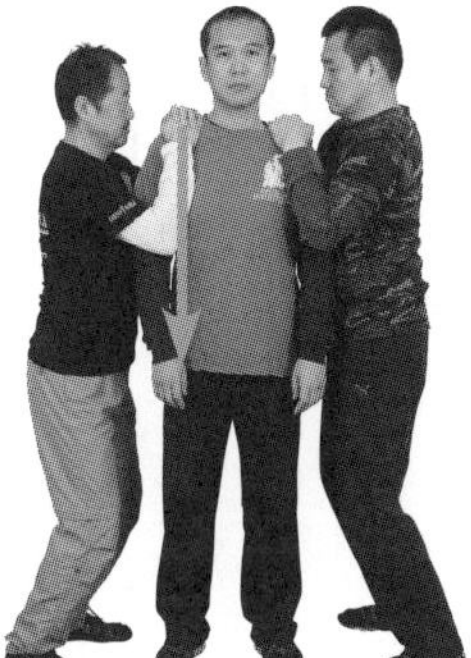

③

④

NG
バランスがとれていない例。

原則的に腰の上から肩が外れるのはNGです。

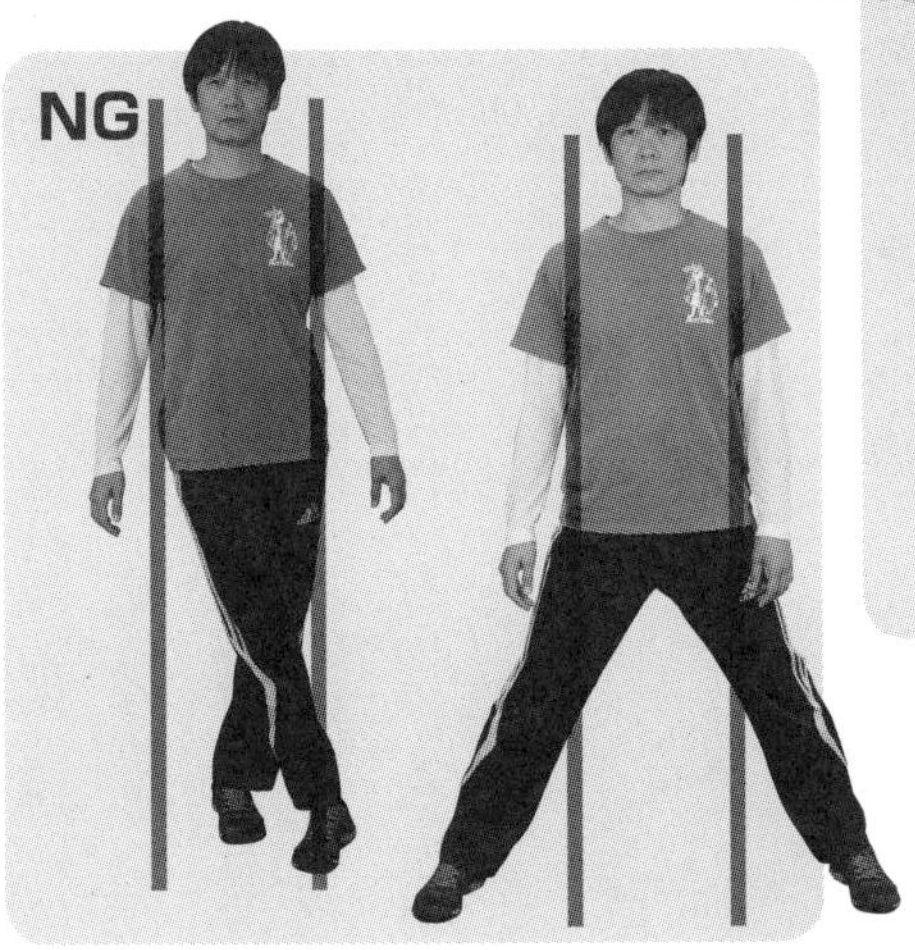

歩幅は広すぎず、交差は避け、腰の下に足が来ることが原則です。

○「姿勢の崩れ」とは？

バランスが取れている時、身体は各部位が地面と垂直にまっすぐ積み重なります。つまり足の上に腰が乗り、腰の上に肩、肩の上に頭といった順序となります。この関係性が崩れてしまった状態を、〝姿勢の崩れ〟と呼びます。

例えば足腰を居着かせたまま行動しようとした場合、上半身が余分に動いて腰がねじれることがあります。この時、肩の真下に腰が来るという原則から外れてしまいますので、「姿勢が崩れた」ことになります。前かがみになったり、のけぞったりするのも同様です。いずれも腰の真上に肩が来るという位置関係からズレてしまっています。また、歩幅が広すぎたり、左右に足を広げたり交差させたりするサイドステップも同じことが当てはまります。右腰の下には、右足が、左腰の下には左足が来るのが本来の姿勢だからです。

こうした位置関係が崩れた時、次の動きに移行する前に必ず「姿勢を回復する」というプロセスが挿入されることになります。なぜなら、姿勢が崩れた身体は力みによって拘束されているからです。そのため、いったんその力みを解除しないと、次の動作を行うことができないためです。これは一瞬の遅れをもたらし、マーシャルアーツ的には〝スキ〟を生み出す原因となります。

○軸と重心

重心が下がればどっしりと安定し、重心が上がれば軽快に動きやすくなります。ですから関取や柔道家のような、安定感が必要される人々は重心を落とす練習をする一方、短距離やハードルなどの陸上競技の選手は重心を上げる練習をします。低い重心は陸上競技には向きませんし、高い重心は相撲や柔道には向きません。重心が高過ぎれば不安定になって姿勢がぐらつきますし、逆に低過ぎれば足腰が固まり、居着いてしまうことでしょう。このように重心に関しては、どんな状況にも対応できる万能の一点を定めることはできません。また息を吸っている時と吐いている時でも重心の位置は変化しています。ですからシステマではどこかの一点に固定することのない、状況に合わせて自由に重心を変化させられるような身体を目指します。

しかし〝軸〟や〝重心〟についてシステマのトレーニングで言及される機会はそれほど多くありません。なぜなら軸や重心といった概念は身体を固形物としてみなすことで初めて成立するものです。その一方で、海や川、雲や空気といった千変万化する自然の構造物には、軸も重心もありません。これらは全て流体だからです。もちろん、身体を固形物としてみなす発想はとても便利で役立つのは確かですし、本書でも説明の便宜上、「重心」という言葉をところどころで用いています。

ですがシステマでは一定の軸や重心をトレーニングを通じて養っていくようなことは行われません。これはおそらく流体のような身体を、システマが目指しているからなのではないかと思います。

○バランス感覚の重要性

自然な姿勢＝バランスの取れた姿勢であることは、前に述べた通りです。ここで注目したいのは、片足立ちでのバランス能力です。なぜなら歩くという動作は両足が交互に軸足と遊脚（体重がかかっていない方の足）を担うことによって行われます。つまり連続的に片足立ちが行われることで、歩くという行為が成立しているのです。もし片足立ちでバランスを崩し、緊張してしまうようであれば、リラックスして歩くことなどできません。それでは歩きながら行うあらゆる動作がぎこちなく硬くなってしまうことでしょう。しかしこれは逆に言えば、片足立ちでリラックスするトレーニングを積めば、歩きながら行うあらゆる動作が、向上することを意味します。

バランス感覚の重要性を雄弁に物語るのが、ミカエル・リャブコの20代の頃の映像です。5歳から訓練を始め、15歳から軍務に就いていたミカエルは20歳を過ぎる頃から卓抜したスキルに注目され、仲間の軍人達に請われてマーシャルアーツを教えていました。

第 2 章 —— サバイブのための 立ち方と歩き方

歩きは両足が交互に軸足と遊脚を補うことで行われます。

遊脚

軸足

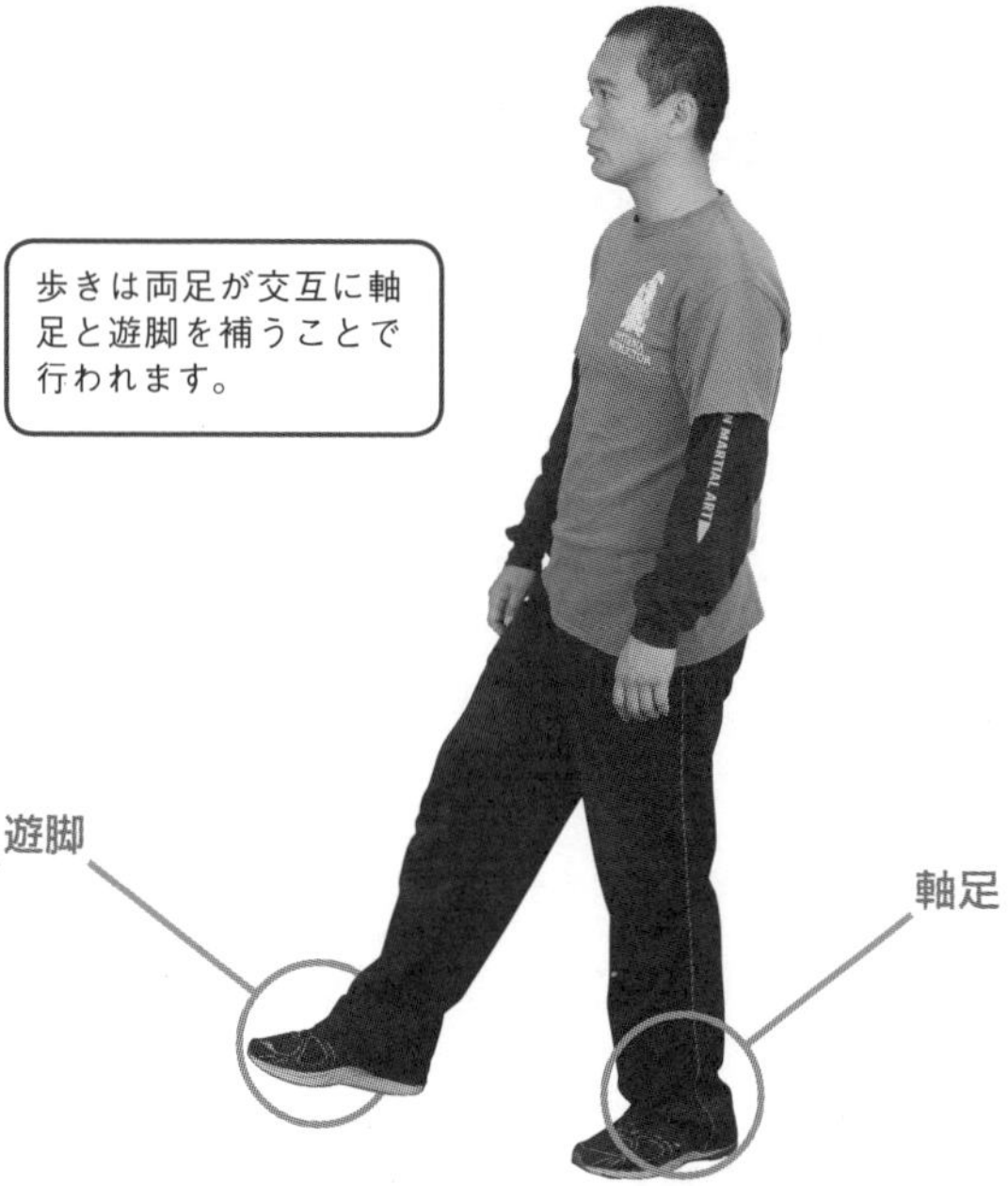

　私が見たのはその頃の映像です。しばしば片足立ちで攻防をしているのですが、どんな攻撃を受けても一切姿勢が揺らぐことがない、素晴らしいバランス感覚を発揮しているのです。その影響で私も重点的にバランス感覚を強化してみたところ、やはり動きの精度が上がるのを感じました。バランス感覚を高めれば、身体を支えるための筋肉の緊張が最小限で済むようになります。その結果、動きの精度が向上するのです。ミカエルの子息であるダニールもやはり、どんな不安定な体勢からでもすぐに体勢を立て直すことのできる、きわめて高いバランス感覚の持ち主です。フットワークだけでなく、身体能力全般を高めるうえでも、バランストレーニングはかなりお勧めできます。

片足立ちのエクササイズ

①リラックスして立ちます。足裏に均一に体重を乗せるようにしてください。
②均一な足裏を維持しつつ、徐々に片足に体重を乗せていきます。この時、「腰の上に肩がある」位置関係を守り、身体が傾いてしまわないよう注意します。
③片足に体重が100パーセント乗ると、反対側の足が体重から解放されます。その足をヒザから吊り上げるようにして持ち上げます。
そのまま片足立ちの姿勢を維持します。手は力を抜いてだらんと下げた状態を維持し、バランスが崩れそうになったら呼吸をしてリラックスすることで立て直します。
④片足立ちに慣れたら目を閉じます。途端にバランスが取りにくくなりますが、やはり呼吸でリラックスを保ちます。目を閉じて片足立ちでいられる時間が長いほど、バランス感覚が良いと言えるでしょう。

◯システマの足さばき

システマのクラスでは、「常に片足を上げているように」と指示されることがあります。これは両足で踏ん張ることなく、動き続けることで「キープ・ムービング」の原則を身体で覚えるという意図があります。しかし、フラミンゴのようにずっと同じ足で片足立ちをするわけではありません。常にゆらゆらと体重を移動させ、両足を行ったり来たりさせるのです。

両足に均等に体重が乗った状態から歩き始めるには、一歩を踏み出す前に軸足へと体重を移動させなくてはいけません。その手間はほんの一瞬ですが、動作の遅れを招きます。それを防ぐために片足で立つようにするのです。ただどうしても両足でしっかり立った方が、安定しているような気がするかも知れません。通常、接地面積が広い方が安定しますので、それに則れば、両足の方が安定すると考える方が自然でしょう。しかし「動き」という要素が入ると一変します。動きながらの安定性においては、片足立ちの方に軍配が上がります。

それを確かめるワークとして、次のようなものがあります。

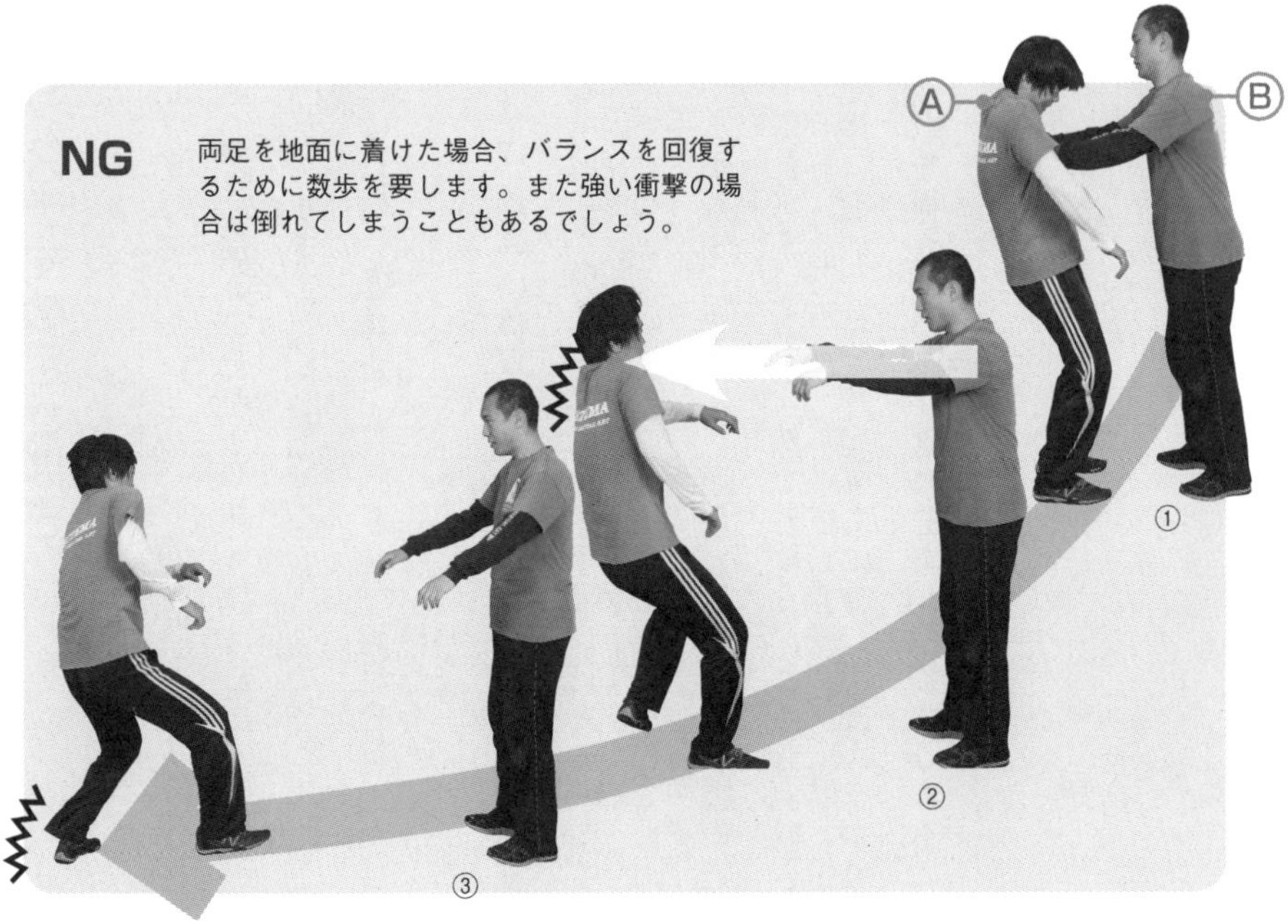

NG 両足を地面に着けた場合、バランスを回復するために数歩を要します。また強い衝撃の場合は倒れてしまうこともあるでしょう。

ポイント

片足立ちと両足立ちの比較

①②Aは両足に体重を均等に乗せて立ちます。BはAの正面から胸のあたりを突き飛ばすように押します。

③Aの体勢は崩れ、バランスを回復するためにバタバタと数歩退くことになります。

④今度はAは片足立ちで立ちます。

⑤Bは②と同じようにAの正面から胸のあたりを突き飛ばすように押します。

⑥～⑦Aは浮かしていた足を着地させることで、すぐにバランスを回復することができます。

このワークは「その場から動いても良い」という前提で行われています。その条件であれば、片足立ちの方が自分が移動することで

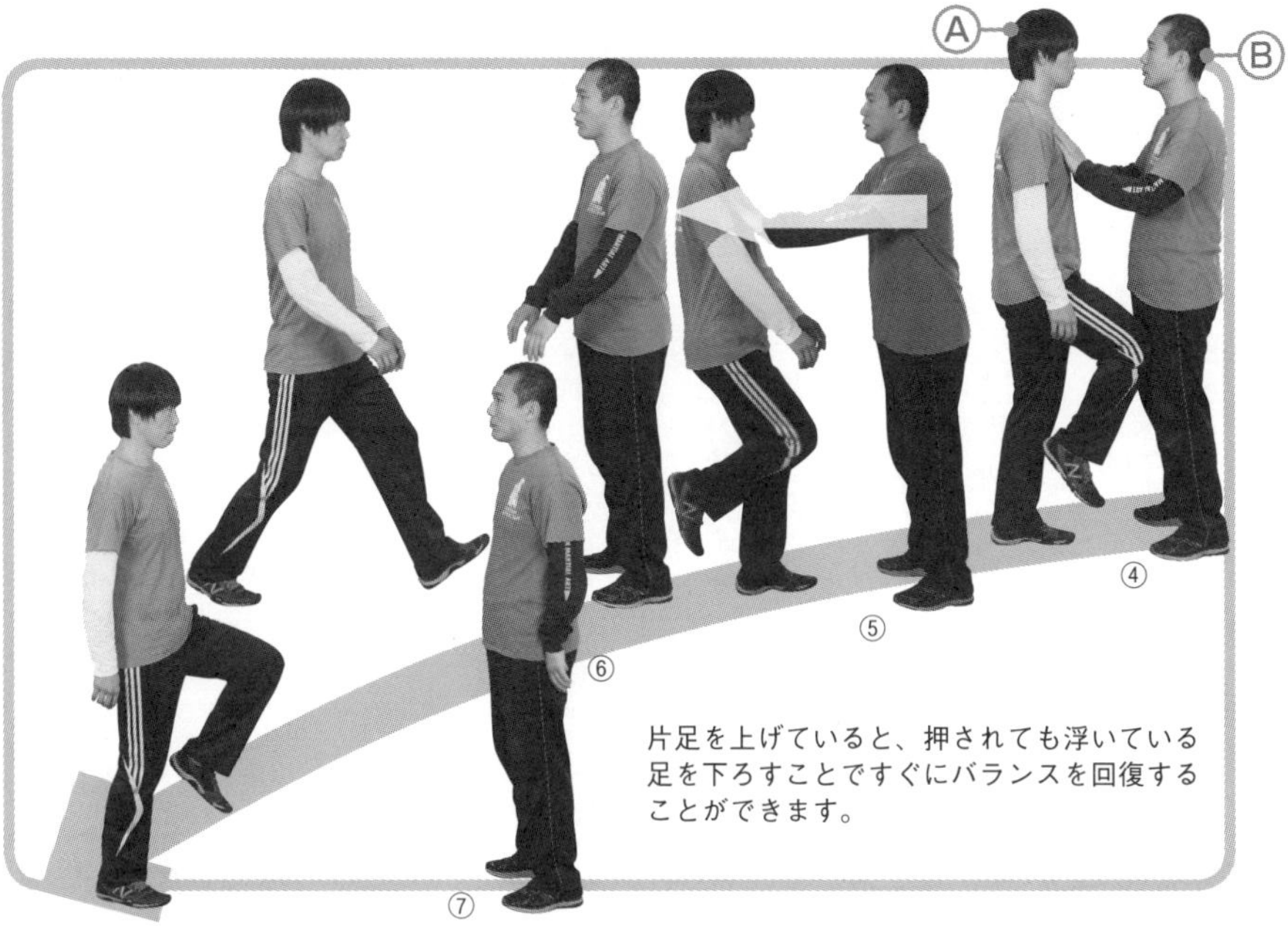

片足を上げていると、押されても浮いている足を下ろすことですぐにバランスを回復することができます。

衝撃を緩和できるために有利になるのです。だからといって片足立ちが万能というわけでもありません。例えば地引網を引いたり、エンストした車を押したりなど、軽快な動きよりもその場にどっしりと腰を落ち着けることが求められる場面もあるでしょう。こうした時は両足にしっかりと体重を乗せた方が、目的合理性に即します。特定の身体の使い方をただ堅守するのではなく、トレーニングを通じて構造や強み、弱点を理解していくことで、自分の身体を使いこなすのです。

○「歩き」の原動力について

自然に立ち、そのまま歩けば自然な歩きになります。

しかし歩く際には、必ず筋肉の緊張が生まれます。その緊張は背骨へと伝わって姿勢を歪め、自然な状態を崩してしまいます。身体を動かす以上、一切筋肉を緊張させないわけにはいきません。そのため歩行に伴う緊張を、最低限に抑えていくようにします。

歩きに伴う緊張は、次の3種に大別することができます。

1．バランスの維持
2．アクセル
3．ブレーキ

最初の「バランス」はバランスが崩れ、身体が倒れるのを防ぐために生じる緊張です。この改善にはバランスの向上が役立つことは前に解説した通りです。

次の「アクセル」は身体に推進力を与えようとして生じる緊張です。一般的なスポーツなどではしばしば言われる「地面を蹴る」動きなどがそれに該当します。しかしシステマでは基本的に筋力によって歩くことはありません。むしろアクセルを用いず、「ブレーキ」を外すことで推進力を得るのです。

身体がバランスを崩そうとした時、反射的に筋肉の緊張が生じます。これは体勢の崩れにブレーキを掛けるためです。この緊張を解除すると、身体は解除された方向に倒れこみます。これがブレーキを外すことで身体が移動する基本的な原理です。

しかしただ棒が倒れるように進行方向に倒れこむわけではありません。姿勢を崩さず、自然な立

ち方を保ったまま歩く必要があります。本書ではそのための方法として、

〝呼吸に乗る〟

と

〝末端に導かれる〟

の二つの歩き方を紹介します。

ただこれらはあくまでも、筋力に頼らない移動を学ぶためのヒントです。このように歩かねばならないという固定化した原則ではありません。その点を踏まえた上で、読み進めて頂ければと思います。

呼気による歩き

①②深いブリージングを５回ほど繰り返します。息を吸う際は胸やお腹だけではなく手足も含めた全身に、均等に息を満たすようにします。吐く時には全身に満たした息を口からフーッと吐きます。息を吐くと全身がゆるんでずっしりと重くなる一方、息を吸う時には全身に張りが生まれ、軽く感じられることでしょう。肩が上がったり首が反ったりするのは、呼吸が下半身に届いていないサインです。背骨が曲がってしまわないよう注意します。

③全身に息を満たし、フーッと吐きます。写真の白い楕円は重心の位置のイメージです。息を吐くことで重心が降下する勢いに乗るようにして、足を踏み出します。

④〜⑥息を吐き切ると同時に歩みを止めます。呼気が生んだ推進力が切れることで、自然に歩みが止まるのがベストです。

吐き切ったら再び鼻から息を吸い、吐きながら歩きます。これを何度か繰り返し、息を吐くことで生まれる運動エネルギーに乗る感覚をつかみます。

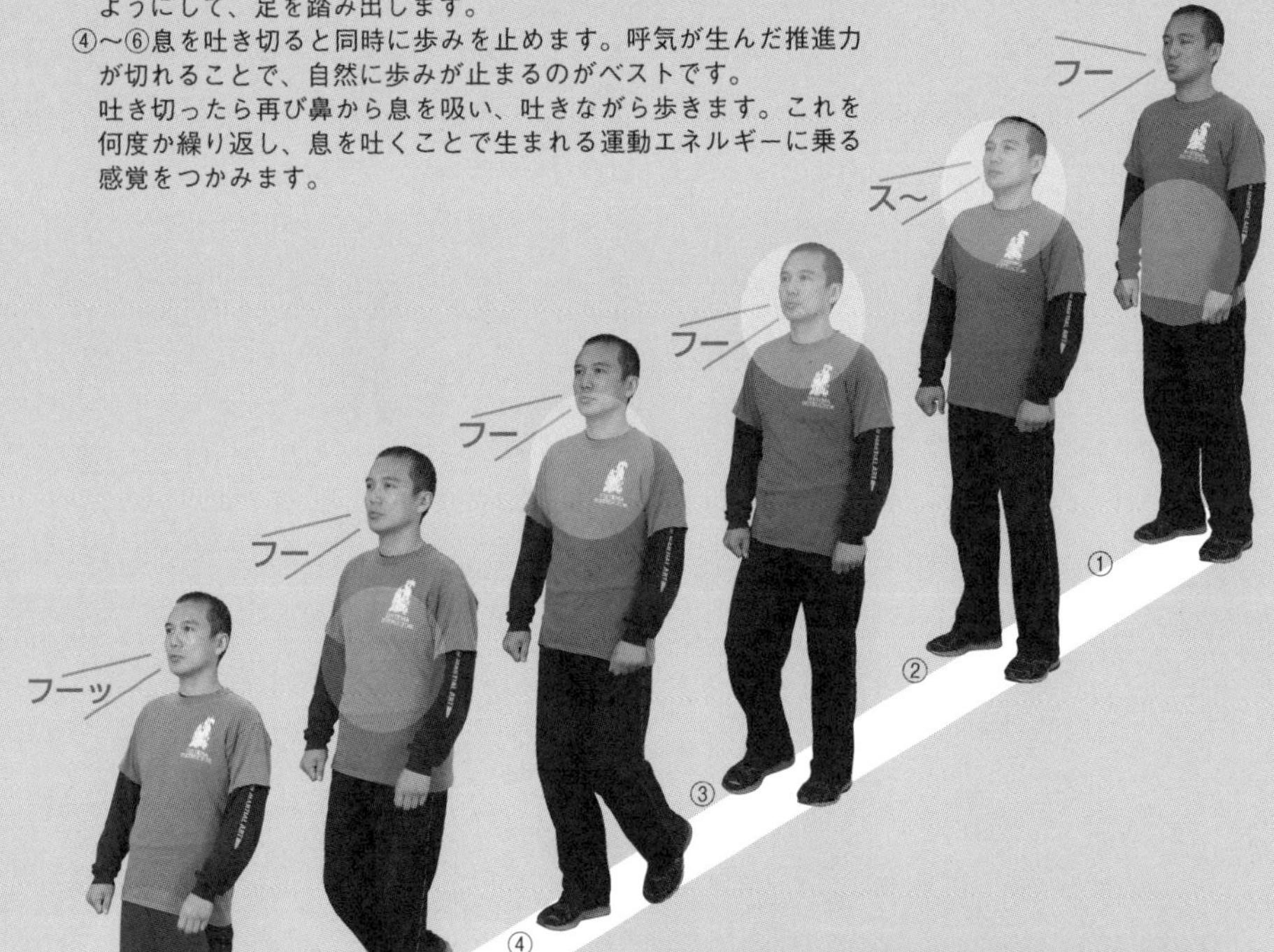

NG

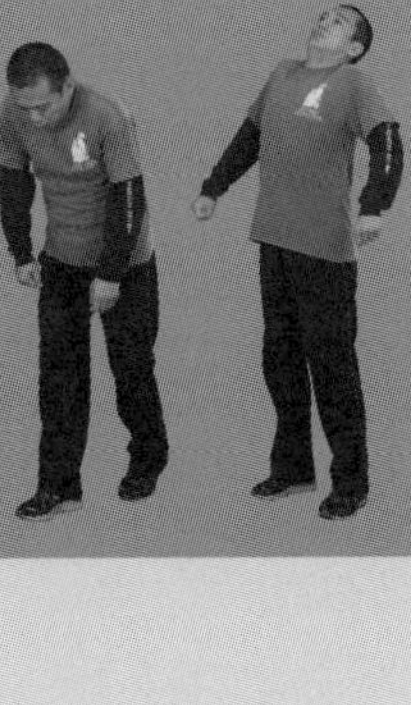

呼吸に伴って姿勢が変化するのはNGです。呼吸が生み出す運動が姿勢を歪ませるために浪費されてしまうためです。

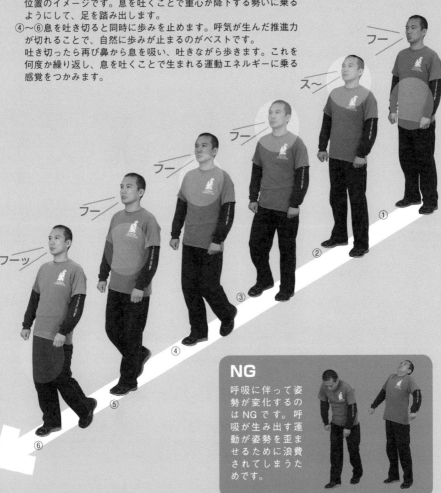

吸気に乗る歩き

次は同じことを息を吸うことで行います。
①全身に息を満たすつもりで、鼻から吸います。同時に全身に張りが生まれ、身体が軽くなるのを感じます。
②続いて全身に満たした息を口からフーッと吐きます。これを何度か繰り返し、呼吸に伴う感覚をより明確に感じられるようにします。
③④全身から息を吐き切ったあと、鼻から全身に息を吸います。同時に重心の上昇する勢いを使って、足を踏み出します。

そのまま歩き続け、呼吸の勢いが尽きたら歩みを止めます。息を吐き、再び息を吸いながら歩きます。これを繰り返します。

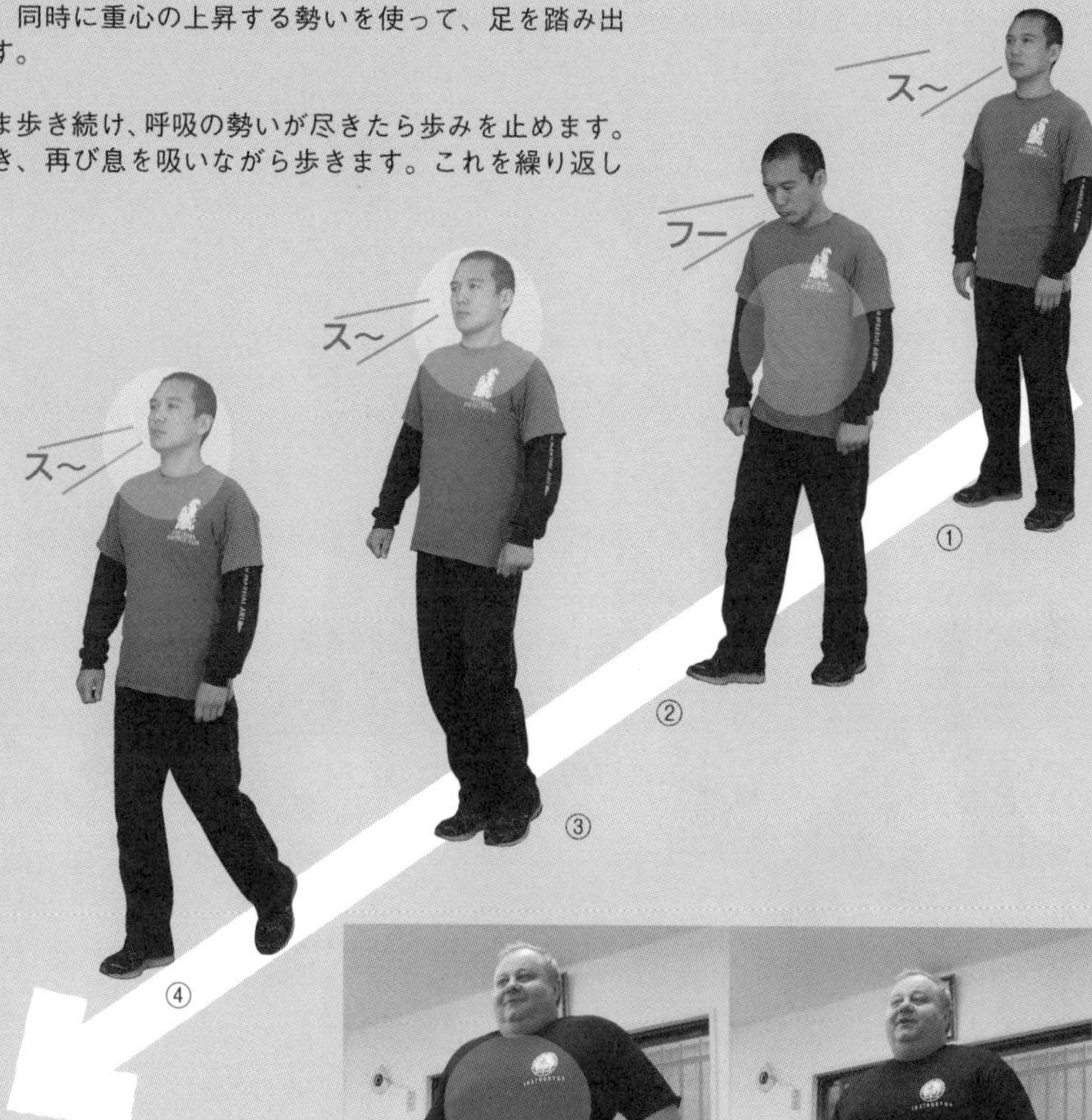

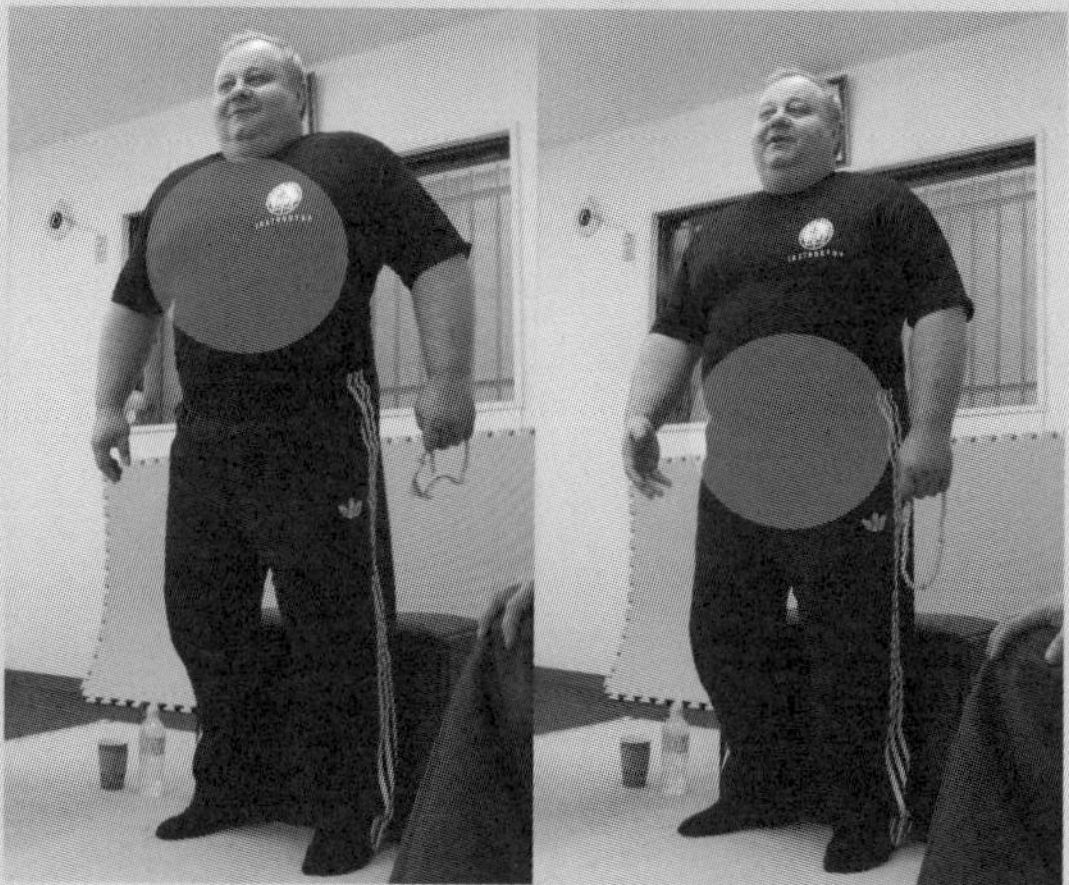

呼吸による重心の移動を見せるミカエル。

呼吸に乗る歩き

呼気と吸気に交互に乗れば、呼吸に乗って歩き続けることができます。
①鼻から息を吸い、息を吐きつつ歩きます。
②呼気の勢いが終わらないうちに息を吸い始め、歩みを維持します。
③吸気の勢いが終わらないうちに息を吐き始め、歩みを維持します。
④これを繰り返しながら、次第に呼吸を通常の呼吸へと近づけていきます。最終的には、呼吸に導かれている感覚がありつつも、外観的には普通に呼吸し、歩いているようになっていきます。このエクササイズでの注意点は、息を吐いている間、吸っている間にも呼吸の勢いを感じ続けることです。慣れないうちは、動き始めた途端に、呼吸の感覚から意識が抜けてしまいがちです。

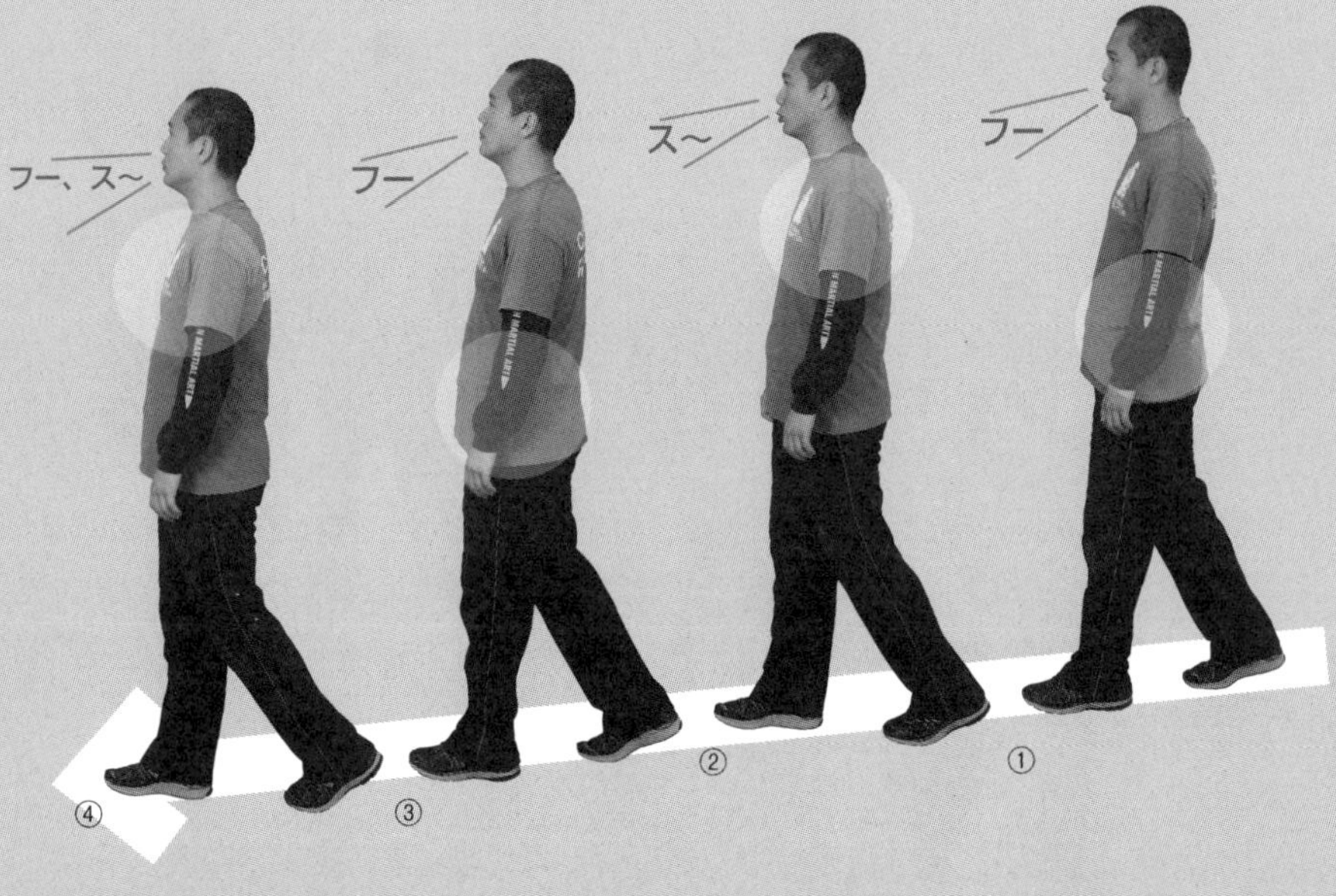

○呼吸に乗って歩く

息を吸う時、身体に張りが生まれて重心が上がります。体感的にも身体が軽くなったような感覚が得られることでしょう。続いて息を吐けば筋肉がゆるみ、重心が下がるとともに、ずっしりとした重さの体感が生じます。この上下動によって生じる運動エネルギーを動力として用いるのです。

この歩き方を、システマトレーニングで定番のブレスウォークに当てはめることもできます。

1. 鼻から吸いながら一歩進み、口から吐きながら一歩進みます。これを10～50メートルほど続けます。

2. 鼻から吸いながら二歩進み、口から吐きながら二歩進みます。同じく10～50メートルほど続けます。

3. 同様にして一歩ずつ、体力にあわせて十歩～十五歩くらいにまで増やしていきます。目標の歩数に達したら、一歩ずつ減らしていきます。

呼吸が生む勢いのみを使うように心がけ、くれぐれも足が呼吸に先行して動いてしまわないよう注意します。呼吸の力が全身に伝わり、推進力になるまでにはいくらかのタイムラグが生じます。このタイムラグを待つのが呼吸に乗るコツです。もし呼吸の力が感じにくい場合は、息を吸いながら全身を力ませ、吐きながら力を抜くのも良いでしょう。筋肉の緊張と弛緩が強調されるため、呼吸の力が感じやすくなります。前進に慣れたら後方や左右などにも歩きましょう。

動きは大きな動きから小さな動きへと洗練されていきます。トレーニングが進むことで、より小さな重心の変化で全身が動くようになります。

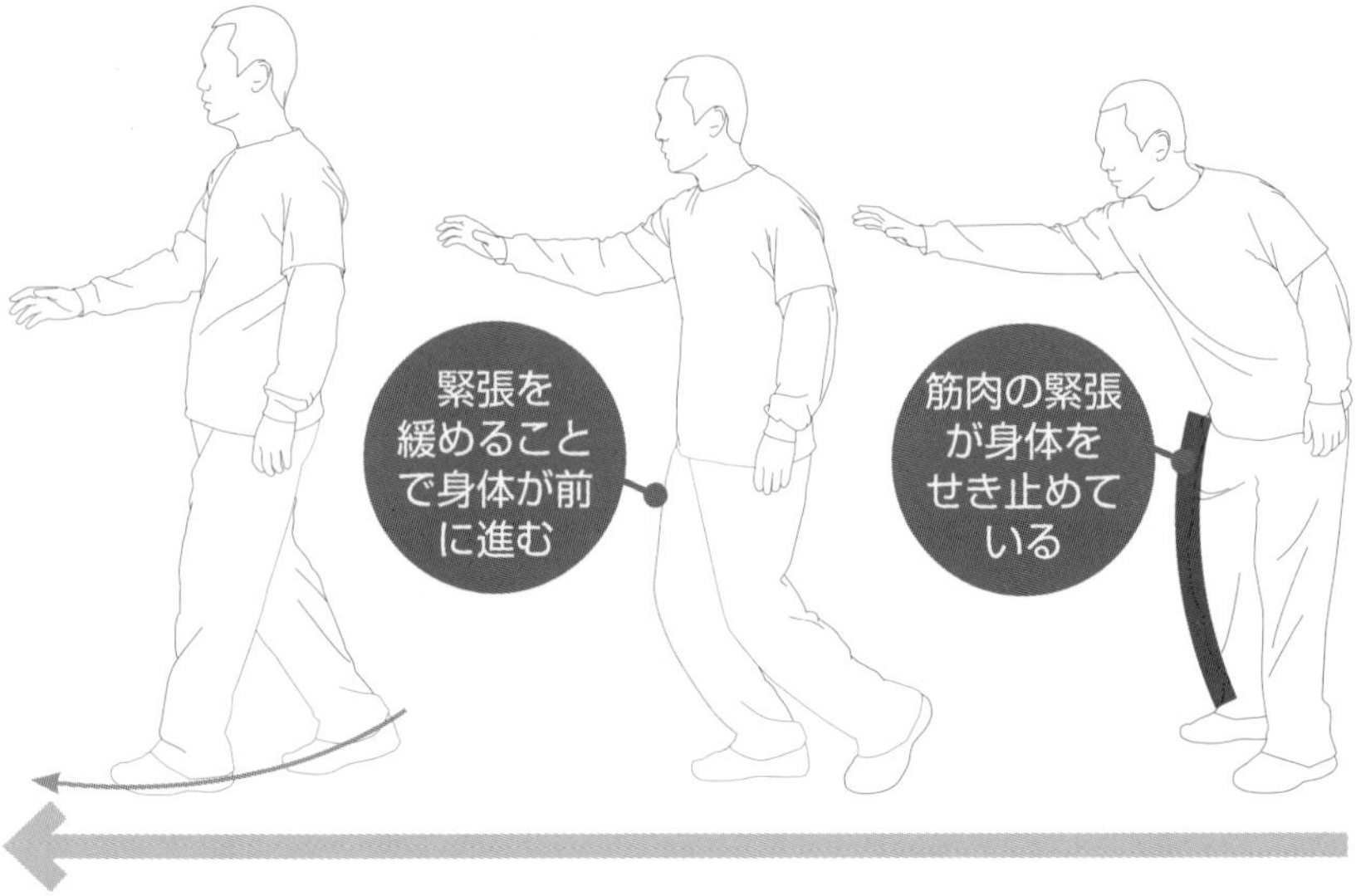

○末端に導かれる歩き

リラックスによって歩く感覚が分かるもう一つの方法が「末端に導かれる歩き」です。

バランスが崩れると、崩壊する直前に筋肉の緊張は最大になります。これは決壊寸前の堤防のように、筋肉が身体をせき止めている状態です。

この緊張を緩めればバランスが崩れた方向に身体は倒れ始めますが、あくまでも姿勢とコントロールを保つ必要があります。このような、一見矛盾したような動きを身につけるのに役立つのが、「末端からの動き」です。もっともシンプルなエクササイズとして次のようなものがあります。

物理的には手が動き始めた時点でバランスは変化しています。もし感じられないとしたら、筋肉の緊張によるストッパーが強く身体

手の重みで歩き出す

①リラックスして立ちます。
②ゆっくりと両手を前に上げていきます。
③両手の重みによってバランスが前方に崩れ、身体が力むのを感じたら……、
④⑤その力を抜くことで、腕に引かれるように前方への移動が始まります。バランスの移動が分かりにくい場合は、足の裏を意識してみてください。手を前に出すのに伴って、体重が爪先側に移動していくのが感じられるはずです。
⑥〜⑬同様に左右方向や後方に手を出すことで移動することもできます。
両手で感覚がつかめたら、片手でも行いましょう。

側方に出した手に導かれての移動。

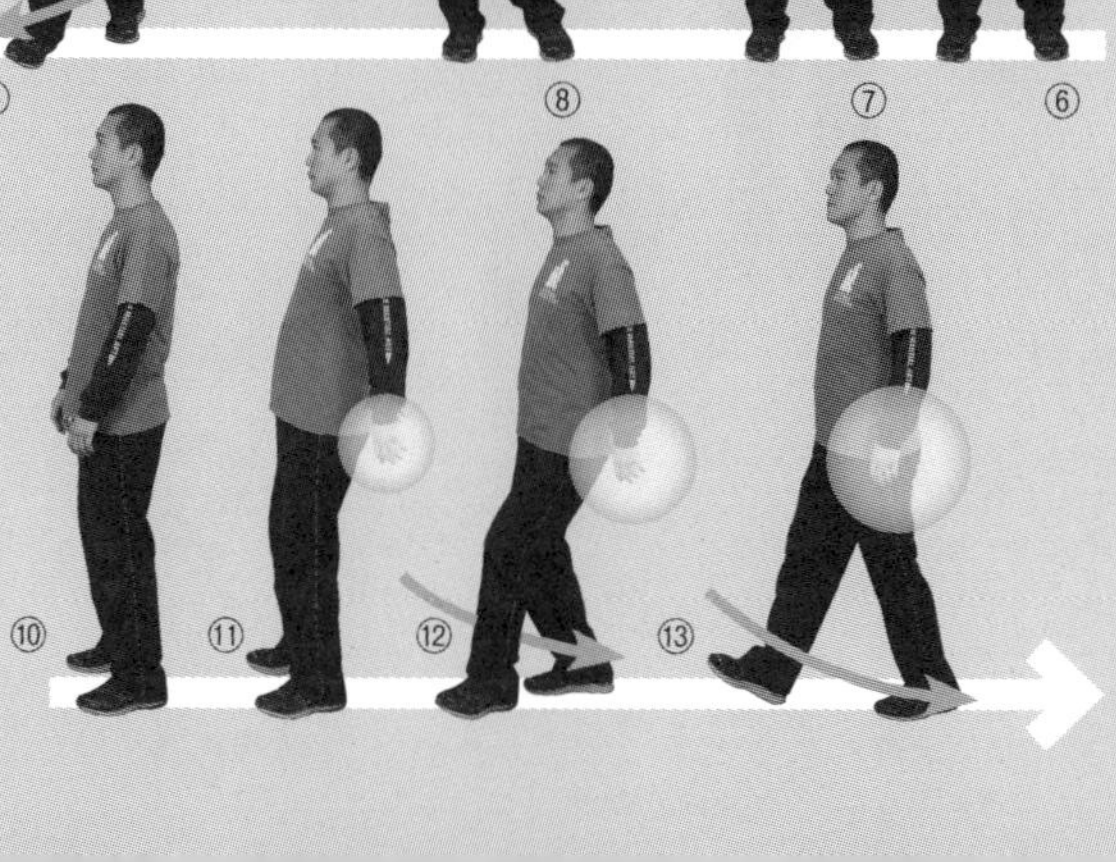

後方に出された手に導かれての移動。

の動きを封じてしまっているからです。はじめのうちはかなり手を前に出してからようやく身体が動き出す程度かも知れません。なかには手を目一杯伸ばしても全く動く気配が感じられない人もいるでしょう。ですがリラックスが進むにつれて、腕のわずかな動きに身体が連動するようになっていきます。どれだけわずかなバランスの崩れを察知できるかが、二足歩行におけるあらゆる動作の向上に結びついていきます。

手の重みで方向転換をする

手の重みを方向転換に用いることもできます。

①〜④手を前に伸ばす動きに乗って前進します。

⑤〜⑧手の方向を変え、その動きに追従するように方向転換をします。

これも両手で始め、要領がつかめたら片手でも行いましょう。

各パーツの重みで歩き出す

手だけでなく、身体の各パーツを末端に設定し、そこを動きの起点とすることもできます。任意の末端から動くようにしてみましょう。どの場合も、末端から生じた運動が全身に伝わっていくプロセスをよく味わうようにします。

肘から歩く

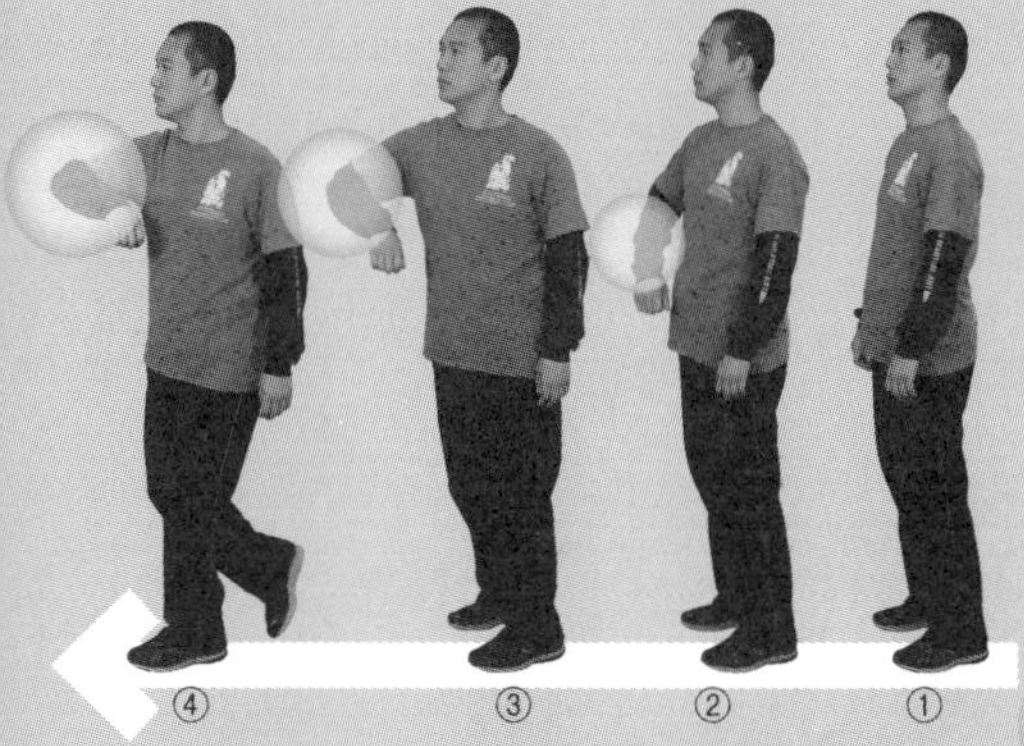

胸から歩く

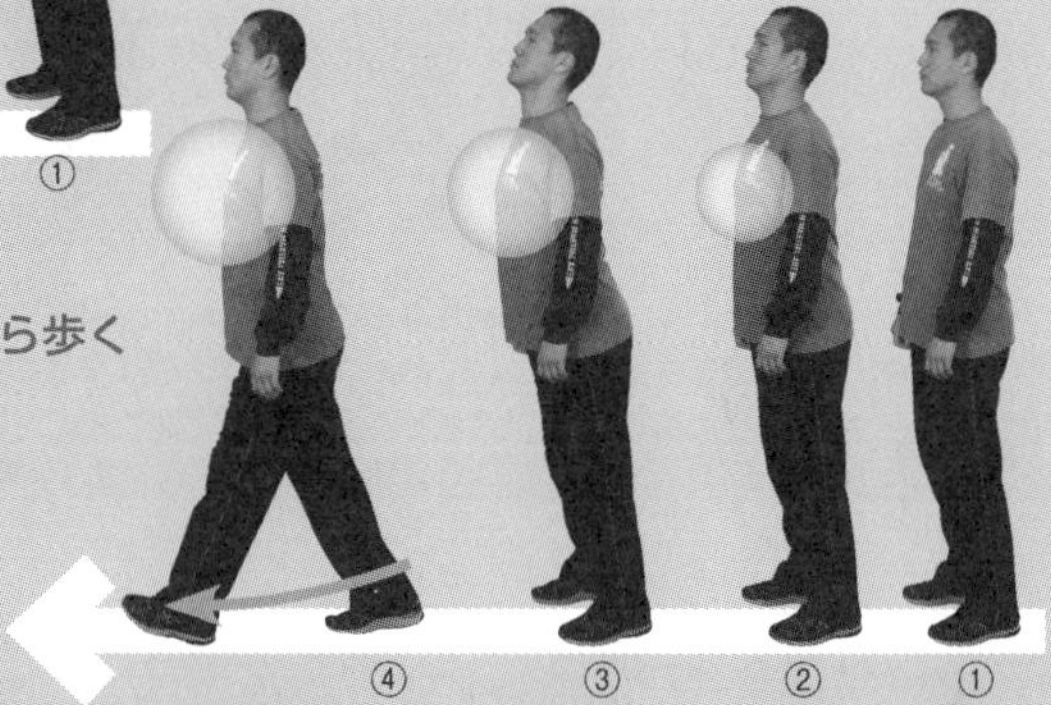

腰から歩く

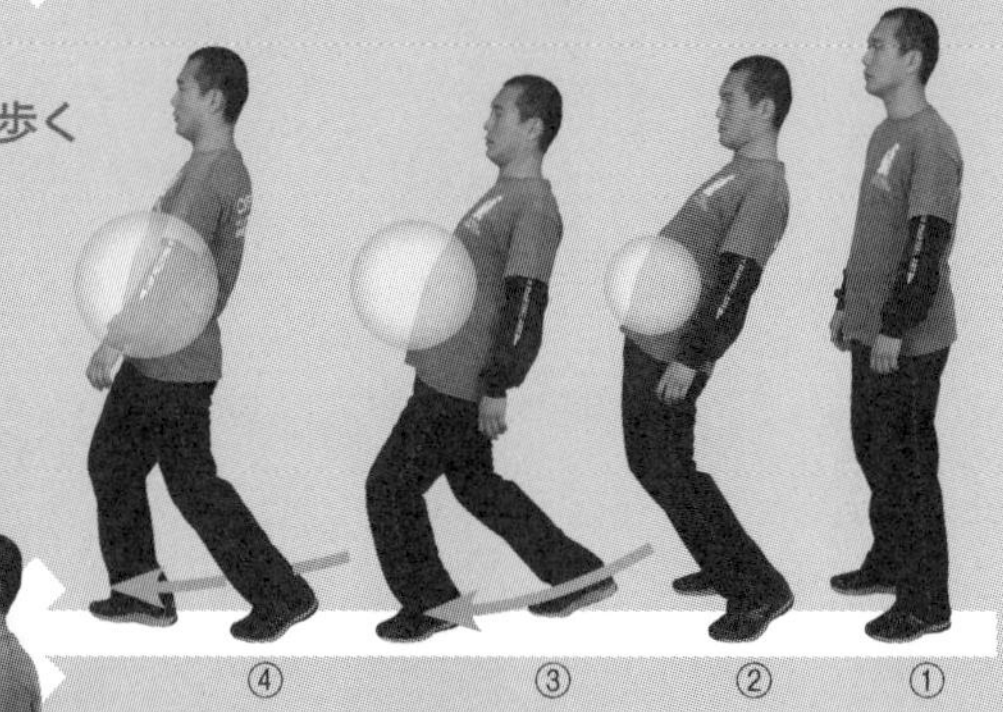

ヒザから歩く

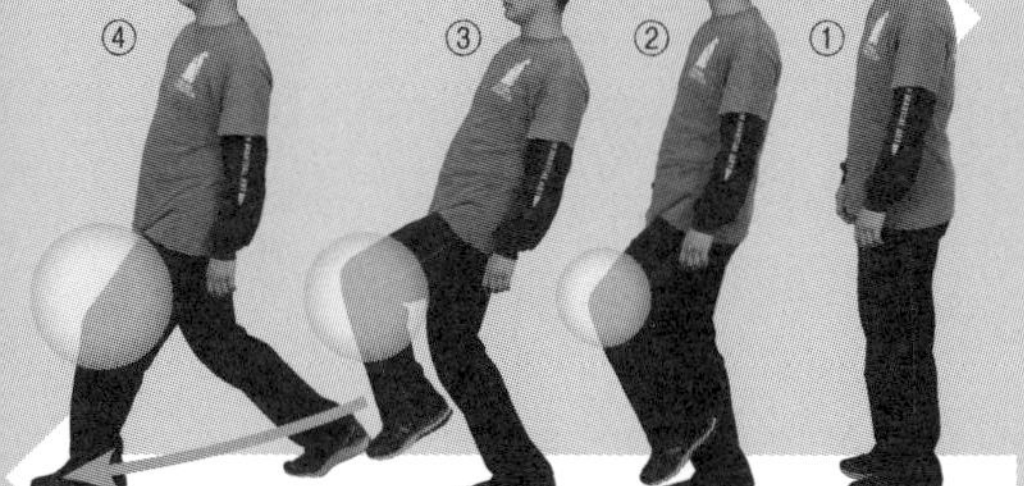

手に持った武器に先導されて動く

同じ原理は、武器と身体の一体化にも役立ちます。手に持った武器の動きに乗るのです。肩や肘の緊張を解き、武器が生む運動が身体に伝わるさまを、よく感じるようにします。方向転換をする際も同様です。武器の方向を変え、それに身体が追従するようにします。あらかじめこのトレーニングを通じて身体と一体化させておくと、武器を用いた練習がやりやすくなります。

ナイフを用いた場合

④ ③ ② ①

シャシュカを用いた場合

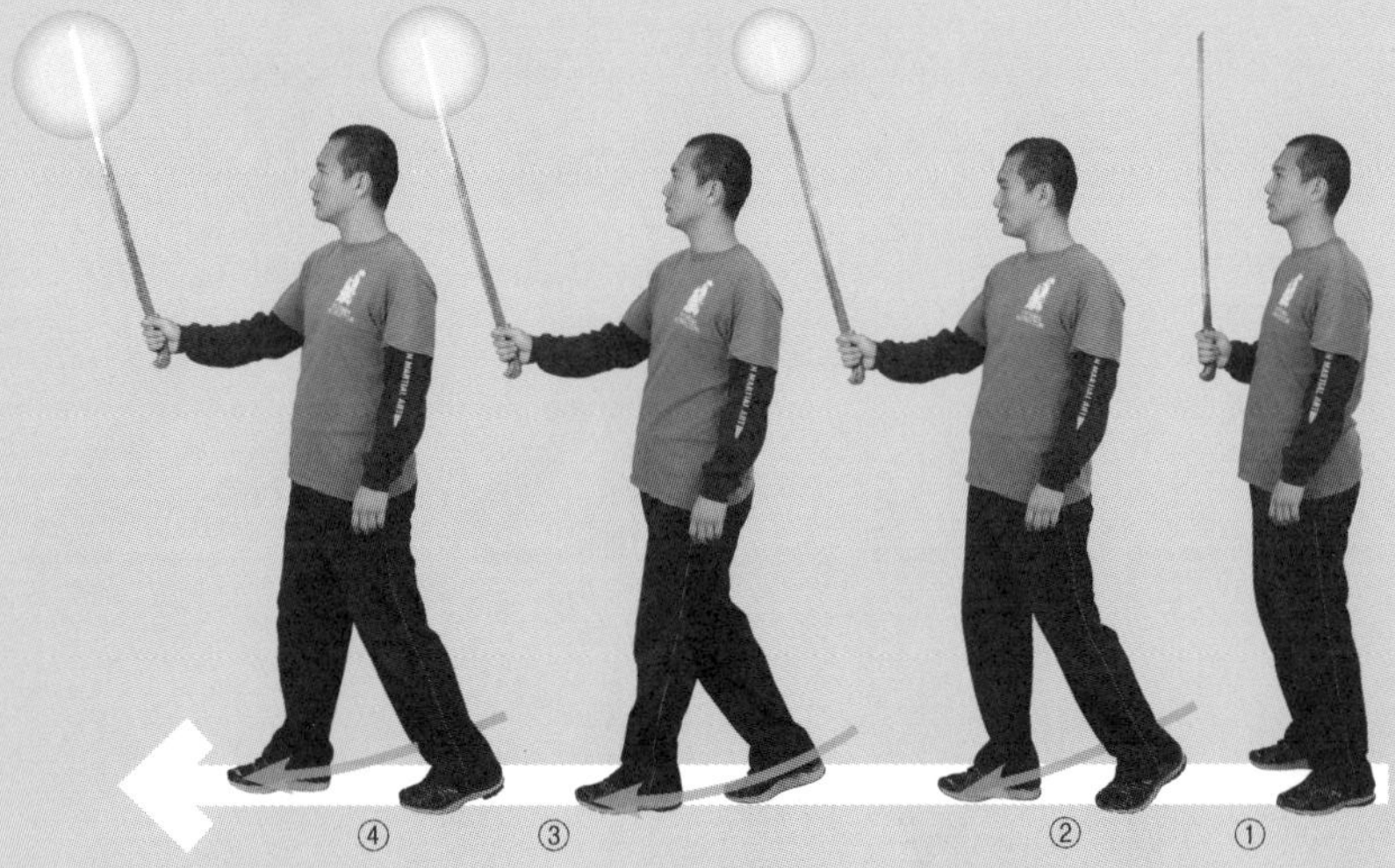

④ ③ ② ①

末端からの動きを検証する

足の蹴り出しや腰のバネを使わず、本当に末端から動けているかどうかを確かめるには、次のような方法があります。

①壁に背中を預けます。腹筋の力では起き上がれない程度にバランスを崩すため、足を壁から離しておくようにします。

②～④両手を前に差し出し、その動きによって壁から離れ前進します。うまくいかなければ、手を勢い良く斜め上方に投げ出すようにしても良いでしょう。同様のことを胸や足などでも行うことができます。

手を用いた場合

胸を用いた場合

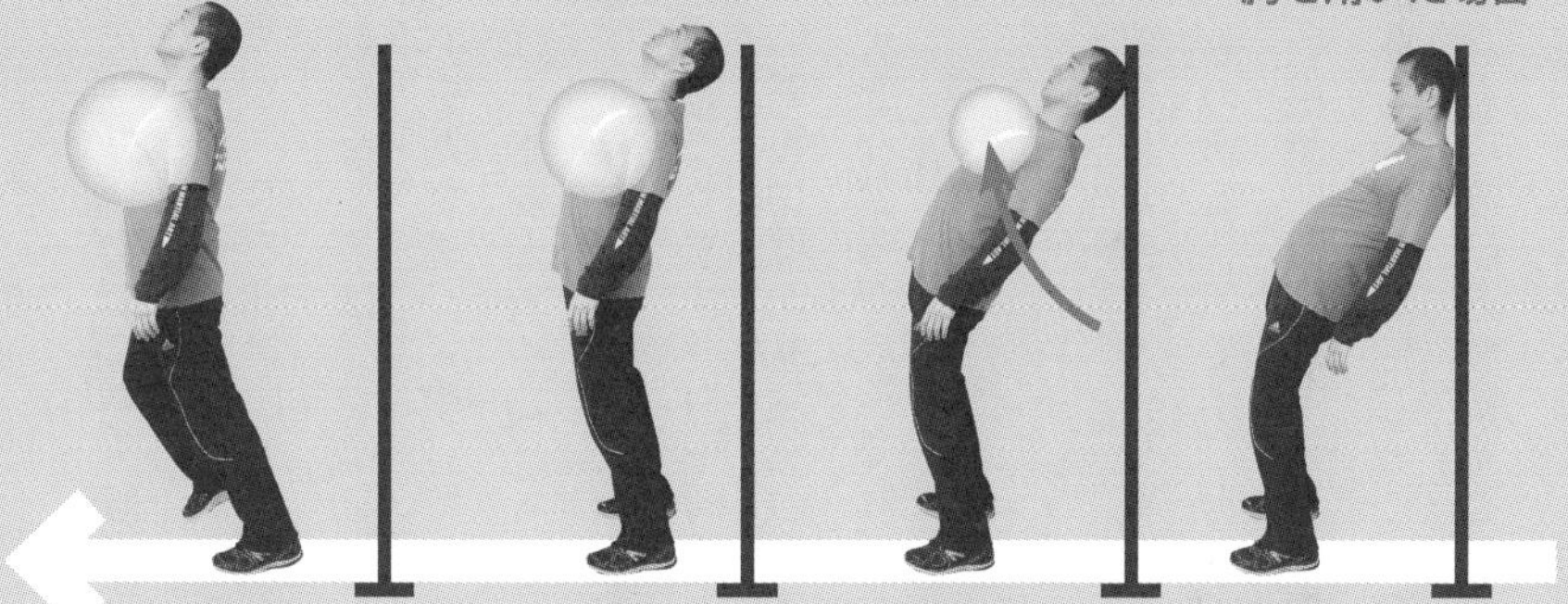

足を用いた場合

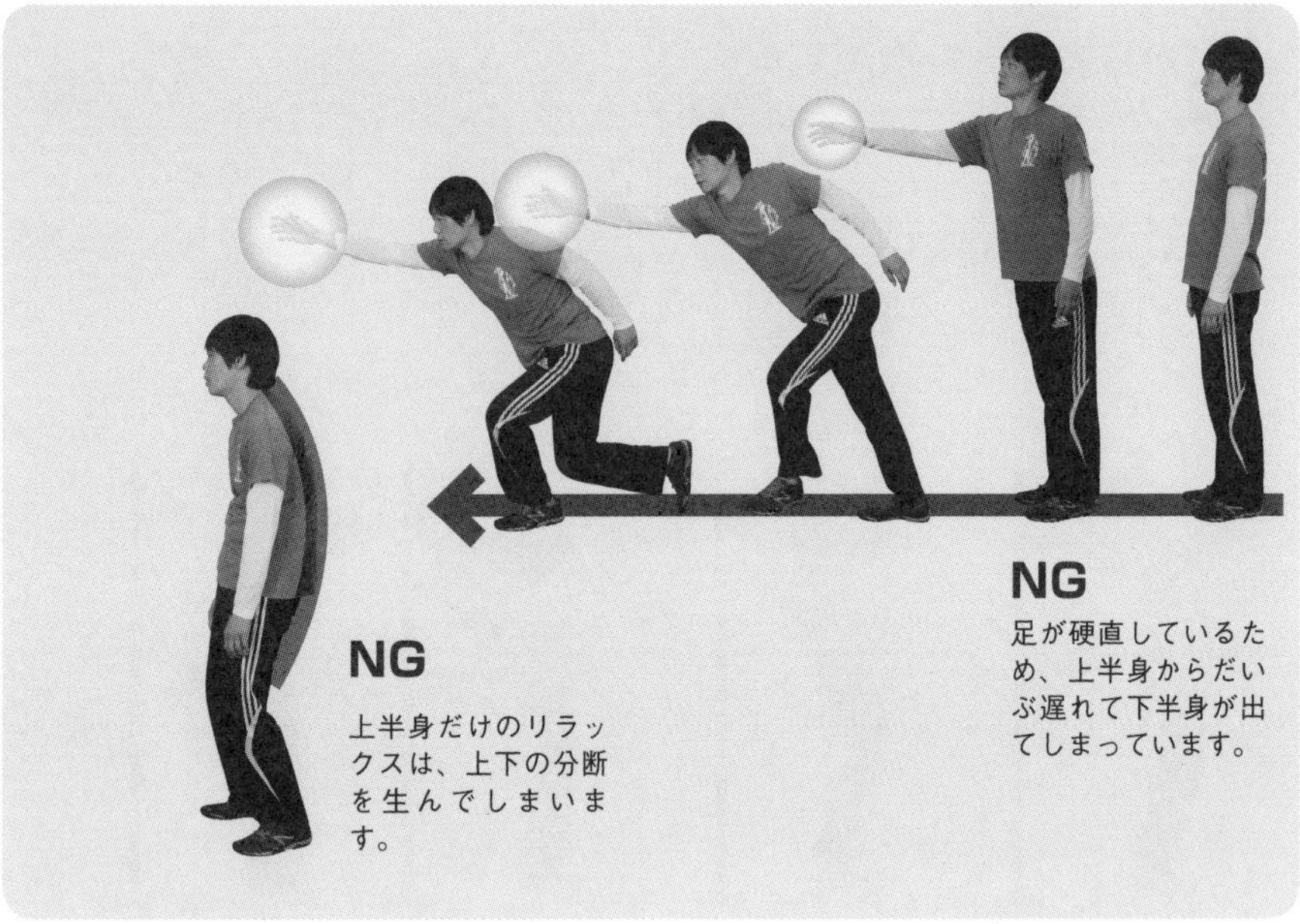
NG
足が硬直しているため、上半身からだいぶ遅れて下半身が出てしまっています。
NG
上半身だけのリラックスは、上下の分断を生んでしまいます。

○末端から動く際の注意点

この章で紹介したエクササイズ全般にありがちなミスは、姿勢を崩してバタバタとたたらを踏むように歩いてしまうことです。これは上半身が力を抜こうとしているのに対し、下半身が居着いてブレーキとなっている場合に起こります。肩や背中といった意識しやすい緊張にばかり注意が向き、足腰にあるより大きな緊張が放置されてしまうのです。

背を丸めたり反らしたりといった姿勢はいかにも力が抜けているような気がしますが、実際は意識しやすい筋肉だけがゆるんだ、偏りのある状態です。自覚することすらできない根深い緊張は下半身に集中しています。こうした偏りが生じることなく、下半身も上半身も均等に力を抜くことができれば、姿勢が変形することもなく、外見的には普通に歩いていのるとほとんど変わらなくなります。呼吸による歩行も、末端に導かれての歩行も、目指すところは〝普通の歩き〟です。呼吸や末端からの動きが、一見普通の動きのなかに有するようになって初めて、力のある動きとなるのです。

足と背骨を分離するエクササイズ

歩く際、足に生じる緊張が背骨に伝わることで姿勢の歪みが生じます。このエクササイズはその緊張の繋がりを切り離すことを目的としています。背骨と足の緊張を切り離すことでそれぞれが本来の役割を果たすようになり、結果的に全身の連動性が高まるのです。

①仰向けに寝てリラックスします。この時、背骨全体をぴったりと床につけます。腰が反るあたりは緊張が残りやすく、床から浮いてしまいがちですが、ここも床につけるようにします。体内から圧力をかけて床に押しつけると良いでしょう。

②背骨を一切、床から離すことなく足を動かします。足を曲げたり、開いたり、捻ったりしてみてください。カカトはまだ浮かしません。ほんのわずかでも背骨が床から浮いたらやり直しです。

③背骨を一切、床から離すことなく、ヒザを立てて足を体幹側に引き寄せます。

④引き続き背骨を床につけたままカカトを上げます。そのまま足を色々と動かします。背骨がわずかでも床から離れた時点で、カカトを下ろしてやり直しです。

足と背骨を分離するスクワット

このエクササイズの狙いも、足と背骨の分離です。
①力を抜いてしゃがみます。
②足裏から床をゆっくりと踏み込んでいきます。その反動で身体が持ち上がるような感じです。
もし腰にわずかでも反りや力みが生まれたら、最初からやり直しです。これも可能な限り厳密に行うようにします。その結果、全く身動きが取れなくても構いません。

NG

腰の反りが生まれると背中に負担がかかります。身体を持ち上げようと意識し過ぎることで生じます。しっかり足裏で地面を踏み込んで解消します。

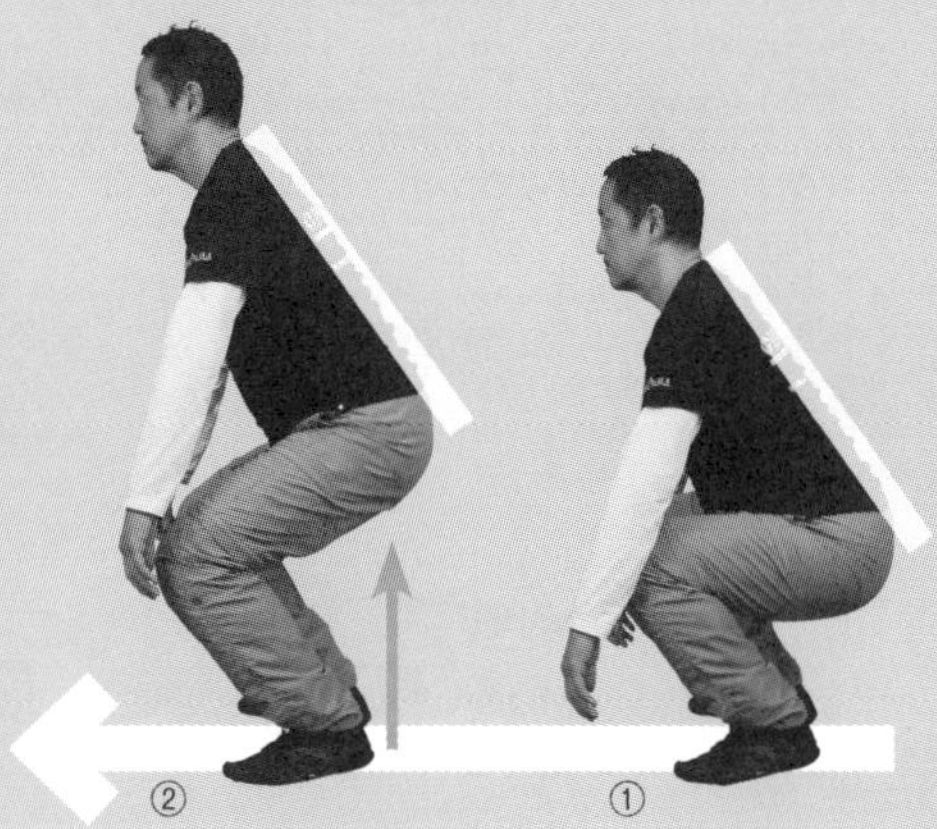

足と骨盤の分離

次は大腿部の回旋運動と骨盤の動きを切り離します。腰の緊張から足を解放し、自由に動かせるようにするのが目的です。骨盤が大腿部につられて動いてしまわないよう注意してください。本来の足腰の動きを見つけるのに役立ちます。
①足を投げ出して座ります。
②片足を上げて大腿骨を左右に回します。このとき、骨盤や背骨は一切動かさないようにします。動きの引っ掛かりを感じたらブリージングをして強張りをほぐしていくようにします。

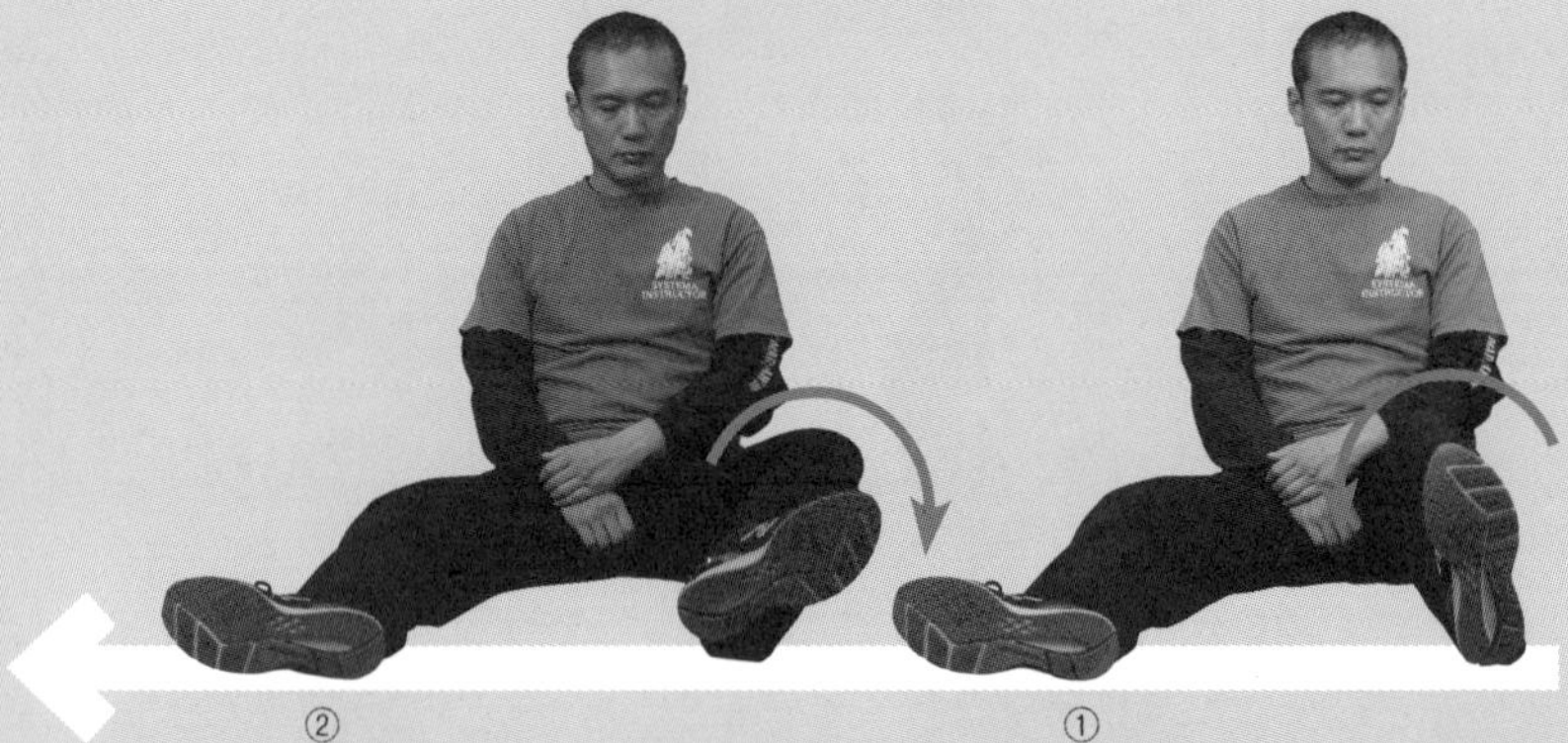

足首の分離

次は足首を単独で動かします。足首に連動して大腿部や骨盤が動かないように注意しましょう。

①足を投げ出して座り、片足を上げます。

②つま先で円を描くように足を動かします。この時、足首の位置を一切変えないようにします。ゆっくりと等速度で、できるだけ大きくきれいな円を描くようにしてください。緊張が感じられるところは、動きの速度をさらに落とし、たくさんブリージングをします。

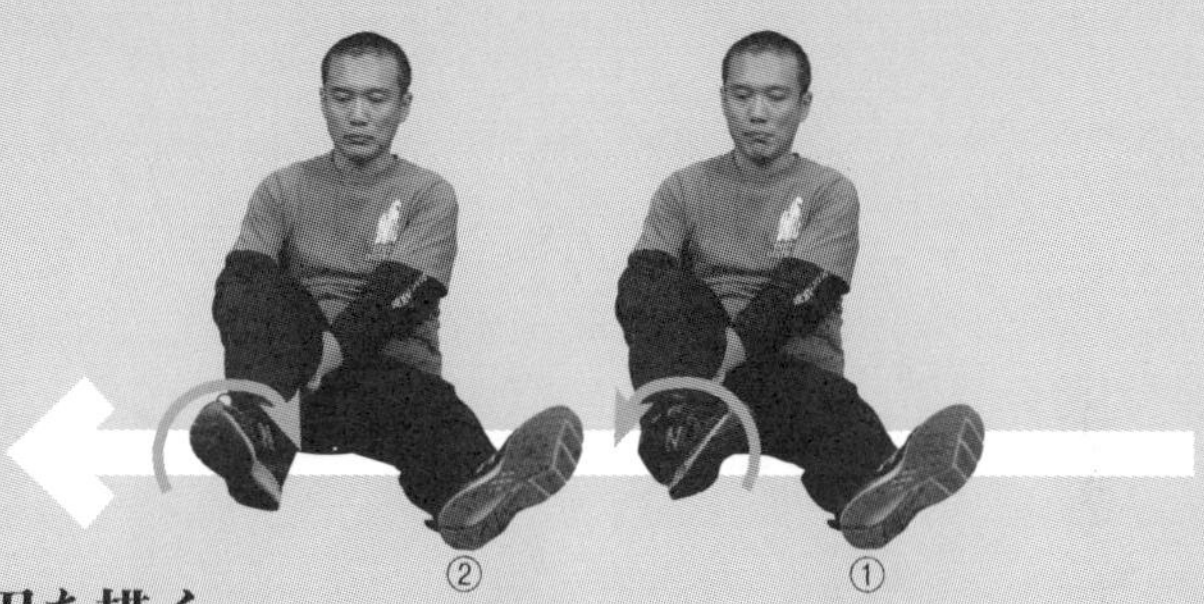

片足立ちで円を描く

片足立ちで、浮かした足を自由に動かせるようにするエクササイズです。歩きをより自由で安定したものにするうえで、大きな効果が期待できます。

①バランスの取れた立ち方から体重を横にスライドさせるようにして、片足立ちになります。遊脚を引き上げるのではなく、軸足に完全に体重を乗せることで、遊脚を自然に浮かせます。軸足の足裏全体に、均一に体重が乗るようにします。

②その状態を維持するよう努めつつ、ヒザでなるべくゆっくりと大きな円を描きます。

③前方、横、後方など、いろいろな空間に円を描くようにしましょう。逆回転も同じ回数だけ行います。慣れてきたら目を閉じて行います。

NG

バランスが崩れそうになったら呼吸をして力を抜くようにします。身体が傾いたり、手でバランスを取ったりしないように注意してください。難しいようであれば、手を壁などにそえるのも良いでしょう。

軸足と腰のエクササイズ

片足立ちの時、軸足で全体重を支えることになります。しかし軸足もまた硬直させるわけにはいきません。体重を支えつつ、自由に動かせるようにしていくのです。そうすることで動きの自由度が高まると同時に、怪我の予防にも役立ちます。
①片足立ちになります。
②③軸足のヒザでなるべく大きく、ゆっくりと円を描きます。逆回転も同じだけ行います。
④⑤軸足側の腰でなるべく大きく、ゆっくりと円を描きます。逆回転も同じだけ行います。バランスが崩れたら呼吸で回復する、身体をなるべく傾けない、手でバランスをとらないといった注意点は、これまでのエクササイズと同じです。

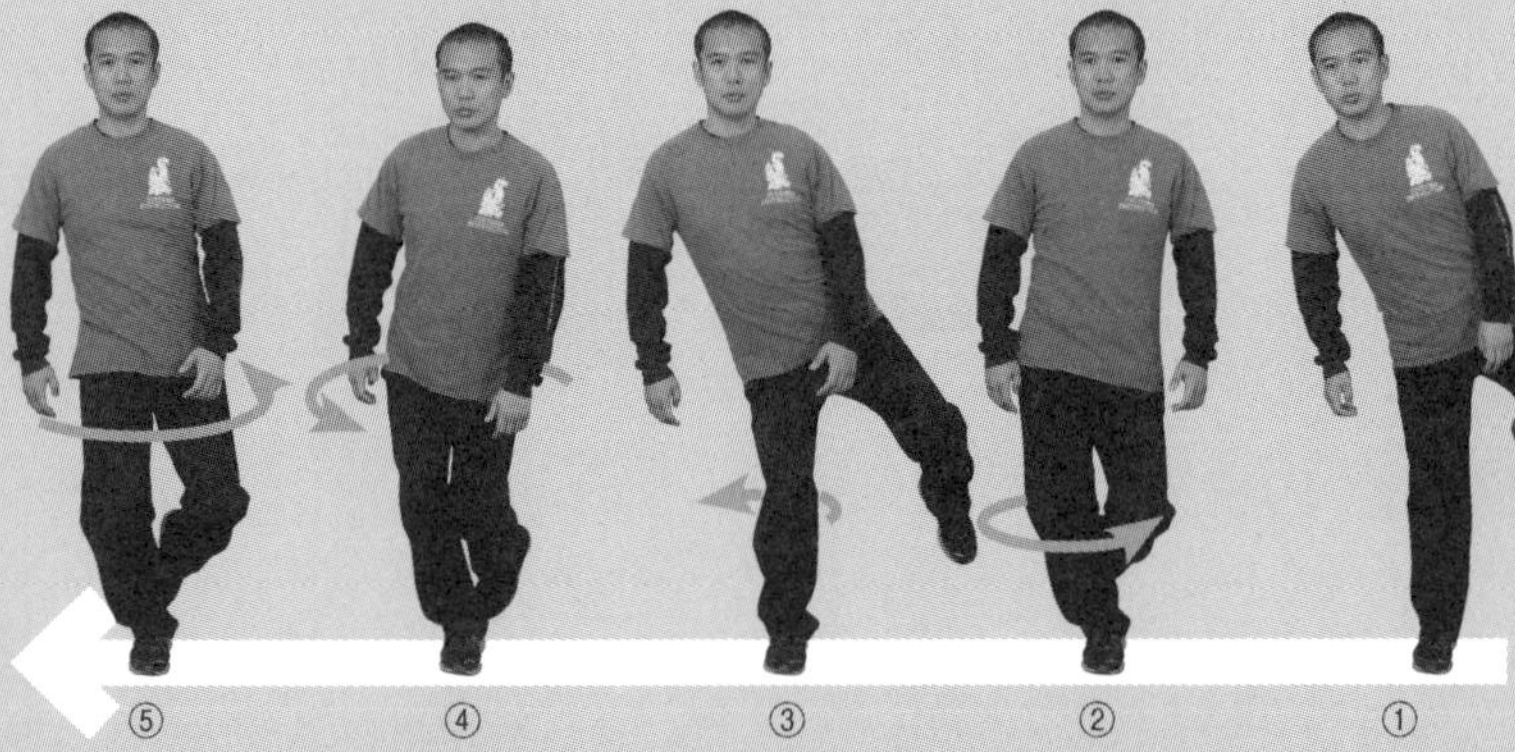

軸足のエクササイズ

次は体重を乗せたまま、軸足の向きを自由に変えられるようにするためのエクササイズです。
①片足立ちになり軸足のカカトに体重を移動させます。
②カカトを中心に 45 度ほど回転します。
③拇指球のあたりに体重を移動させ、拇指球を中心に 45 度ほど回転します。
④これを繰り返して移動します。
回転する角度を変えれば、色々な方向に移動することができます。ここではカカトと拇指球を回転の中心として使いましたが、この二つにこだわることもありません。他の部位を中心にしたり、あるいは中心を決めることなく足裏全体が滑るような動きで方向を変えてみても良いでしょう。

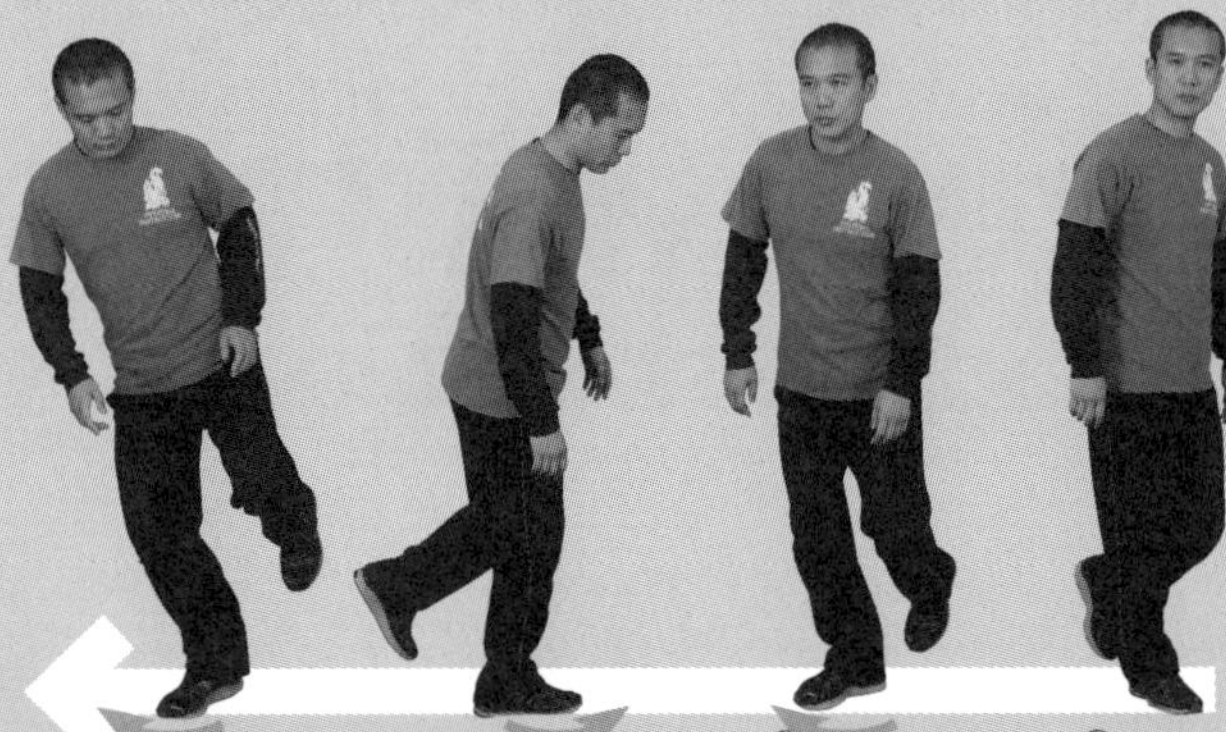

ゆっくり歩き

なんらかのスキルを習得する場合、実用に足りる程度のレベルに達すると、身体はそれ以上の上達を止めてしまいます。動作に多少難があって、無理をしていたとしても、とりあえず不自由しなければそれで良しとしてしまうのです。歩行はその最たる例と言えるでしょう。

こうした動きを改善するためには、なんらかの形で再び不自由さを実感する必要があります。不自由さがトリガーとなって、動作を向上させようとする働きが再起動するのです。それを簡単かつ効果的に行うことができるのが、ゆっくりとした動きです。

ここで紹介するゆっくり歩きは、その原理を歩行に当てはめたもの。全てのプロセスを観察し、ゆっくりと完全に均一なスピードで行うようにしてください。

ポイント

①バランスの取れた立ち方をします。
②軸足にゆっくりと体重を乗せます。
③遊脚をゆっくりと前に出します。
④遊脚が接地します。
⑤軸足から遊脚へと徐々に体重を移します。

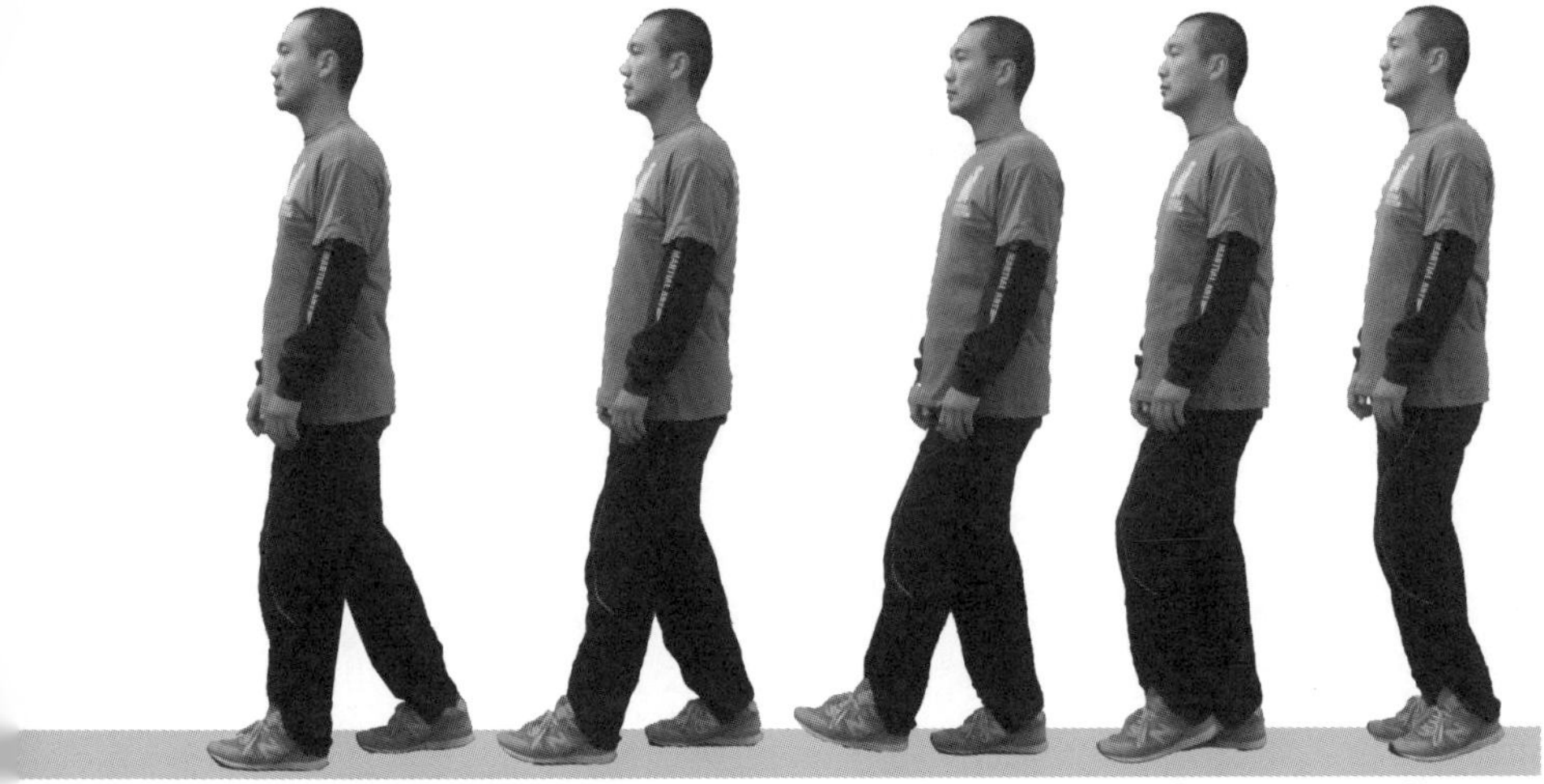

⑥それまで遊脚だった前足が軸足に変化し、後ろ足が自然に浮きます。
⑦～⑩遊脚となった後ろ足をゆっくりと前に踏み出します。
⑪軸足から遊脚へとゆっくりと体重を移動させます。これを繰り返してゆっくりと歩きます。

とても簡単なエクササイズに思えますが、実際に行ってみると大部分の人がうまくできません。無自覚のうちに足をさっと速く動かしてしまう瞬間があるのです。特に、

・遊脚を浮かす瞬間
・遊脚を後方から前方へと移動させる過程
・遊脚が接地し軸足と遊脚が入れ替わる時

などに無意識の動きが生まれがちです。全行

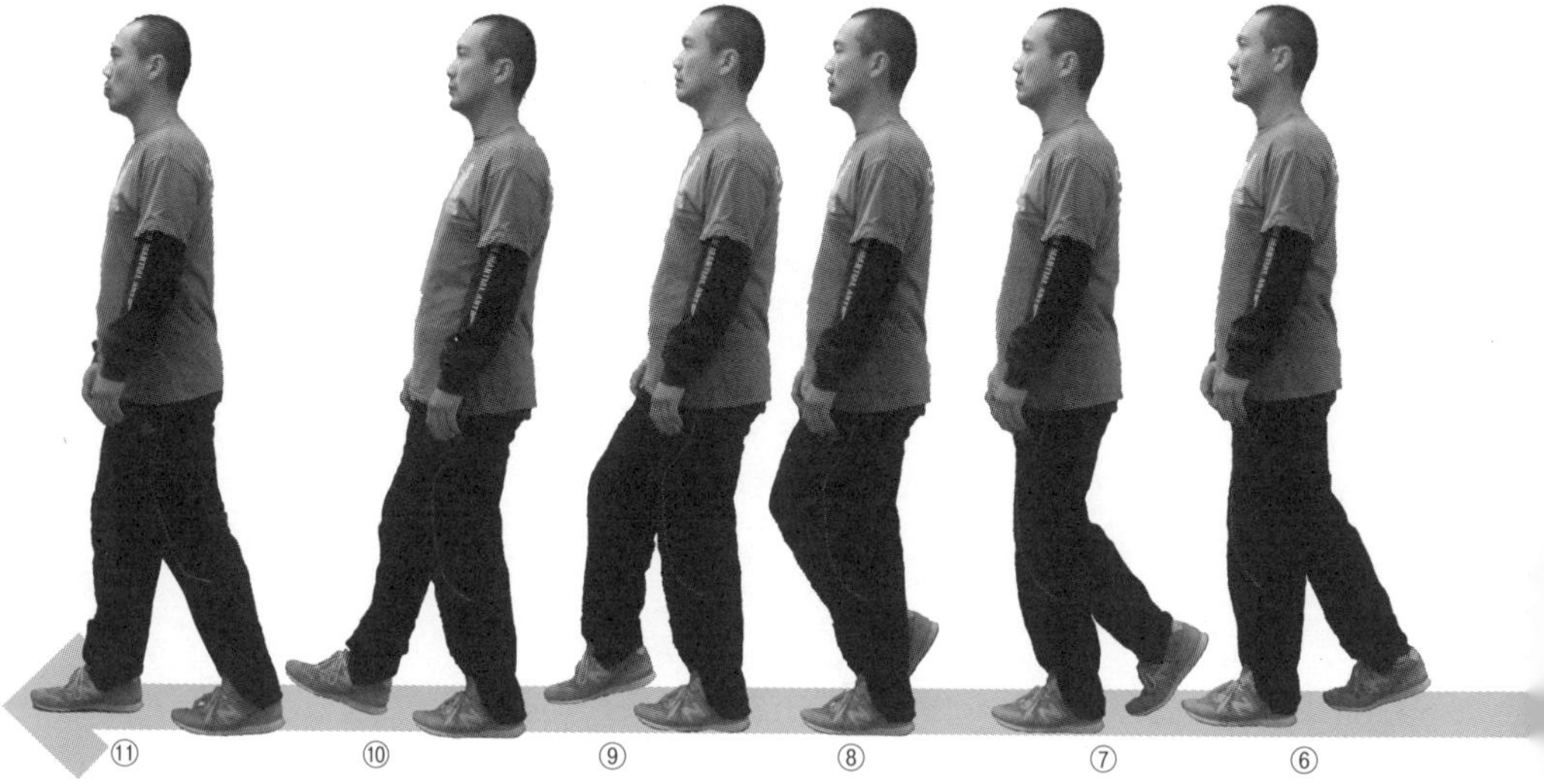
⑪　⑩　⑨　⑧　⑦　⑥

程をゆっくりと、スピードが変化しないようにしましょう。

同じようにゆっくりと後ろに歩くのも良いトレーニングとなります。前後に２～３歩ずつ歩くようにすれば、狭い部屋の中でも十分トレーニングすることが可能です。

第3章

どこへ足を置くのか？

前進、後退、転換

ポジショニングを武器にする

相手に対する位置取りを決めるのは、足の位置です。ほんの数センチの違いが致命的なダメージに繋がることもあれば、同じ数センチの違いが圧倒的な優位をもたらすこともあります。こうした的確な位置に、的確なタイミングで身を置くためには、精度の高い足の動きが不可欠です。思った通りの場所に、思った通りのタイミングで足を置けるコントロール性があって初めて、ポジショニングを武器とすることができるのです。本章ではそんな「足の置き方」にフォーカスします。

○ステップの原則

足、腰、肩、頭がまっすぐ積み重なるのが、姿勢の原則です。

この時、全てが同じ方向を向いている必要があります。ですから胸も腰も、両足の爪先も前を向いている姿勢が基本となります。

身体は本来、全身が連動していますので、上半身が右を向けば下半身も右を向き、これに伴って足も右を向くのが自然です。しかし多くの人は上半身だけでものごとを処理する習慣が身について

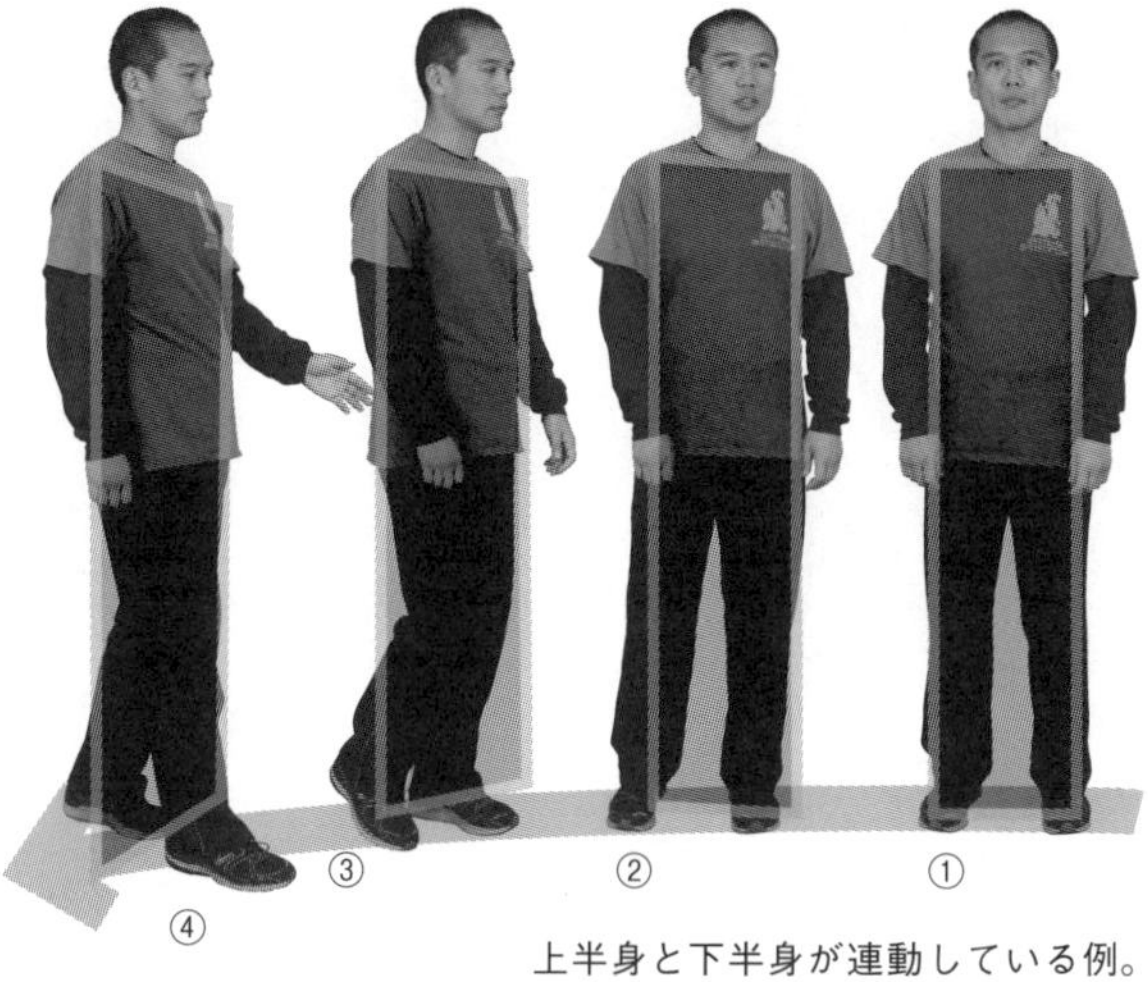

上半身と下半身が連動している例。
上下の方向が揃っている。
方向転換する際は足腰に生じるねじれが最小限になるようにします。

NG
上半身の方向転換に下半身が取り残されています。

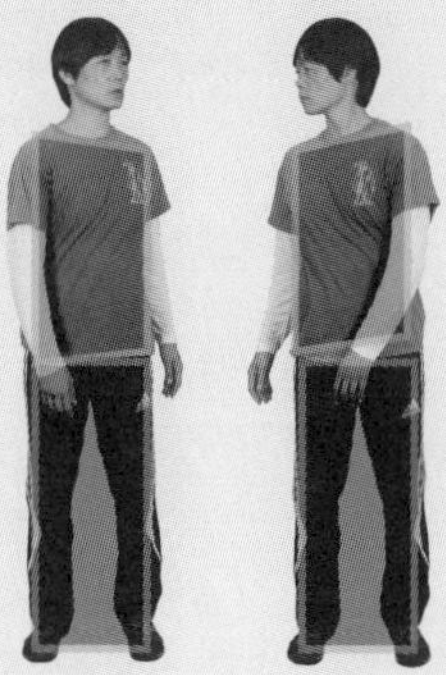

しまっているため、横を向くのも上半身だけねじってしまいがちです。これでは姿勢が歪み、動作の遅延を招いたり、長期間繰り返すことで腰を痛めてしまったりといった、多くのデメリットがあります。

システマの４大エクササイズの一つに〝スクワット〟があります。これはヒザと爪先の向きを揃えて前に向け、なるべく肩幅に近い足幅で立った上で腰を上下させるものです。ここでヒザと爪先の向きを揃えて前に向けるのも、身体の各部は同じ部位を向くという原則に則っているためです。そのために足を開いたり、反対にＸ脚気味に閉めてしまったりといった方法は、いずれもこの原則から外れるためにＮＧとなってしまうのです。

上半身と下半身はまっすぐ上下に積み重な

り、同じ方向を向く。

その原則を踏まえた上でこの第3章を読み進むようにしてもらえればと思います。

○前に歩く

軸足が接地した際、体重は足裏全体に均一に乗るようにします。しかしそうした接地の仕方を練習し、身体に覚えこませるわけではありません。筋肉をリラックスさせ、バランスのとれた歩き方をすることで、結果的にそうなるものです。

ですから、足の裏のどこかに余分に体重がかかるのであれば、歩く動作になんらかの問題があることが分かります。もしカカトから突っ込むように着地しているのであれば、大股で歩き過ぎている可能性があります。この時、突っ張ったヒザがつっかえ棒のような役割を果たして、カカトが地面にぶつかる衝撃をダイレクトに背骨に伝えてしまいます。これを「歩く度に地面にカカト蹴りをお見舞いしているようなもの」とヴラディミア・ヴァシリエフ（トロント本部校長、世界にシステマを広めた立役者）は言います。これを繰り返せば身体にダメージが蓄積し、いずれ腰やヒ

ザを痛めてしまうことになるでしょう。逆に爪先側に体重が偏り、カカトが浮いているようであれば姿勢が前のめりになって浮き足立ってしまっている可能性があります。こうしたことのない適度な歩幅を自分で見つけ出して、歩くようにすると良いでしょう。頭が上下に跳ねたり左右に揺れたりするのも、バランスが崩れている証拠なので解消していきます。頭部を固定するのではなく、リラックスした結果として、頭のブレをなくしていくのです。

○後ろに歩く

日常生活において、後ろ向きに歩く機会は、前に歩く機会に比べて圧倒的に稀です。そのため後ろ向きに歩き始めた途端にぎごちなくなってしまう人が多くいます。ですがマーシャルアーツにおいても、後方への滑らかな歩きは欠かせません。そのため、システマのクラスでは後ろに歩く練習をしばしば行います。初めのうちは誰かにぶつかるのではないか、壁に衝突するのではないかと、気が気ではありませんが、なるべく後ろを見ずに歩いていきます。さらには目を瞑って後ろ向きに歩くこともあります。当然、恐怖心は募りますが、それでも呼吸を整え、スムーズに歩き続けるようにします。するといつしか滑らかに歩けるようになっていきます。

基本的な注意点は前に歩く時とほぼ同様です。カカトや爪先に体重が偏ることなく、満遍なく接地するようにします。すると前進する時よりも歩幅がいくらか狭くなりますが、それで構いません。

注意点は神経質に後ろを見過ぎないことです。後ろが見えないことに対する恐怖心が強い場合は、リラックスして、頭の位置を変えることなく後ろへ進みます。歩幅は多少狭まってもOKです。

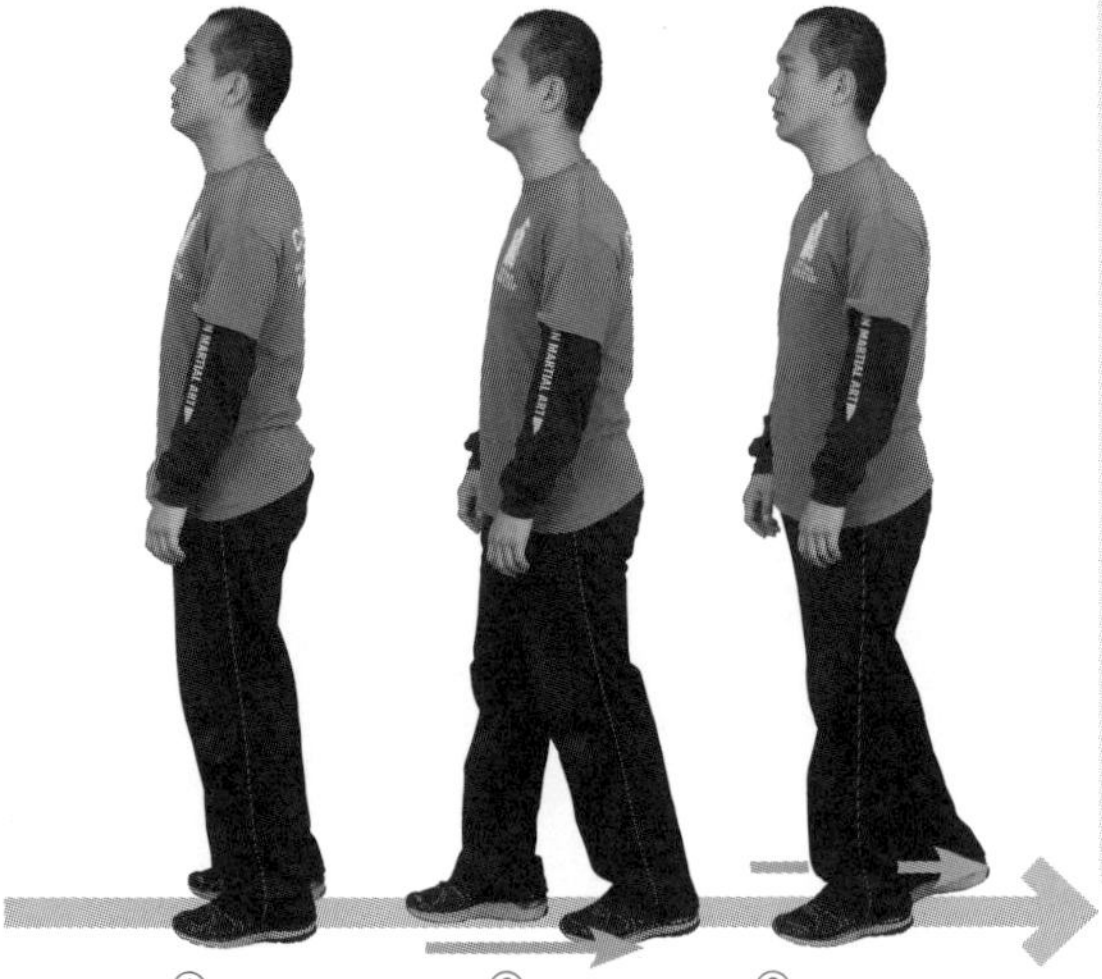

①　②　③

NG
後ろへ歩くことに緊張しすぎて姿勢が歪んでいます。

やはりブリージングをしてリラックスを心がけるようにしましょう。

後ろ歩きのトレーニングにはいくつか利点があります。

まず挙げられるのは、運動の幅がぐっと広がるということです。身体の運動は過去に身につけた動きのパーツの組み合わせです。例えばレゴブロックはどれだけ組み立てるのが上手くても、ブロックの数が少なければ何も作ることはできません。でも色々な形のブロックをたくさん持っていれば、組み立てる力はそこそこでも様々な作品を作ることができるでしょう。

このたとえで言うなら、後ろ歩きはあらゆる動きに付け加えることのできる、とても汎用性の高いパーツなのです。このパーツが一つあるだけで、それまでに持っていた多くのパーツに新しい使い道が生まれます。直立歩行だけでなく、四つ足歩きや匍匐《ほふく》前進なども、前進と同じように後退できるようにしておくと良いでしょう。

マーシャルアーツにおける後ろ歩きの重要性について、ヴラディミア・ヴァシリエフも強調しています。どんなに熟練した人であっても、武器を持った相手が正面から突っ込んできたら、数歩退いて距離を取らなければなりません。この時、もし後ろ歩きがもたついていれば、簡単に接近を許してしまうばかりか、上半身までこわばり、あらゆるスキルが使えなくなってしまうことでしょう。さらにはバランスを崩し、転んでしまうことだってあり得ます。こうした事態を避けるため、前に歩くのと同じくらいスムーズに、後ろ向きに歩けるようになる必要があるのです。

またヴラディミアは「後ろ歩きは脳をリラックスさせる」とも教えています。なぜなら通常、人間は前へと歩いています。身体と思考は密接に結びついていますので、前にしか進まないでいると、思考も一方向に硬直してしまうのです。そこであえて後ろ向きに歩くという非日常的な体験をすることで、頭をほぐすことができるのです。

後ろ歩きは一見、簡単そうですが、とても奥深く効果的なトレーニングです。じっくりと練習しておくことをお勧めします。

NG

この方法のサイドステップでは、移動の最中に足腰に緊張が生まれてしまいます。

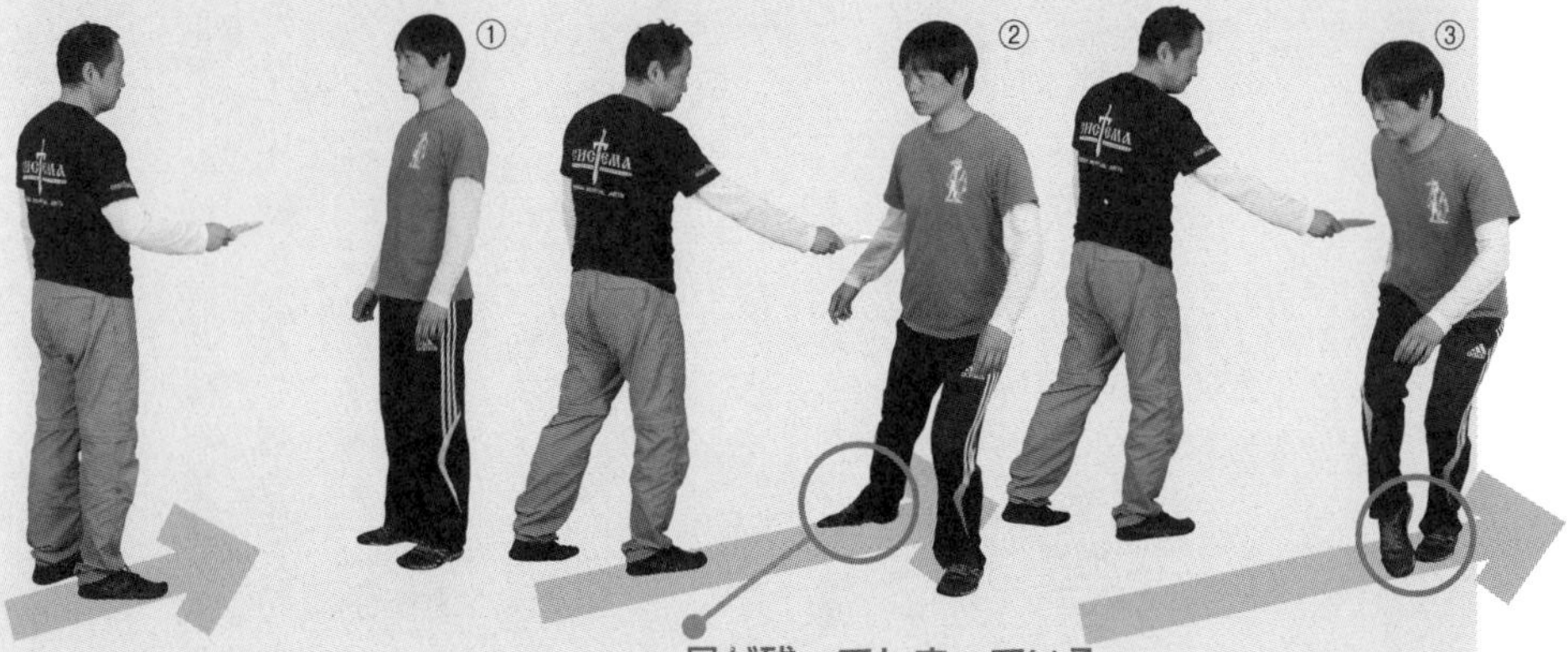

○横方向に歩く

サイドステップは筆者自身、ちょっとした思い入れがあります。

ある時期、練習中に足がもつれて身体が硬直してしまうことが続きました。ブリージングをしてリラックスを試みても全く効果がありません。そこでどんな時に足がもつれるのだろうと改めて足の動きをよく調べてみると、もつれるのは決まって横移動をしようとした時であることが分かりました。横移動の瞬間に足を交差させてしまっていたのです。これが原因と分かったので、歩き方を変えたのですが改善はみられません。進行方向に一歩踏み出してからもう一方の足を引き付けるようにしたのですが、やはり一瞬の硬直が生まれます。再び検討してみると、この歩き方も「腰の下に足が来る」という原則から外軸足の後方に遊脚を移動する方法だと、一歩で相手の進行方向から外れつつ、攻撃しやすい位置に行くことができます。

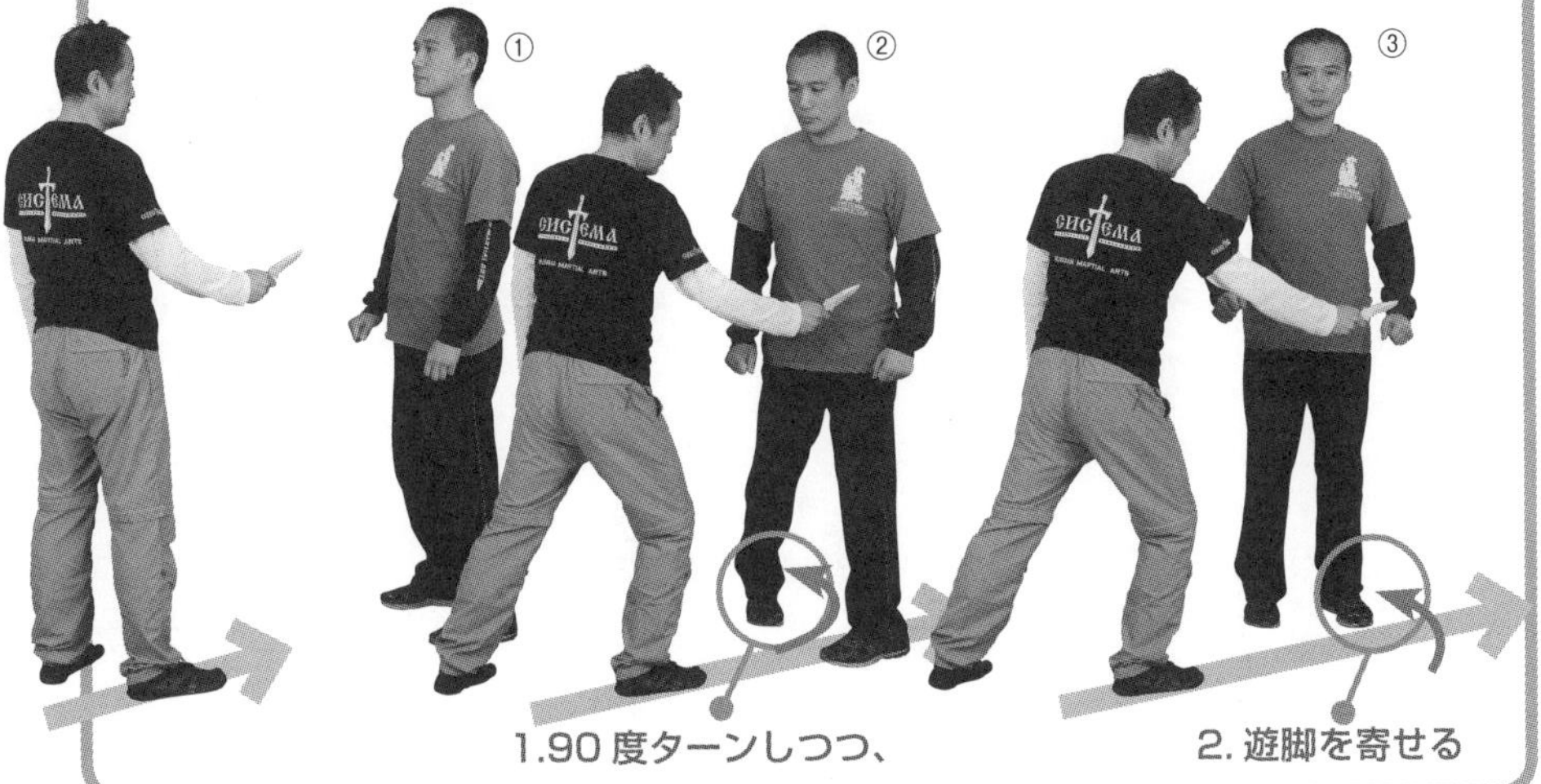

れている点では同じであることが分かりました。だから硬直が改善しないのは当然です。この硬直はほんの一瞬ですが、ナイフワークなどの武器を用いた練習では致命的なミスとなりかねません。しかし他に良い方法も思いつかず、ちょうどモスクワやトロントに行く時期（カナダとロシアは寒いため、夏から秋にかけて集中的に学びに行きます）ではなかったこともあって、しばらく悩むことになりました。

これが解決したのは夏にトロント本部でヴラディミアのクラスに参加した時のことでした。筆者は基本的に分からないことはまず自分で考えるようにしています。しかしこの横移動に関してはなかなか明確な答えが得られなかったので、ヴラディミアに尋ねることにしたのです。いつ質問を切り出そうか。そのタイミングをうかがっていると、不思議なことにヴラディミアが自分から横移動の足さばきについて解説を始めたのです。

それは軸足を中心に90度回転し、そのまま後ろ歩きで横移動するというもの。

この歩き方だとほんの一歩で相手の側面に回り込み、同時に相手を自分の攻撃範囲に入れることができるのです。その上、

「足が腰の下にある」

という原則も保たれ、リラックスした状態を維持することが可能です。

帰国してからミカエルやヴラディミアの動画を見てみても、なるほどそのように足を動かしている場面が多々あります。聞いてみればあっけないほど簡単な答えなので、自分でも〝なんで分からなかったのだろう〟と、疑問に思わないでもありません。でも当時の筆者は目から鱗が落ちる思いがしたものです。こうした取るに足らないことを延々と悩むのも、トレーニングの楽しみなのではないでしょうか。

○サイドステップの方法

ヴラディミアに教わったサイドステップを詳細に検討すると、まず大きく4種類あることが分かります。まず遊脚が相手に対して軸足の前を通るのと、後ろに通るものです。この2種類を左右で合わせれば全部で4種類です。

歩行と方向転換

方向転換は大きく次の２種類になります。①①'遊脚が軸足の爪先側を通るもの。②②'遊脚が軸足のカカト側を通るもの。これを左右で分ければ全部で４種類となります。また方向転換の角度を変えることや、爪先の角度を変えることで、任意の方向に進むことができます。

この４種類を連続で組合わせることで 180 度ターンや、ジクザグの動きなど様々なステップが可能になります。こうした普段、無自覚にやっていた動きを意識的に行うと、頭が混乱して急に動きにくくなることがありますが、これは動きが改善する前兆です。その段階を丁寧な練習によって乗り越えることで、動きの精度が高まるのです。

②'左足が右足のカカト側を通る場合

②右足が左足のカカト側を通る場合

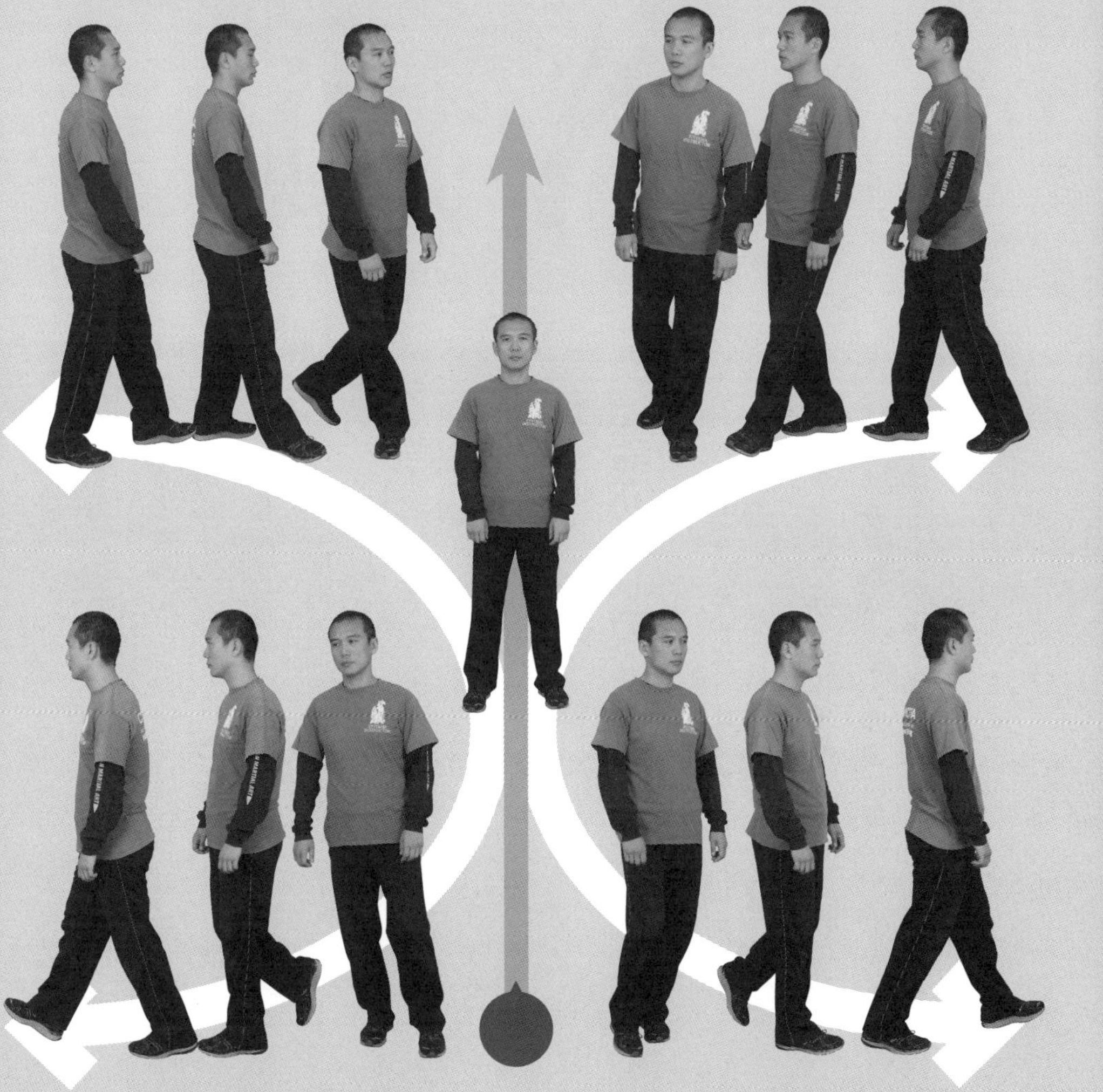

①'左足が右足の爪先側を通る場合

①右足が左足の爪先側を通る場合

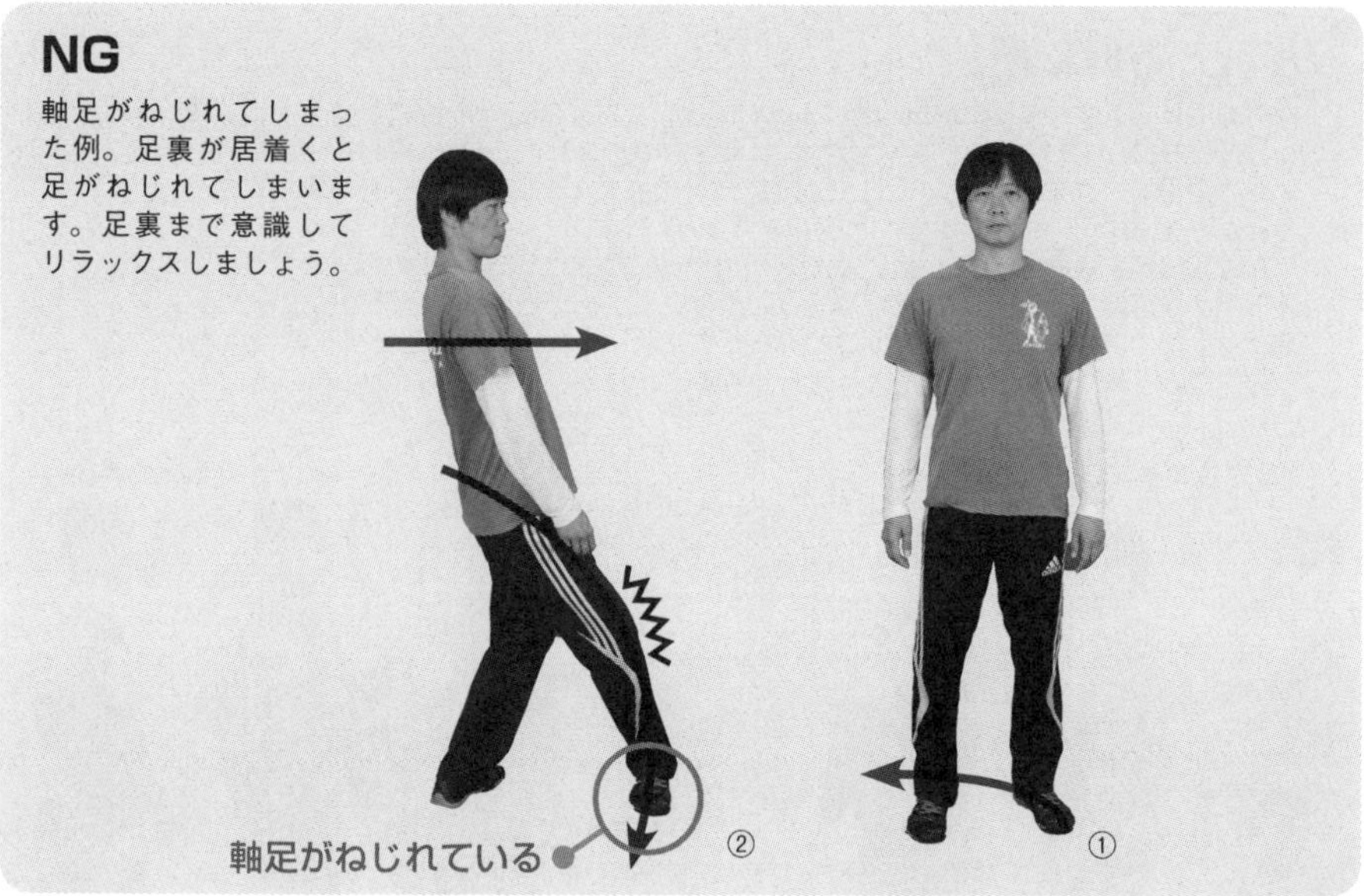

軸足がねじれてしまった例。足裏が居着くと足がねじれてしまいます。足裏まで意識してリラックスしましょう。

しかしここで問題が出てきます。軸足を固定したまま遊脚を90度移動させた場合、軸足がねじれてしまうのです。それでは爪先が横を向いてしまうので、全身が同じ方向を向くという原則から外れてしまいます。ではどうやって軸足をねじらずに90度回転すれば良いのでしょうか？

ここで大きく関わるのが足裏の使い方です。

○足裏の使い方

軸足がねじれるのは、足裏が地面に拘束されているからです。

ですから足の裏を身体の他の部分と一緒に回転させられれば、この問題は解決します。そのためには次の二つの方法があります。

・一点を軸に回転する。

・特に軸を特定せず、全体が回転する。

前者の場合、中心となる一点には、爪先の親指側（拇指球）、小指側、カカトの3点が挙げられます。回転軸が爪先側にあるのと、カカト側にあるのとでは、移動が少し異なってきます。足首に近いカカトで回転する場合は、その場で向きが変わるのに対し、爪先側で回転する場合はカカトから爪先にかけての距離が円の半径となり、その分だけ身体が移動するのです。

この違いは両足を床につけた状態で、カカトと拇指球をそれぞれ中心にして左右に方向転換してみると良いでしょう。些細な足の使い方の違いですが、その上に乗る身体の動きが大きく異なるのが分かるはずです。

爪先軸とカカト軸の場合の動きの大きさの違い。あまり移動せず、その場で方向転換をしたい場合はカカト軸。外見的にはわずかな差ですが、移動は大きく異なります。相手の攻撃をかわしつつ動く場合は爪先軸といった使い分けができる他、軸を組合わせて動くことで様々な動きができます。

爪先軸

カカト軸

ですからその場で方向転換したければカカト中心、攻撃をそらす時などコンパクトに身体を移動させる必要がある時には拇指球を中心にして回転するといった使い分けが生じます。また小指側など、カカトや拇指球以外の部位を中心に回転したり、あるいは特に中心を定めない方法も試みると良いでしょう。

これに関して以前、先輩インストラクターから聞いたところでは、2005年以前にはヴラディミアが「カカトで回転しなさい」と教えていた時期があるようです。しかし、システマの教え方は常に変化し続けています。2011年に筆者が同じくヴラディミアに直接質問した時には、「一箇所に固定せず、自然に動きについて来るのが良い」という答えでした。足裏の回転軸を一点に定めてしまうと、その一点は「動き続ける」というシステマの原則に反することになります。ですからここで挙げた3点は身体の構造的に比較的動きやすい部位ではありますが、特定の解というわけではありません。足裏の回転一つとっても、こうして選択肢を増やしていくことであらゆる状況に対応できるようになっていくのです。

○直立姿勢での移動

フットワークは歩くばかりではありません。その場から移動することなく、身体の動きを生み出すことも可能です。

まず両足に均等に体重が乗るのと、左右どちらかの足に乗るのとでは上体の位置が大きく異なります。また前後に体重を移動させても身体が移動するのが分かるでしょう。この時、足腰に緊張があると左右、あるいは前後に身体が傾いてしまいます。そうならないように身体をリラックスさせ、上体が地面と垂直なまま、水平にスライドするように動かしていきます。

こうした前後左右のバランス移動と、前述した爪先、カカトなどでの回転動作を組み合わせれば、同じ立ち位置でも非常に多くの動きを生むことができます。

左右の足に重心を移し替えるだけのわずかな移動ですが、相手の真正面からほんの少しだけず

ゆっくり体重移動（左右）

両足を床に着けた状態でゆっくりと左右に体重を移動させます。

①リラックスして立ちます。

②できるだけゆっくりと均等な速度で右足に体重を移します。右足の裏全体に均等に重さが乗り、左足から体重が失われたら、

③左足へ体重を移動させます。
頭、胸、腰が地面と垂直に積み重なる位置関係を維持し、傾いてしまわないよう注意してください。左右ともにバランスを保とうとする緊張が生じたら、反対側に移動するようにします。リラックスして体重移動できる範囲を確かめるようにしてください。

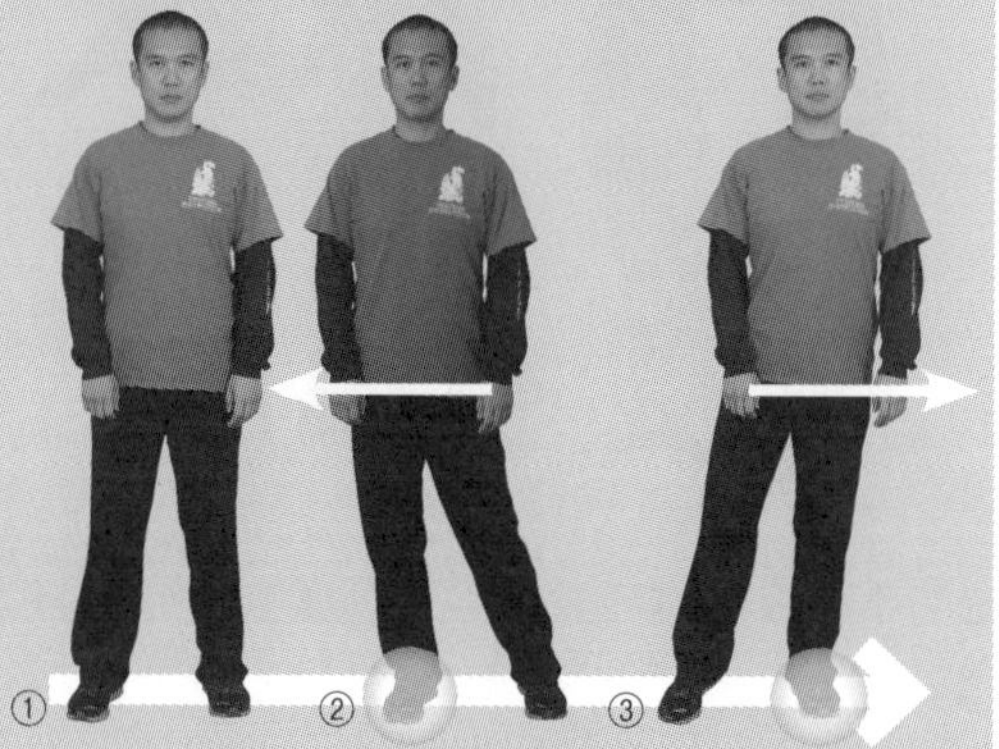

ゆっくり体重移動（前後）

左右と同様に前後にゆっくりと体重を移動させます。

①リラックスして立ちます。

②ゆっくりと爪先側に体重を移動させます。

③ゆっくりとカカト側に体重を移動させます。いずれも上体が前後に傾かずに済む範囲で移動させるようにしましょう。左右移動と同じく、リラックスして体重移動できる範囲を確かめるようにします。

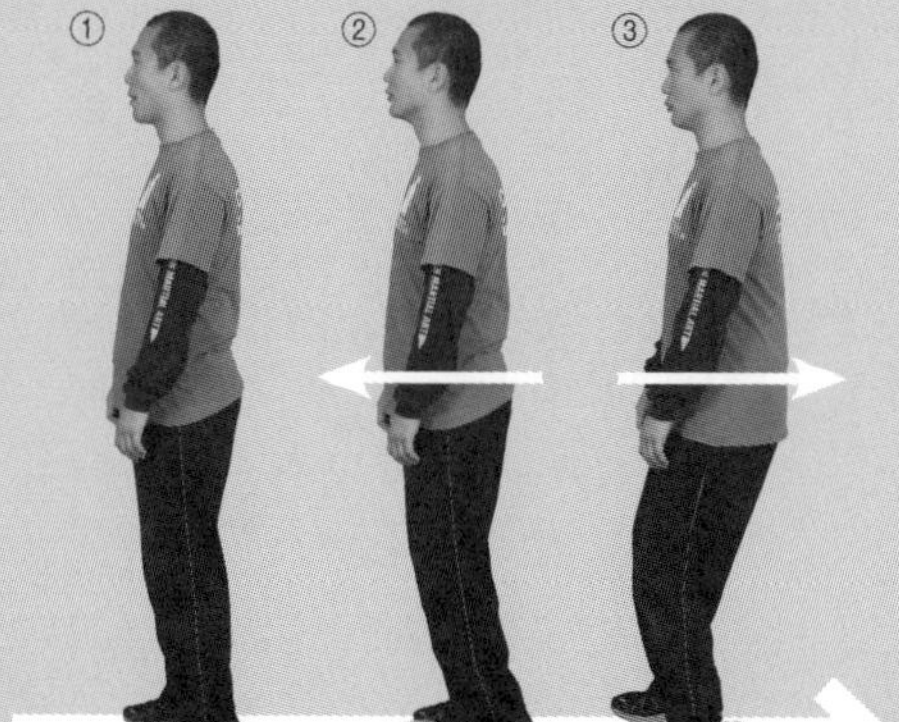

肘でのジョイントブレイク。上半身の力で行うと力が伝わりません。全身の連動で行います。

らすことで、心理的な圧迫感をコントロールすることもできます。正面だとお互いに内面的な緊張感が高まるのに対し、重心を左右いずれかに移動させることで緊張を和らげつつ、足腰の居着きを緩和することができるのです。これにより相手への刺激を避けながら、自分の動きやすさを確保することができます。またヴラディミアによると、ゆっくりゆらゆらと相手の注意を左右に揺らすことで相手を軽い催眠状態に導入し、思考を妨げることもできるそうです。

一つ一つの動きは小さく地味ですが、的確なポジショニングに役立つのは、目にも留まらぬようなスピードではなく、こうした小さくさりげない動きです。なぜなら、小さく地味な動きは相手に悟られません。それによって気づかれることなく距離感を狂わせ、一瞬

ゆっくり体重移動（回旋）

①リラックスして立ちます。
②背骨を中心にして右側にゆっくりと均一な速度で回旋します。
③足腰や上体に捻れの緊張が生じるのを感じたら、反対側にゆっくりと均一な速度で回旋します。これを繰り返します。
④⑤続いて足を連動させることで振り幅を広くしていきます。これも緊張が生じたら反対側へと回旋します。
足を固定した状態、連動させた状態でそれぞれ身体が回旋可能な範囲はどの程度なのか、確かめるようにします。

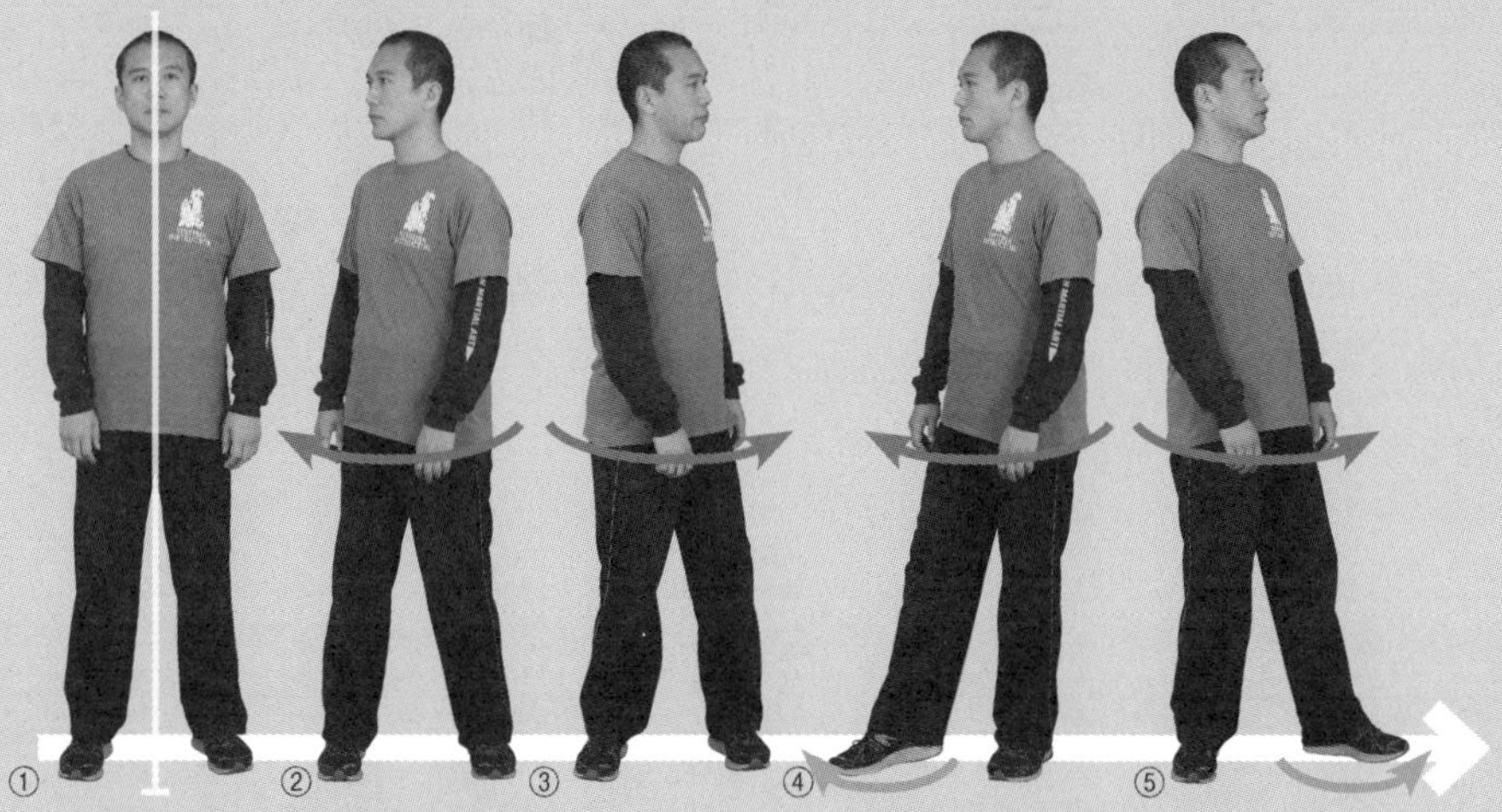

顔の前に立てるように武器を手に持ち、武器に導かれる形でこれら左右、前後、回旋移動を行うのも良いでしょう。できれば木刀やナイフ、シャシュカなどの刃が付いているものがお勧めです。前後、左右はわずかな傾きが生むバランスの崩れを利用し、刃の向きをわずかに変えることで回旋の動きを発生させることもできます。

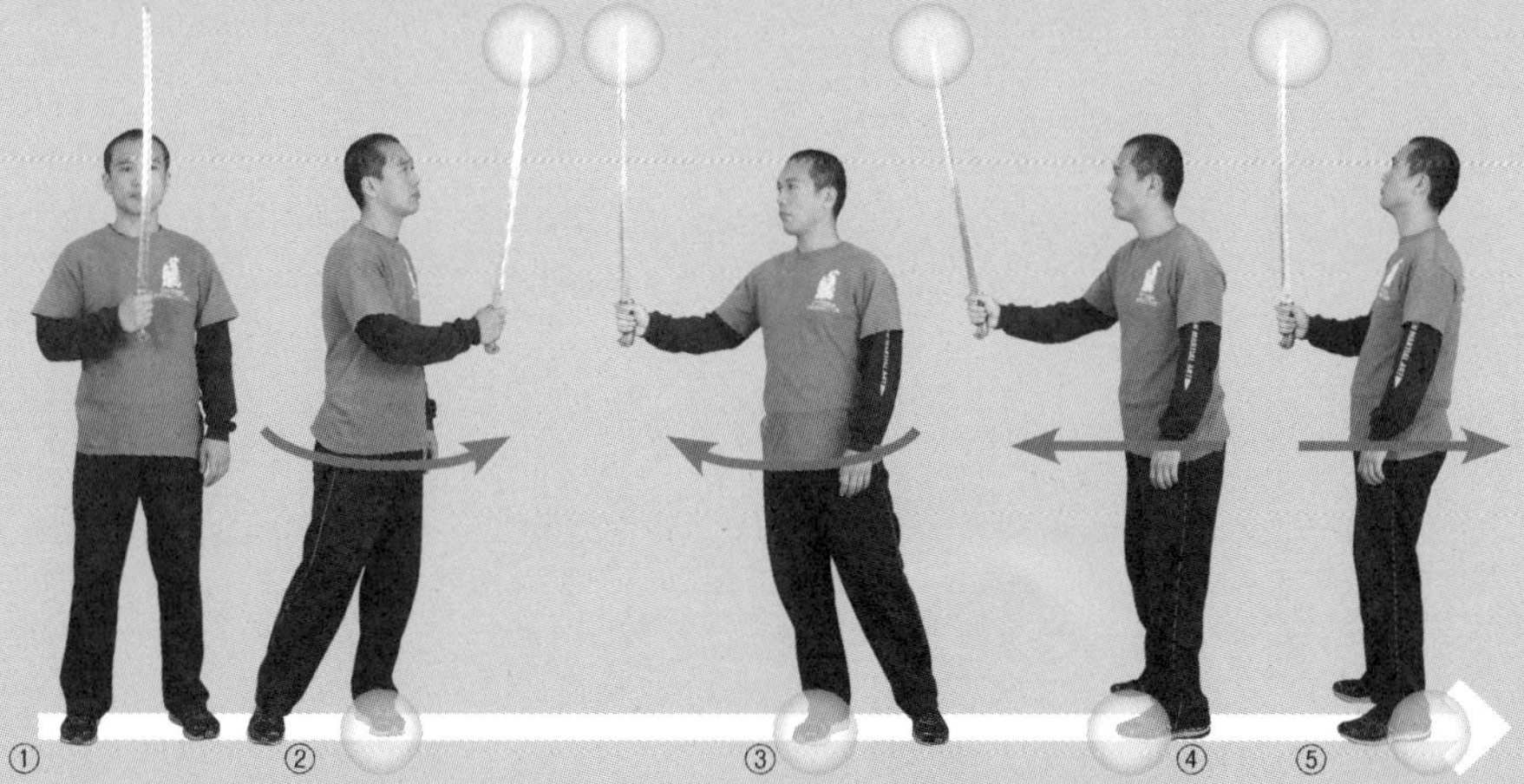

の迷いと硬直を生むことが可能となります。こうした小さな動きは、将棋の歩に似ています。上手な人は飛車角落ちでも、歩を周到に使って確実に相手の王を詰めていくでしょう。

マスター達がほんのわずかな動きで相手を制してしまうのも、飛車や角のような派手な動きではなく、歩のような目立たない小さな動きを活用しているからなのだと言えます。

またこうした足の動きは技の威力の源にもなります。全身の連動によって、全身の動きがマーシャルアーツの技術に動員されるためです。

その場での体重移動の精度を上げるトレーニングとして、次のようなものがあります。

いずれも上半身をリラックスさせ、こわばりをブリージングによって解いていくようにします。かなり難しいものも含まれていますので、必ずしも全て完璧にマスターしなくてはならないわけではありません。それよりも日常生活では決して行わないような動きを試み、その経験をストックしておくことに意味があります。

○あらゆる高さでの移動

本書では主に直立状態での動きを対象にしていますが、他の立ち方でも移動できるようにしておきましょう。それによって動きと発想が立体的になるためです。立ち方は腰の高さによって、次のように分類することができます。これら全てで前後左右回旋の動きができるようにしておくと、下半身の自由度がずいぶん高まります。

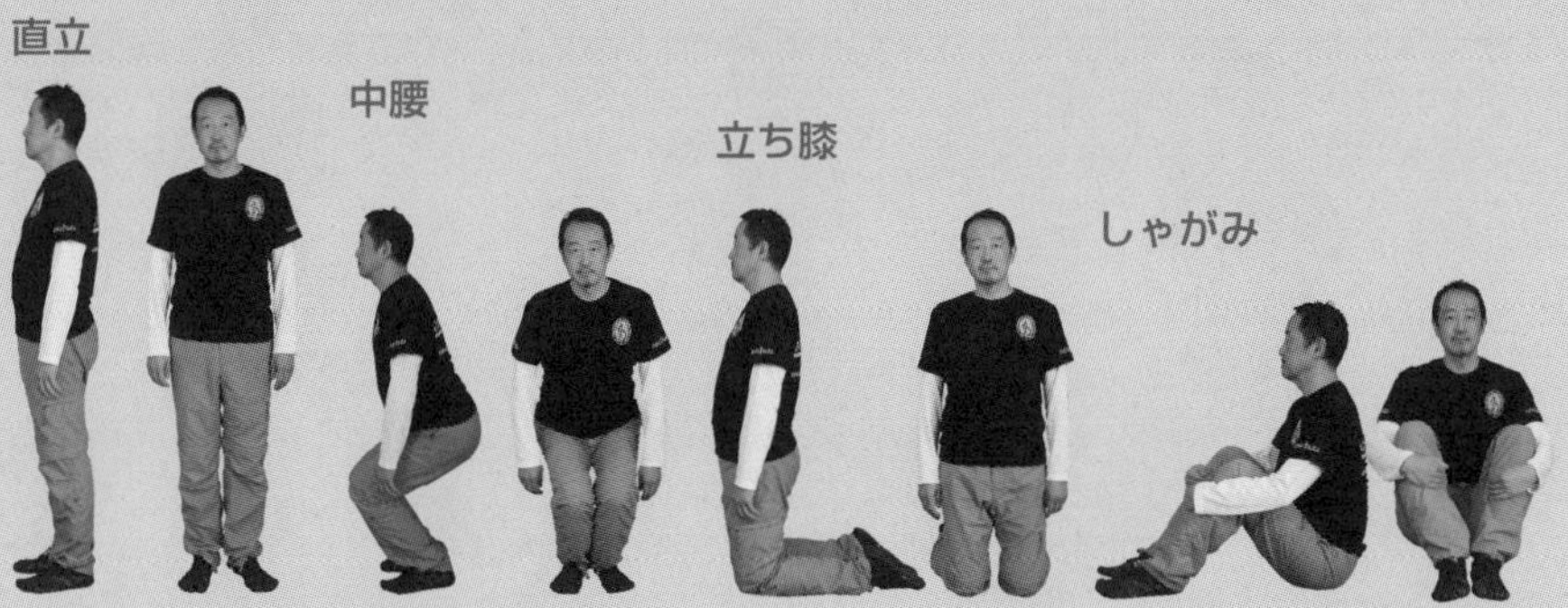

足の自由度を開発する

システマのトレーニングでは、「外見上は普通でも、幅広い可能性がある歩き」を養います。外見上は同じような歩きでも、それしかできないのと、いつでも他の動きを始められるのとでは、全く意味が異なります。ですから実用性のない動きも含めて、色々な歩き方を体験し、歩きの可能性を開拓しておくようにします。

大股歩き

小股歩き

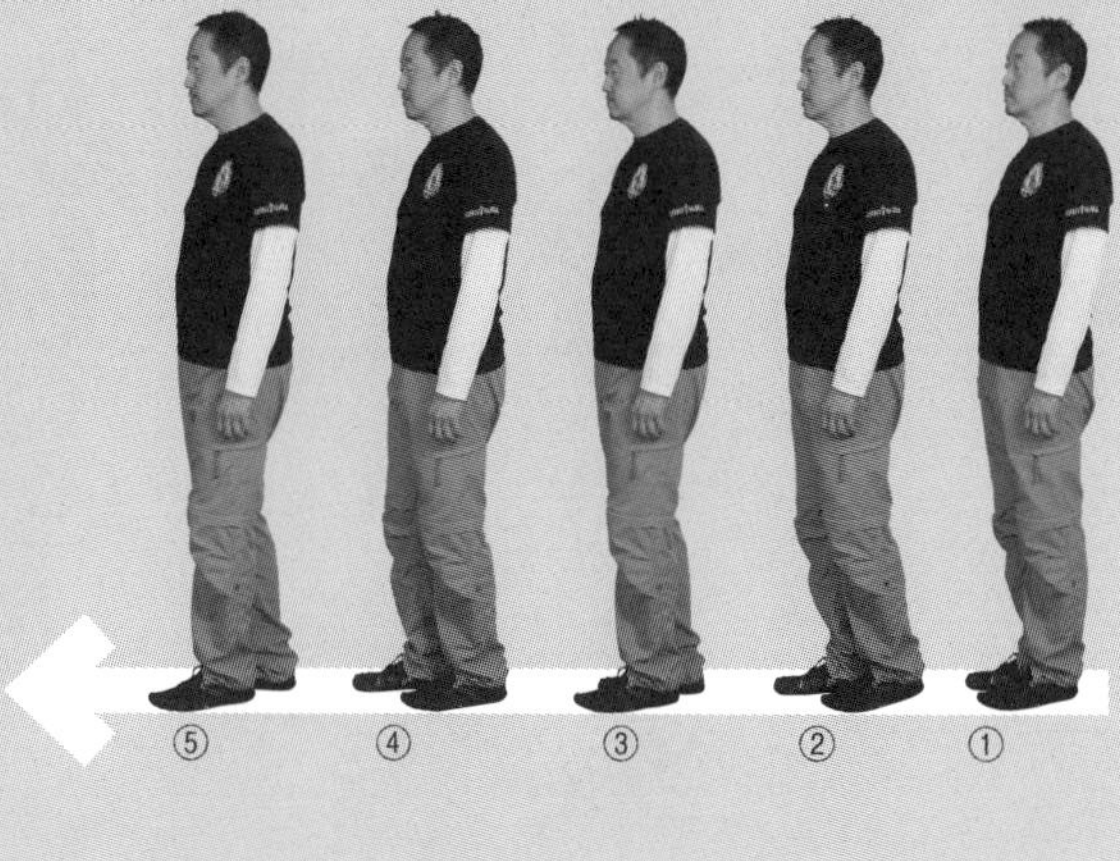

開脚歩き

直線歩き

いずれの歩き方でも、前進、後退、方向転換がスムーズにできるようにします。

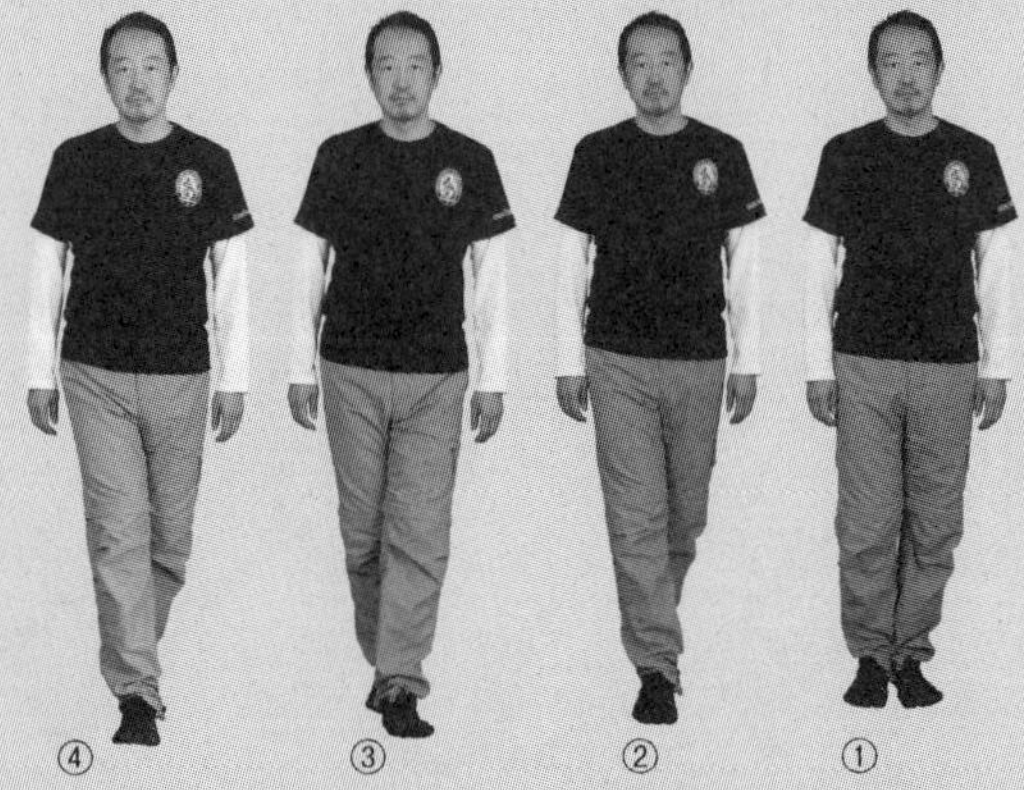

交差歩き

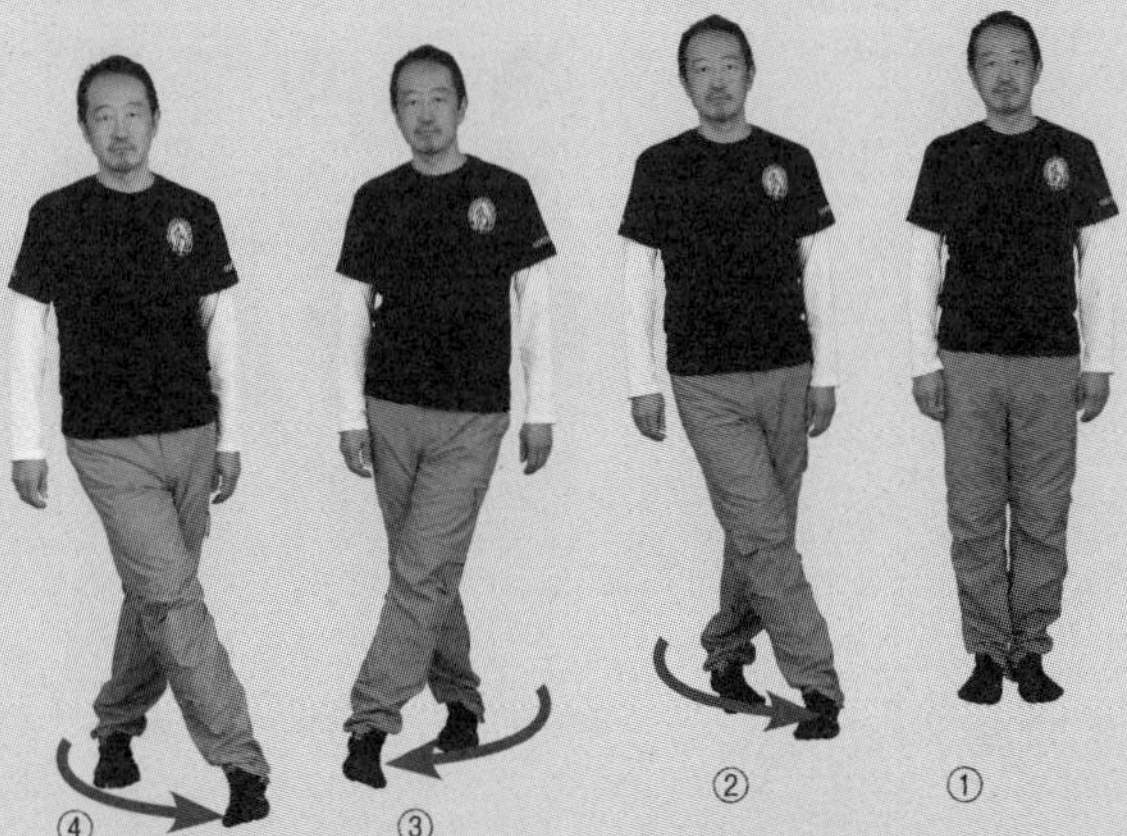

大交差歩き

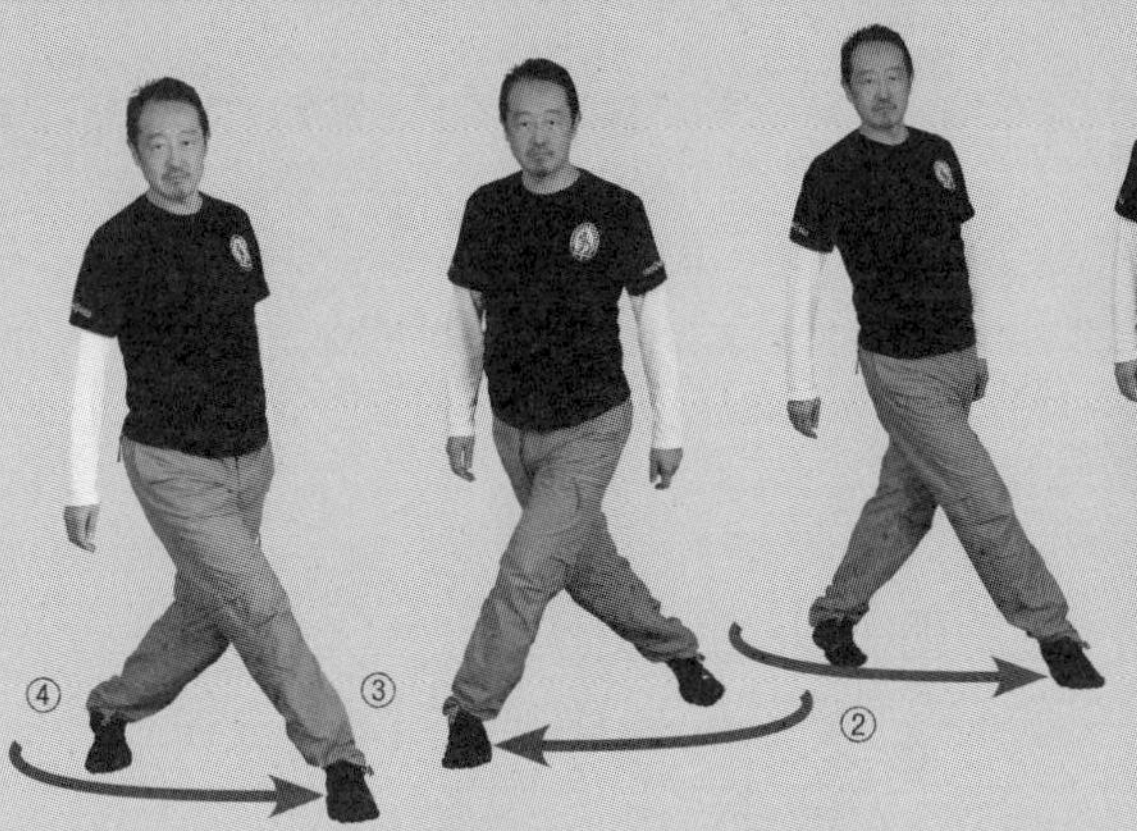

爪先歩き

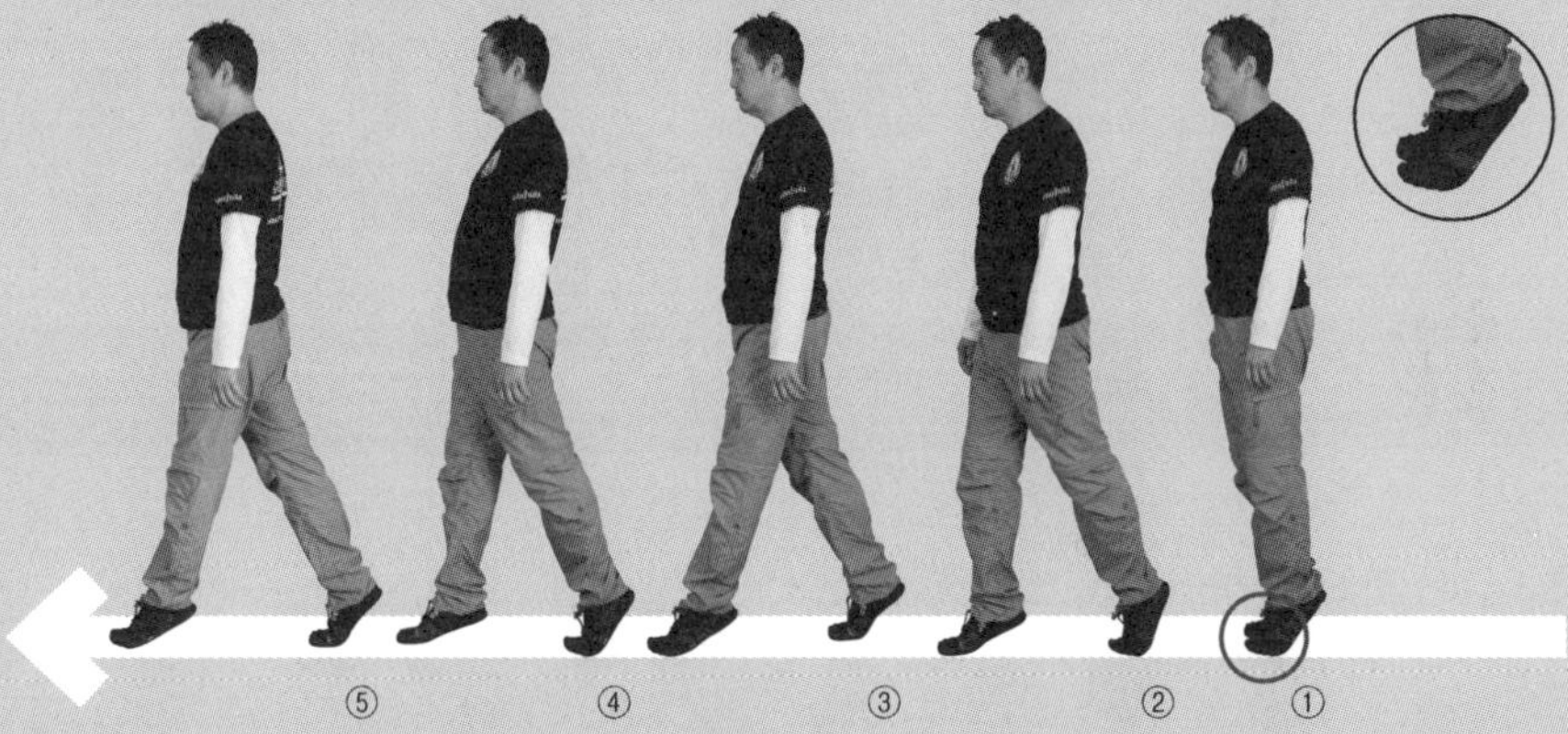

カカト歩き

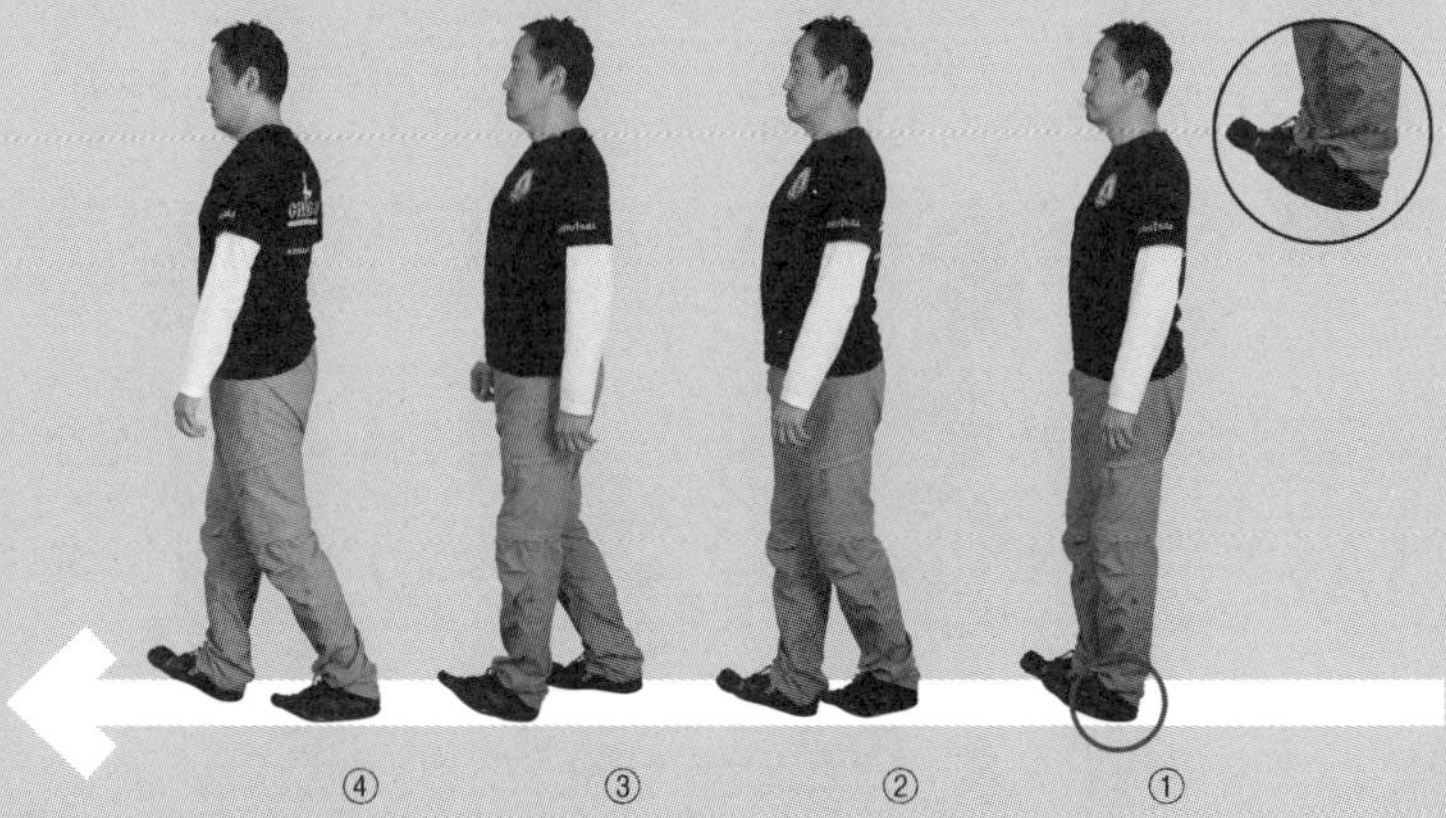

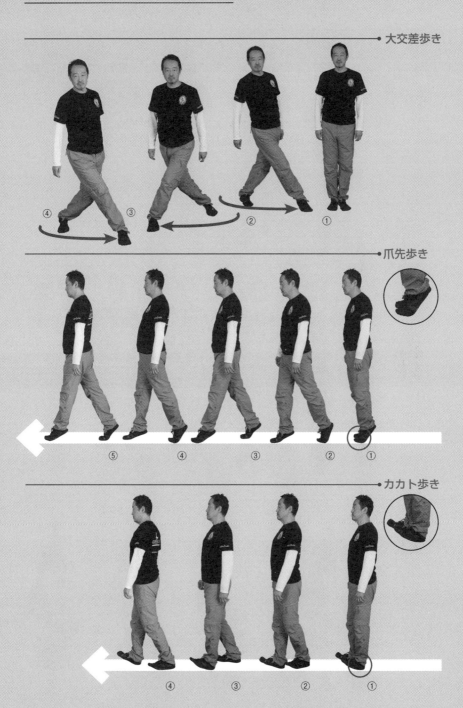

アウトサイド歩き

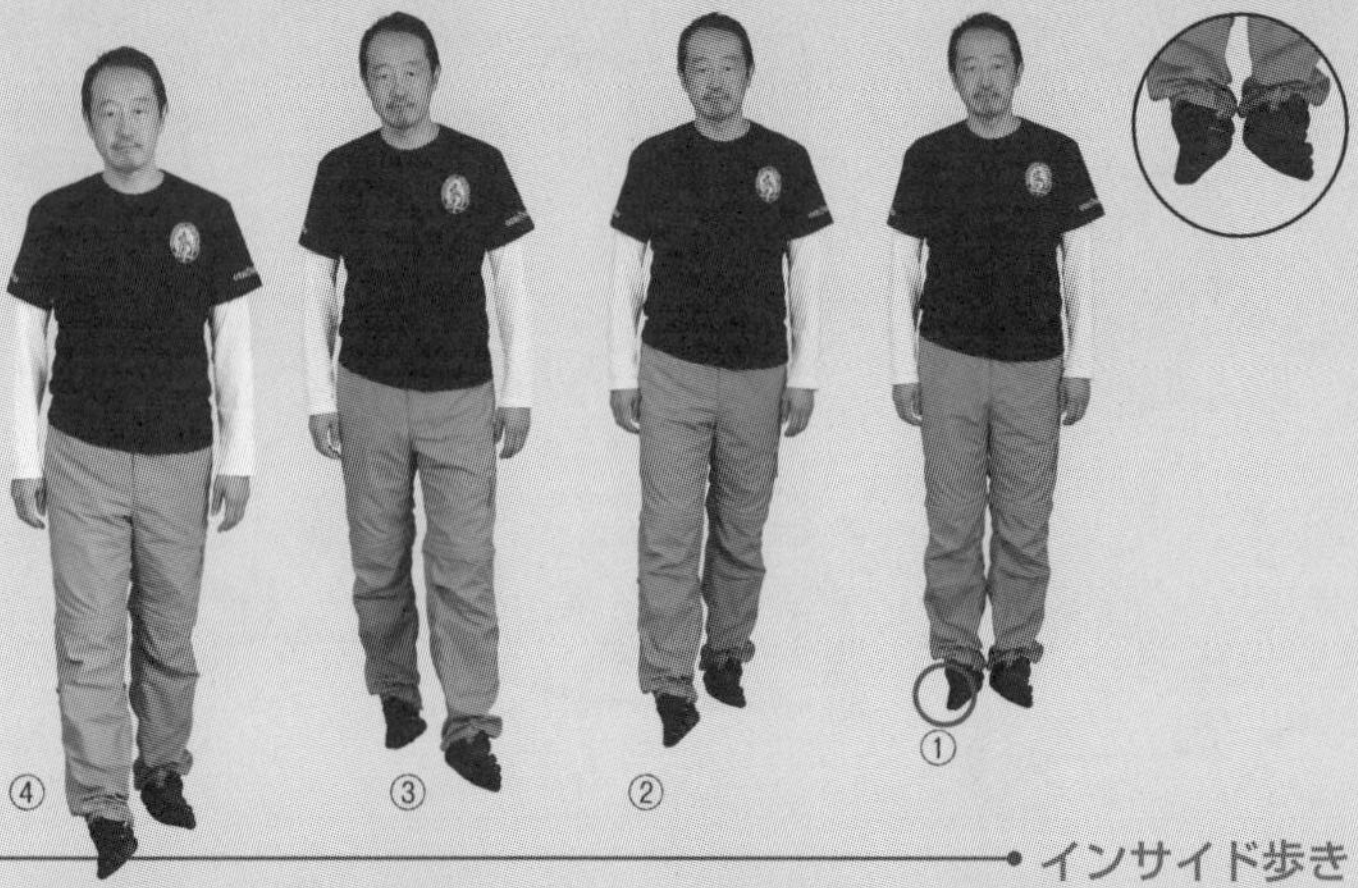

インサイド歩き

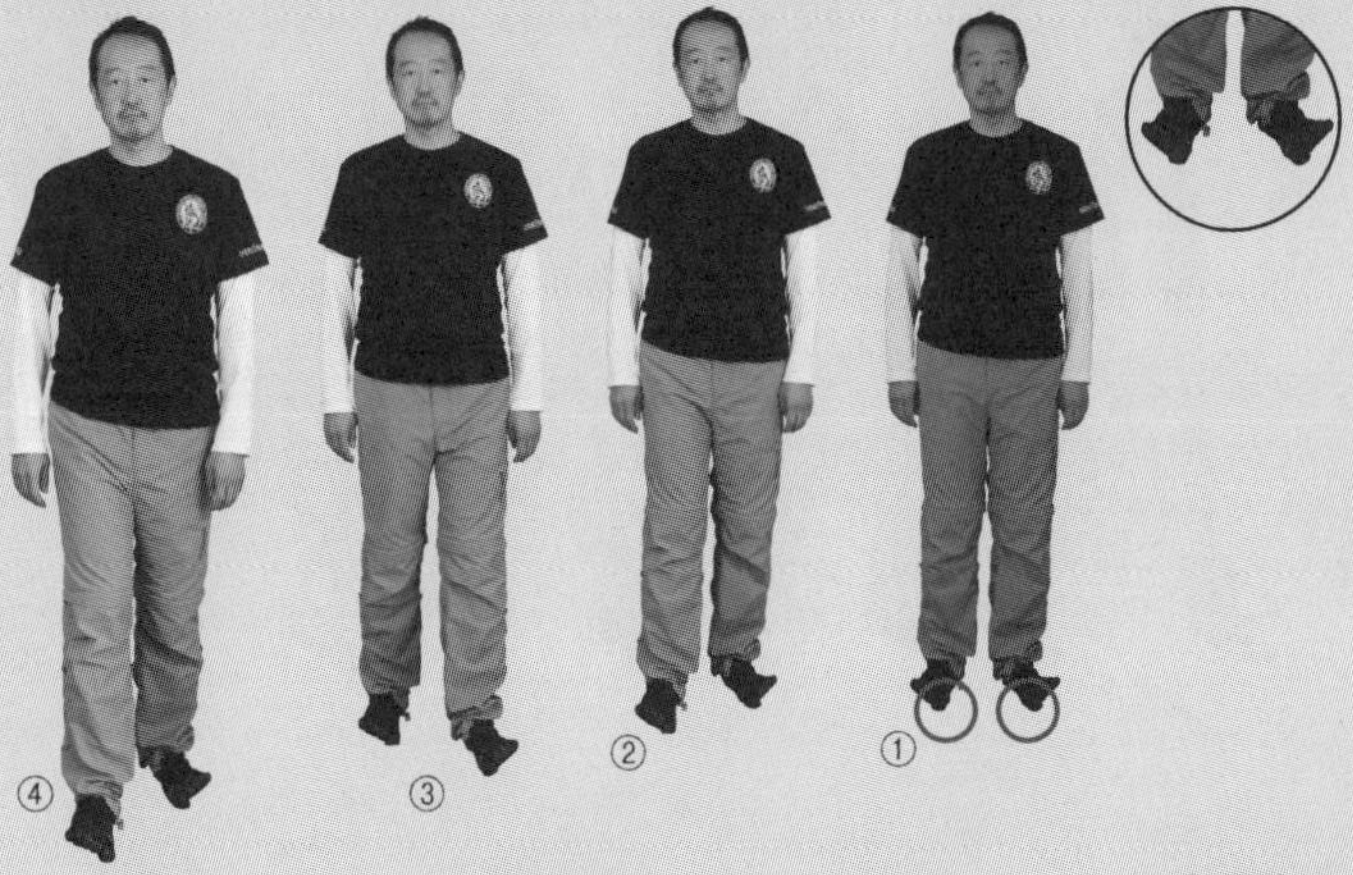

中腰歩き

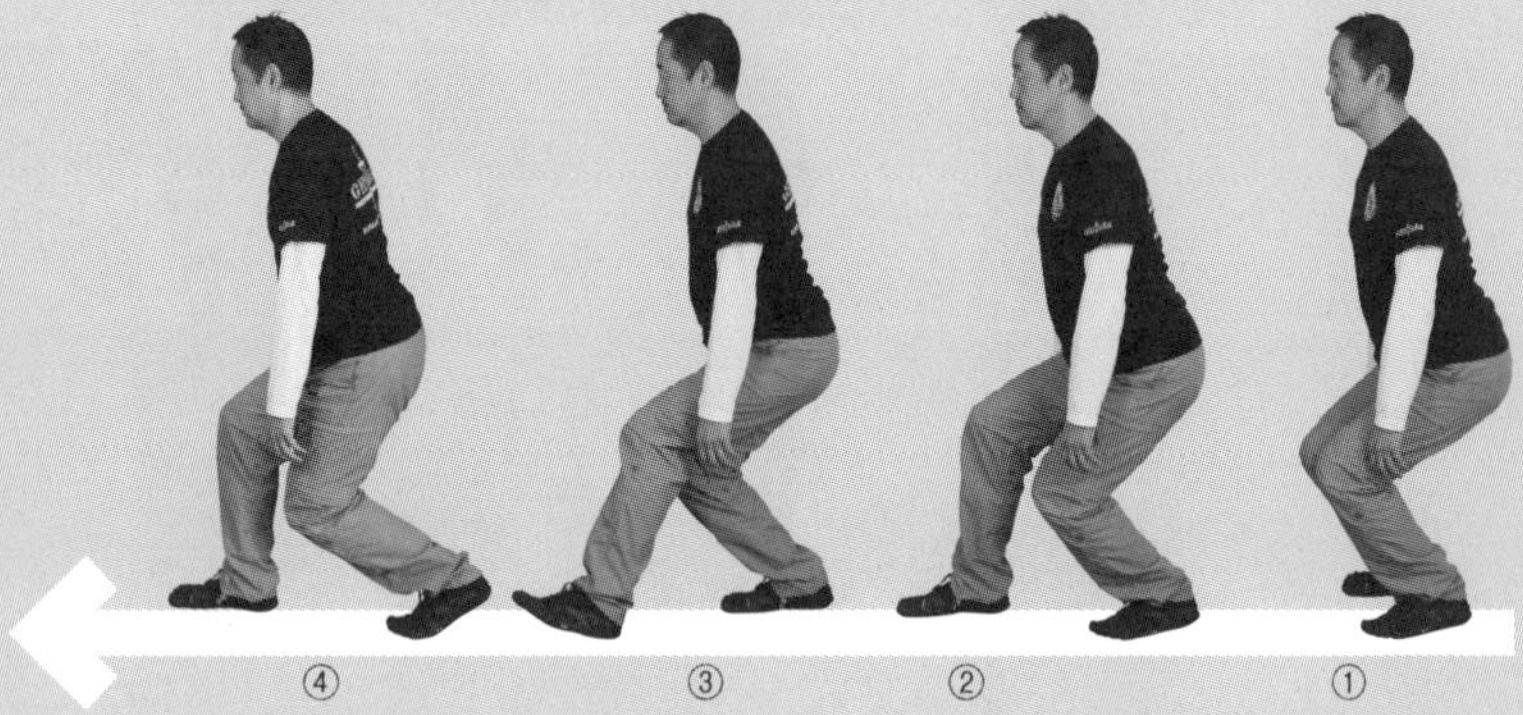

しゃがみ歩き

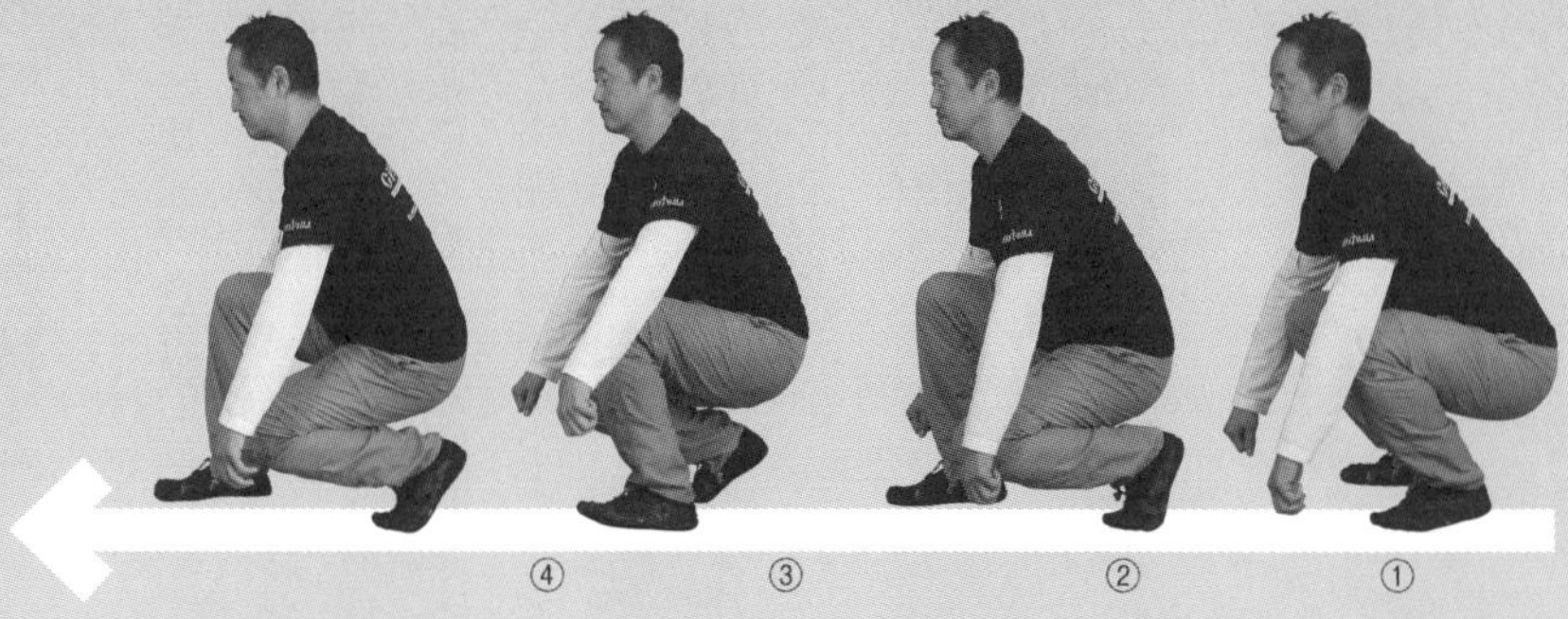

④ ③ ② ①

上下動歩き

⑥ ⑤ ④ ③ ② ①

腰回し歩き

○スクワット各種

足は手に比べ、意識的に動かすことが困難です。これは日常生活において手の方が使用頻度、用途ともに圧倒的に多いためです。特に現代人の多くは1日の大半を座って過ごします。これに睡眠時間を含めれば足を使う時間はごくわずかでしょう。こうした現実は足にはそれだけ開発の余地があることもまた意味します。ある程度、習熟したもののレベルをさらに上げるのは大変ですが、全く未開発の領域をそこそこのレベルに持っていくことは比較的簡単です。そうやってこれまで手付かずだった動きを開発していくことで、全身の総合力を高めることができるのです。

その目的においてもスクワットは有効です。ここで数種類のスクワットを紹介しますので、ぜひ試してみてください。

楕円を描くスクワット（左右）

②　①

楕円を描くスクワット（前後）

②　①

中腰での左右移動

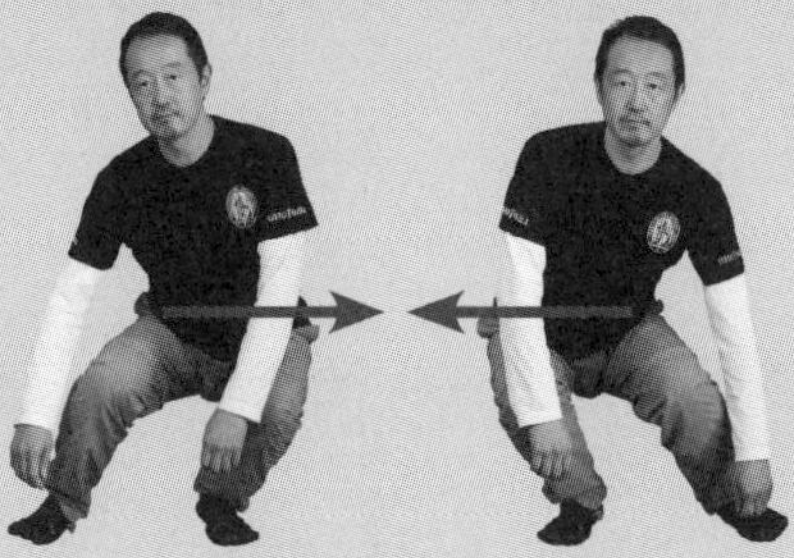

②　①

中腰での腰回し

②　①

中腰での回旋

腰の位置は一定に保ち、できるだけゆっくり沢山ブリージング（呼吸）しながら行います。

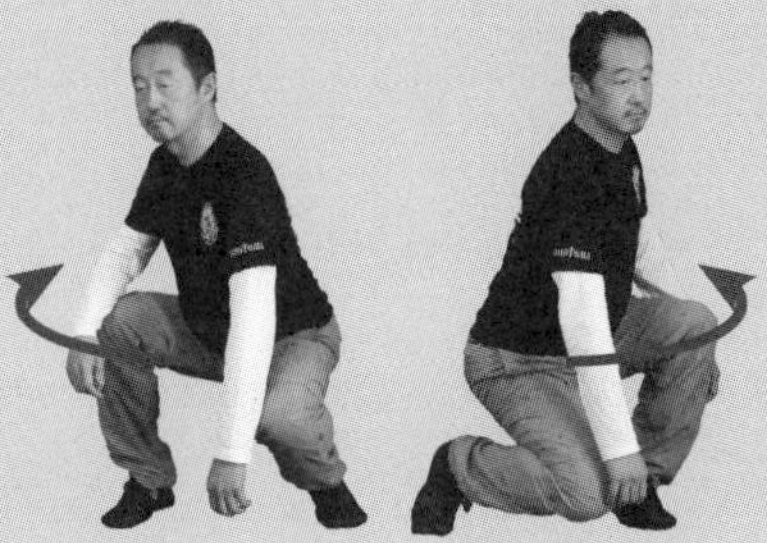

②　①

しゃがみでの左右移動

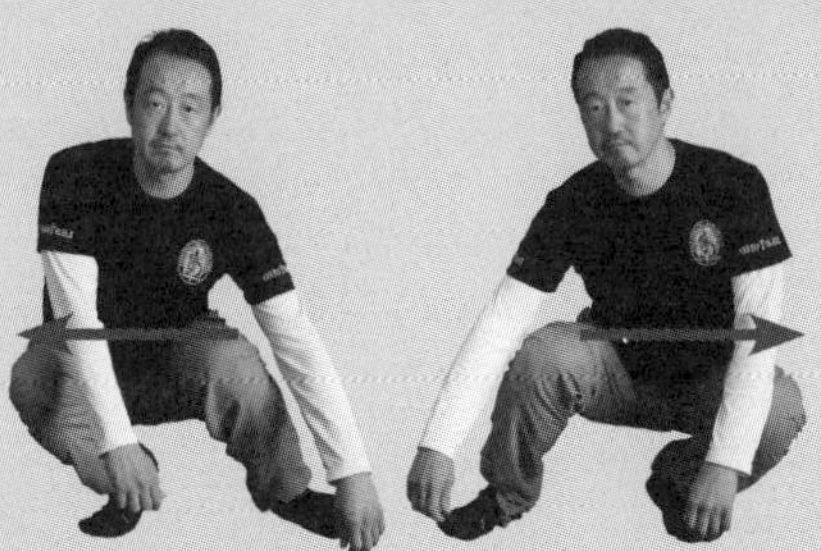

②　①

しゃがみでの腰回し

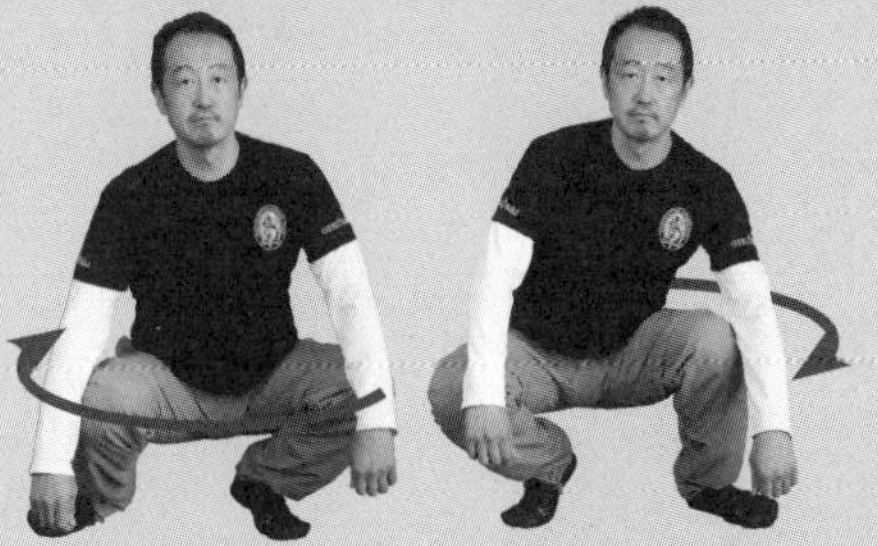

②　①

しゃがみでの回旋

足腰をまんべんなくゆるめるようにします。念入りにブリージング（呼吸）して行います。

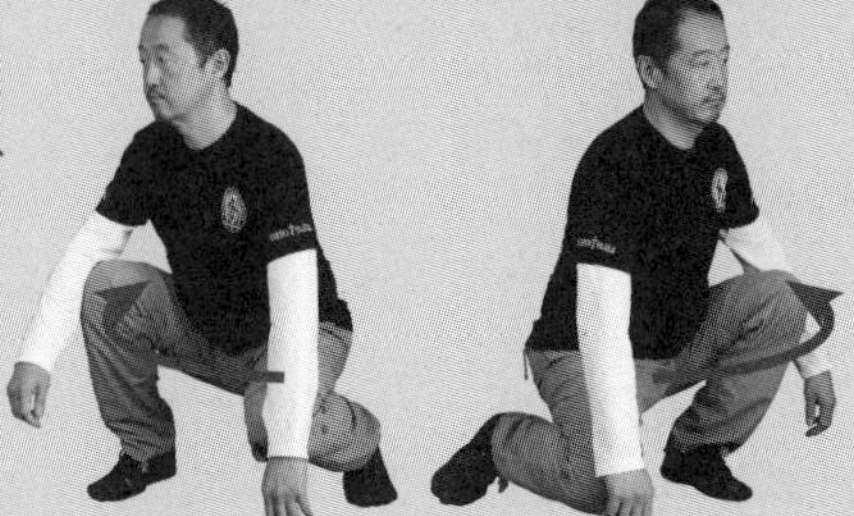

②　①

第4章

ポジショニングの基本

相手の力で動く

相手の力を自分のものにする

本章からいよいよ対人ワークです。第1章〜第3章で紹介したフットワークを、マーシャルアーツに役立てていきます。システマではなんらかの攻防を行う場合、原則的に相手の動きを利用します。これはポジショニングも共通です。相手の動きを利用して、適切な位置に、適切なタイミングで入るのです。そのトレーニングとして役立つのが、システマの対人ワークの定番「プッシュ＆ムーブ」です。プッシュ＆ムーブは拙著『システマ・ストライク（日貿出版社）』でも紹介しましたが、足さばきや位置取りの練習にも活用できるのです。

○プッシュ＆ムーブで移動する

手によるプッシュ、ストレートパンチ、ナイフやスティックといった武器による突きなど、直線的な衝撃から身を守るための動きの練習法として用いられるのが、プッシュ＆ムーブです。まずはダメージを受けないよう衝撃を受け流すことを学んでから、衝撃を利用する練習へと進んでいくのが基本的な流れです。この中にフットワークも含まれます。相手の力とぶつかることなく受け入れ

プッシュ&ムーブの基本

①Ａはリラックスして立ちます。この時両足に均等に体重を乗せることなく、ゆっくりとわずかに足踏みをするようにして、体重が左右の足を移動し続けるようにします。左右交互に踏み替えることで、片足立ちの状態を維持します。
②ＢはＡをプッシュします。ＡはＢに押されるまま移動します。背骨が曲がらないよう注意しましょう。Ｂもまたつんのめったりしないよう、姿勢を維持します。Ａと同じく片足立ちを維持できればなお良いでしょう。

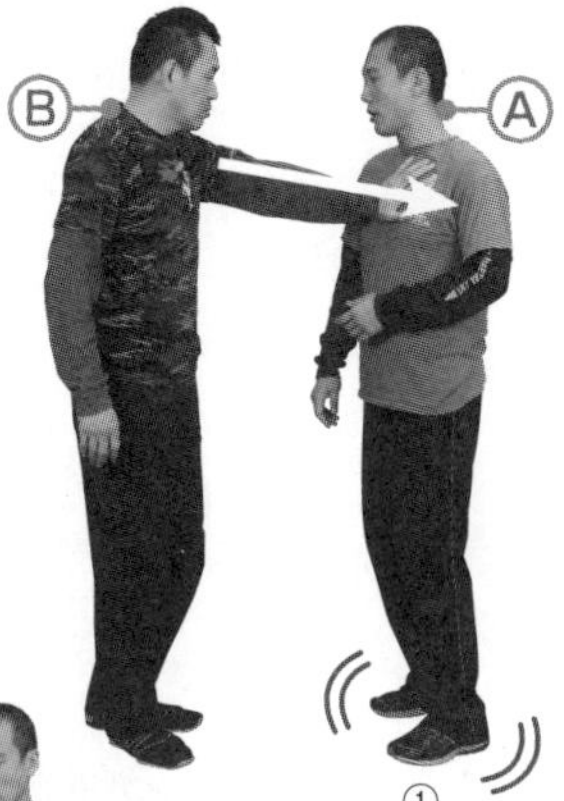

①

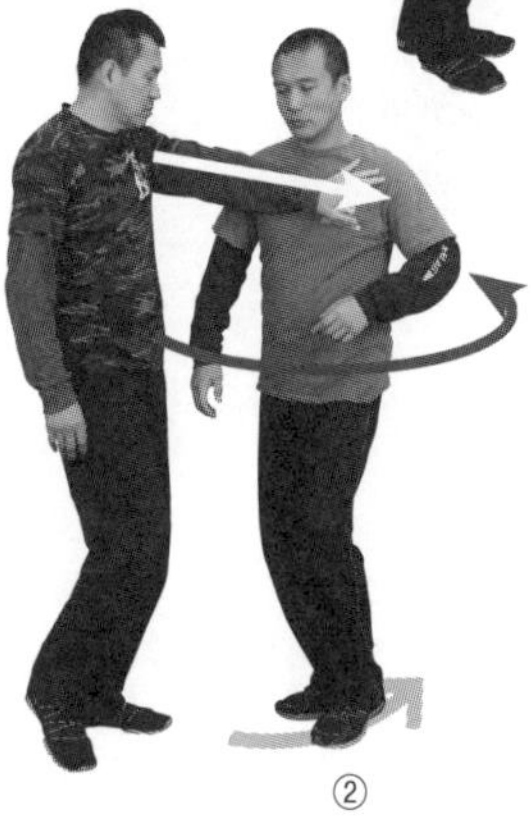
②

NG
相手からのプッシュに踏ん張ってしまった例。

て、有利な位置へと移動するのです。

○基本のプッシュ&ムーブ

プッシュ&ムーブの原則は、基本的に「末端からの動き」と同一です。相手からプッシュされる接触面を末端とし、そこからの動きがジャンプしたりブロックされたりすることなく、全身にくまなく伝わっていく力を用いて移動するのです。

まずは相手のプッシュを受け入れる練習からスタートします。プッシュされても踏ん張って耐えることなく、素直に動きに乗れるようにするのです。

プッシュに乗って動く

①〜③Bは再びAをプッシュし、Aはプッシュに乗って動きます。

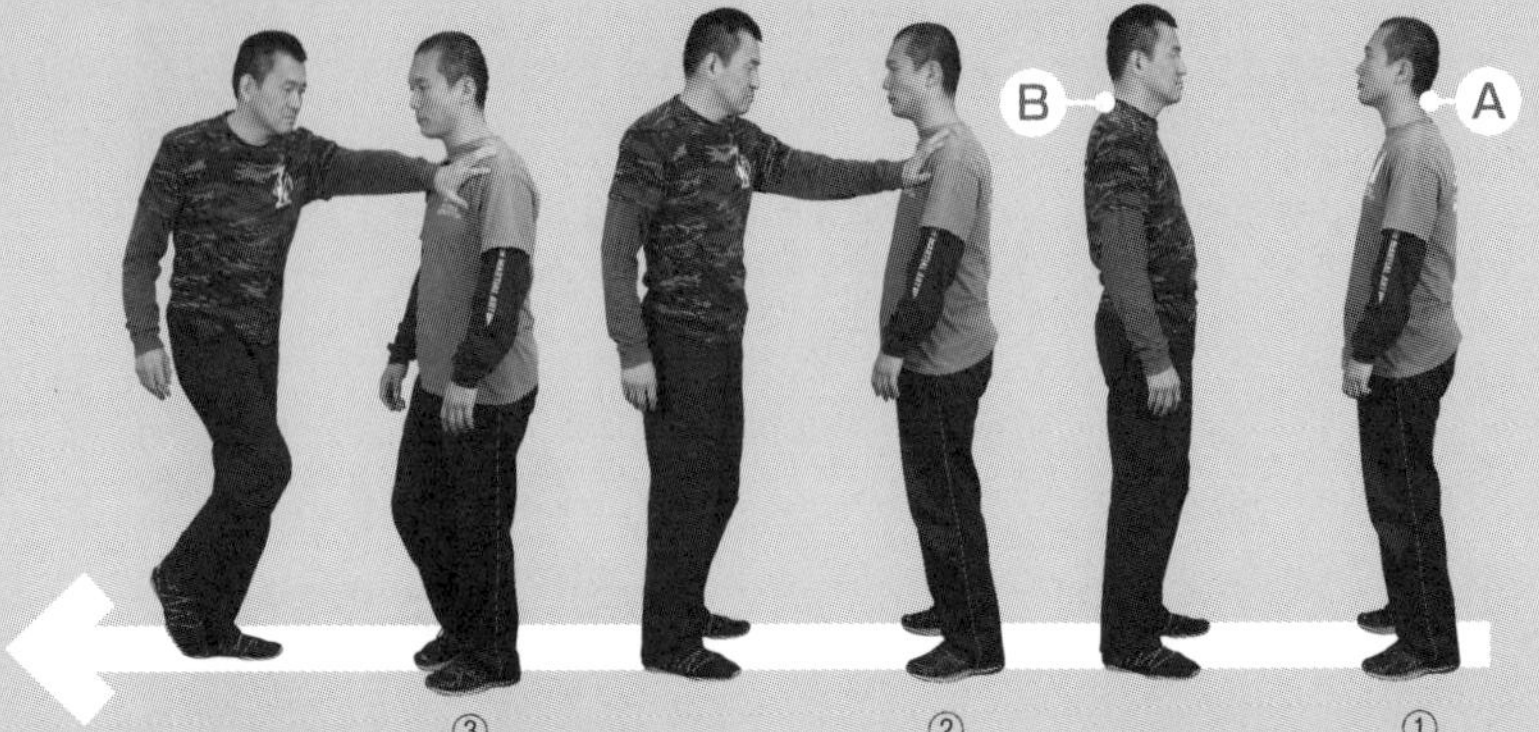

③ ② ①

様々な箇所をプッシュする

Bは身体や背中、顔や足など全身あらゆる部位をプッシュするようにしてください。

顔へのプッシュ

② ①

背後からのプッシュ

足へのプッシュ

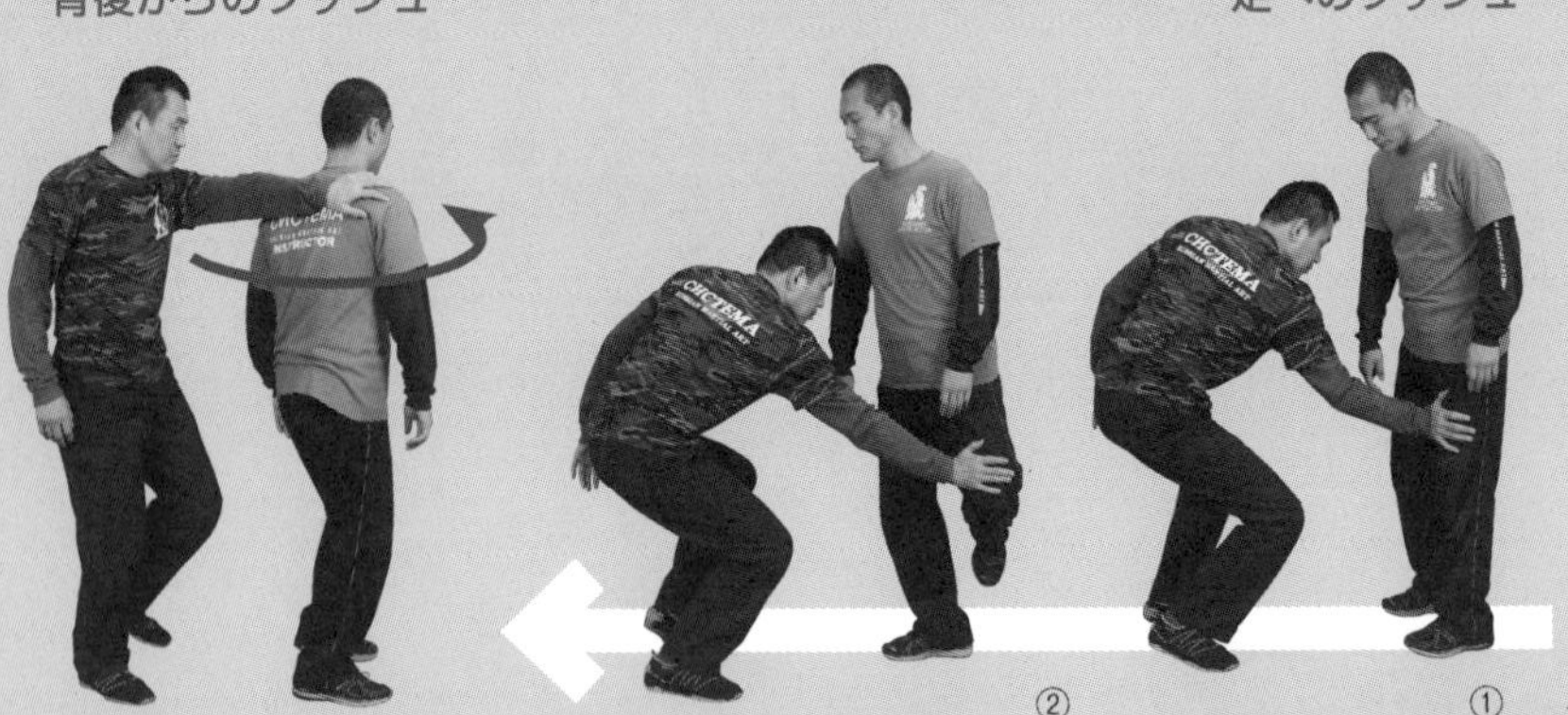

② ①

プッシュ＆ムーブでは、相手の動きを予測して動くのは禁物です。
予測を防ぐために目を閉じて練習するのも良いでしょう。

○プッシュ＆ムーブの注意点

練習を行ううえでの注意点は、まずプッシュに対して、反射的に反応しないようにすること。しばしば触れられた瞬間に自分から動いてプッシュをかわしてしまうことがありますが、それでは相手との連動が切れてしまって、相手の動きが使えなくなってしまいます。これは相手の動きを見ることで、プッシュされる方向やタイミングを予測してしまうことが原因です。もしその兆候が見られたら、目を閉じてみてください。視覚に惑わされることなく、相手の動きに乗りやすくなります。

また、プッシュされた瞬間、プッシュの力が足に到達するより早く、一歩踏み出してしまうことが多々あります。すると足がつっかえ棒のように硬直してしまい、自らの動きを身体が柔らかく使えていれば、押された力と自分の身体の関係に基づいた動きが生まれます。逆に固ければ、直線的に下がってしまいます。

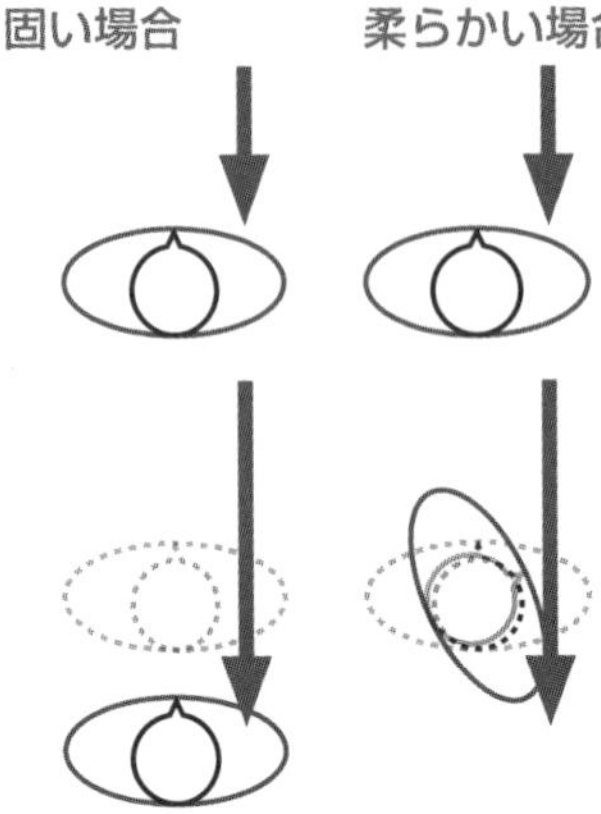

NG

相手のプッシュの力とは関係なく、足を踏み出すことで、つっかえ棒にしてしまうのはNGです。

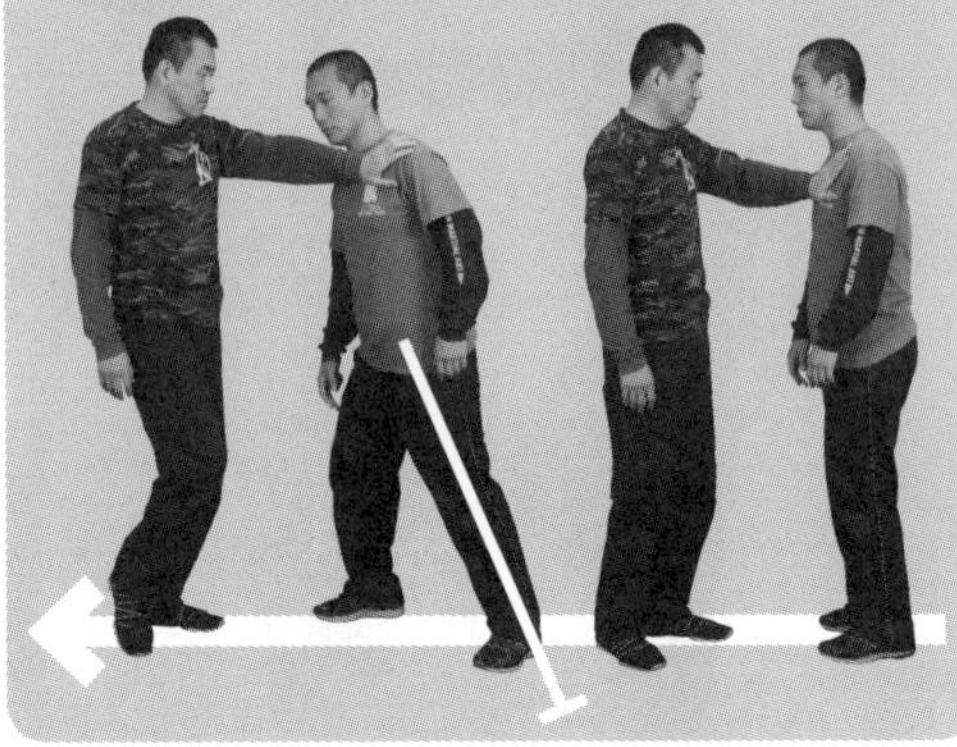

妨げてしまうことになります。これはバランスを保とうとする反射によるものです。バランス感覚を高め、プッシュされてもグラつかずに身体をコントロールできるようにすると良いでしょう。

また動作の一つ一つを切らさないようにしてください。細切れのプッシュ&ムーブを繰り返すのではなく、連続したプッシュ&ムーブの全てがひとつながりの動きとなるようにします。

また、プッシュされる側の動きを上方から見ると、図のようになります。特に身体が固い場合、押される部位に関係なく、押された方向にまっすぐ動いていく傾向があります。しかし動く方向は必ずしも単純な直線ではありません。加えられる力の角度や部位などによって、前後・左右・回旋の動きが複数入り混じった軌跡になる場合がほとんどです。こうした曲線的な動きについていくためにも、相手の力を感じ続ける必要があります。

○脳の役割

相手から加わる力は、位置関係や姿勢の変化などで刻々と変化します。それを受け入れる妨げとなるのは、思考です。思考が動きの停滞を生み、動きをブロックしてしまうのです。思考というプロセスが加わると、プッシュ＆ムーブでは次のような作業が行われることになります。

「身体にどのような力が加わっているか感じ取る」
↓
「情報を分析し、それを元にどう動けば良いか思考する」
↓
「その結果として得られた最適解と思われる動きを身体に命じる」
↓
「身体が実行する」

これでは脳や神経システムをめまぐるしく情報が行き交うことになります。もし神経の情報伝達が光速ならこれでも十分通用するかも知れませんが、私たちの神経系は伝達速度に限りがあります。そのためどれだけ熟達したとしても、この煩雑なプロセスを用いている限りわずかなタイムラグが生じ、その分だけ遅れてしまうことになるのです。だからといって、ただ「考えてはいけない」と自戒するのも意味はありません。上達には思考は不可欠です。ただその悪影響を、動きから取り除いていくのです。

ではどうやって、思考によるタイムラグを削減すれば良いのでしょう？
それには「脳から身体へと指令が送られ、それを受けて身体が動く」プロセスを省く必要があります。そのためには、脳に別の役割を与えるようにします。身体を動かす司令塔としてではなく、身体からの情報を統括する中枢として使うのです。
ヴラディミアはこれを端的に「脳は身体をコントロールする部位ではない。何が起きているかを認識し、分析するところだ」と表現しています。

すると脳は身体が動いた後から、身体がどんな風に動いたかを認識することになります。身体を動かすという役割から解放されることでより多くの情報を処理し、無駄な力みや姿勢の歪みなどを鋭敏に察知できるようになります。その結果、プッシュ＆ムーブの動きを効率よく洗練させることができるのです。

しかし漠然と何かを感じようとするだけでも、意味がありません。脳が受け取るべき動きの情報を特定しておく必要があります。
ここで取り上げているプッシュ＆ムーブであれば、それが相手からの動きとなります。受け取った動きがどのように身体へ伝わり、動きを生み出していくのか、プッシュによって得られた力が途中で途切れていないか、まだ流れが伝わっていないはずの部位が勝手に動いたりしていないか。こうした点をモニタリングしながら、動き続けるのです。

特に自分が受けたプッシュの力が、どのように足へと流れていくか感じるようにしましょう。接触面から足へと、滞りなく力が伝わっていくようにすることで、それまで無意識的に動いていた足が、戦略的にコントロールされた動きをするようになっていくのです。

もし、思考がでしゃばって動きが滞るようであれば、脳に送り込む情報量が不十分です。思考はただ考えないように心がけることで中断できるものではありません。処理すべき情報が多すぎて、とても考えてなどいられないような状況に追い込むことで、思考を停止に近づけていくことが可能となります。そのためには自分の身体、相手からの力、外界の様子などへと幅広く意識を解放し、あらゆる情報を全身で吸収すると良いでしょう。

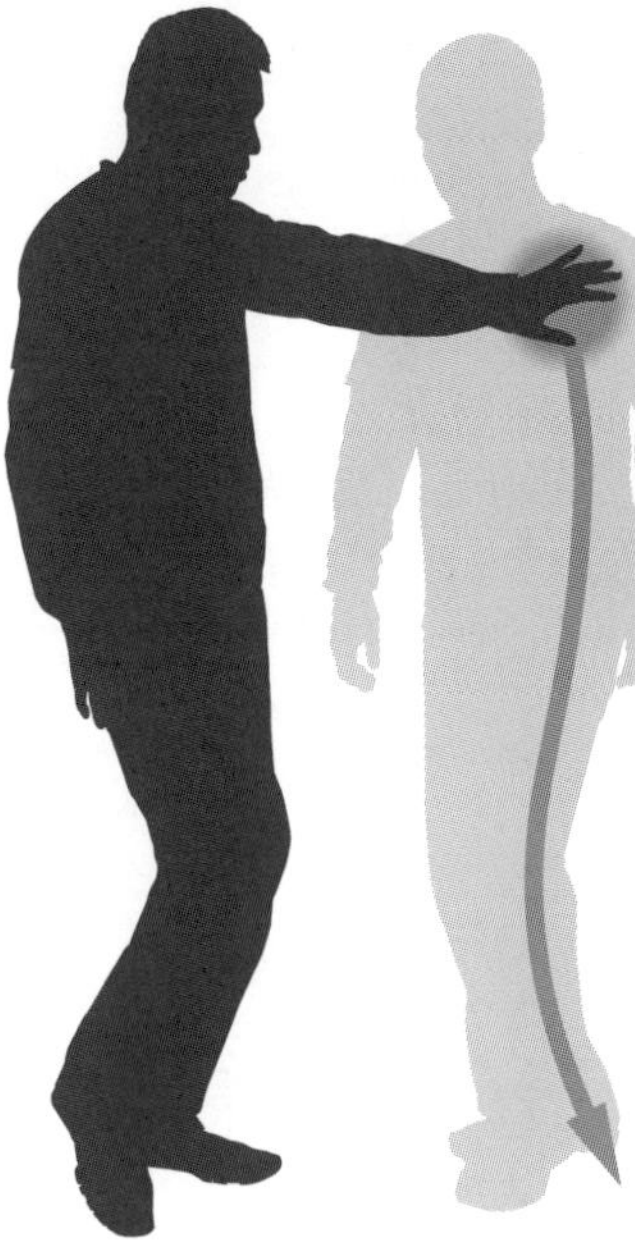

プッシュの動きが足へと流れていく過程をよく感じます。

○グラップ&エスケープ

プッシュ&ムーブが直線的な動きだったのに対し、スイング系の動きに乗るトレーニングとして役立つのが「グラップ（掴み）&エスケープ」です。相手の動きに乗る、姿勢を崩さない、片足立ちを維持するなどの注意点はプッシュ&ムーブと同じです。

グラップ&エスケープの基本

①Aはリラックスして立ちます。小さな足踏みを続けることで、足腰が居着かないようにします。
②③BはAの首に手をかけてゆっくりと引っ張ります。AはBに引かれるままに移動します。Bも足を居着かせたり姿勢を曲げたりしないようにしましょう。
これを色々な角度から繰り返します。

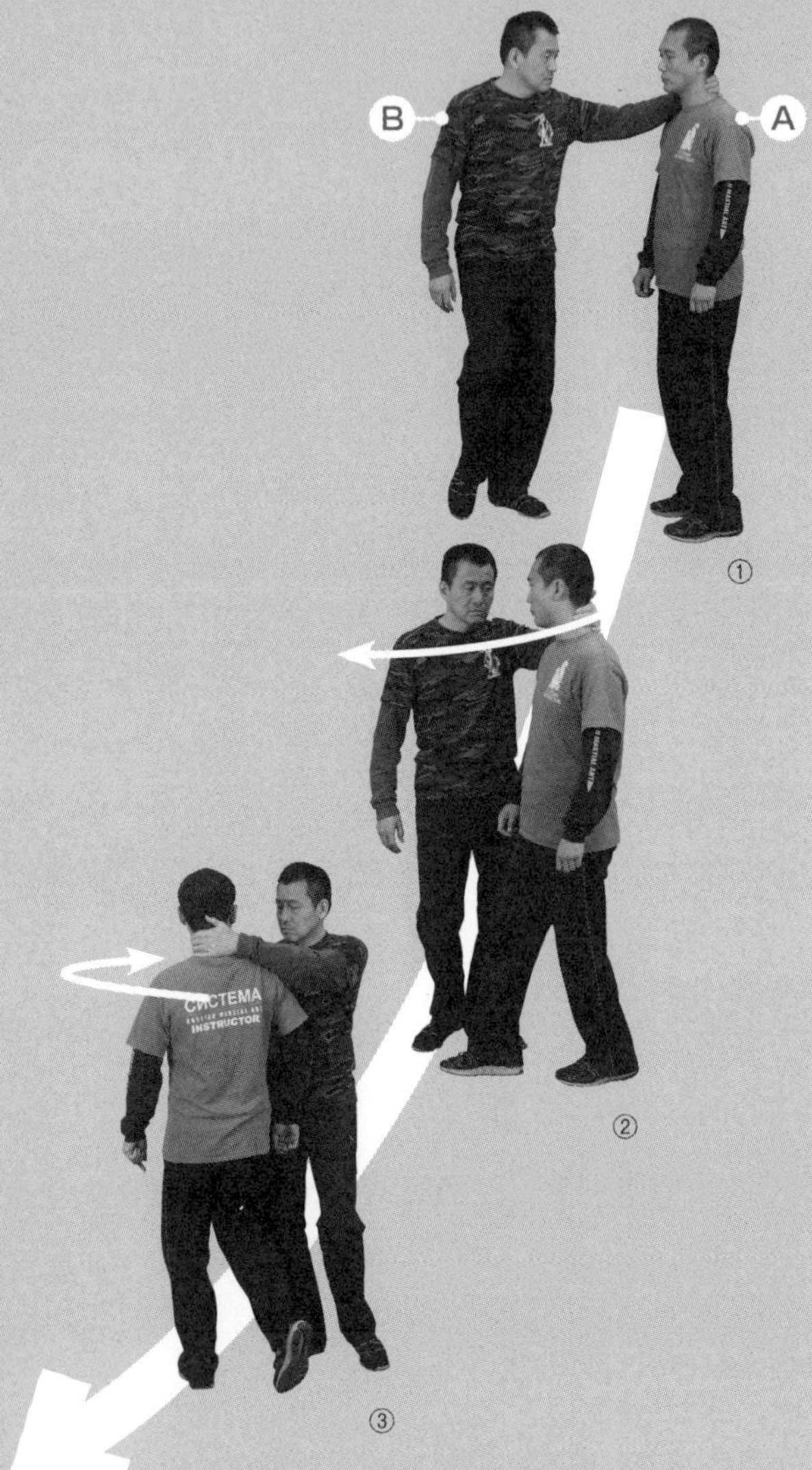

慣れてきたらＢは肩や腰、腕など色々な部位に手をかけて行います。

腰でのムーブ

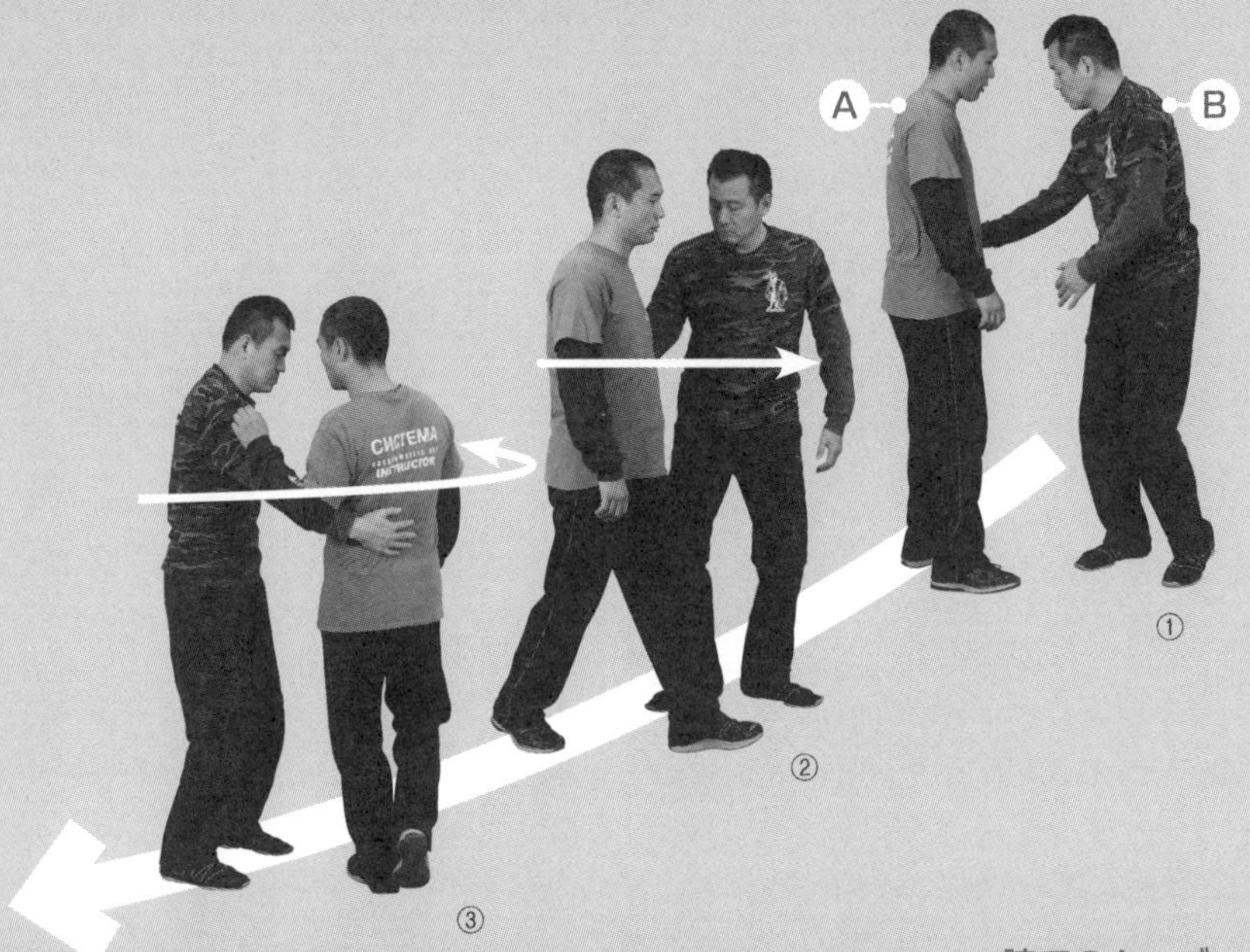

腕でのムーブ

このグラップ＆エスケープには、腕をかいくぐって避ける方法もあります。これもスイング系の攻撃を回避するのに欠かせない動きですが、ここではフットワークの練習をするために、姿勢を保ったまま動きを受け取るようにします。

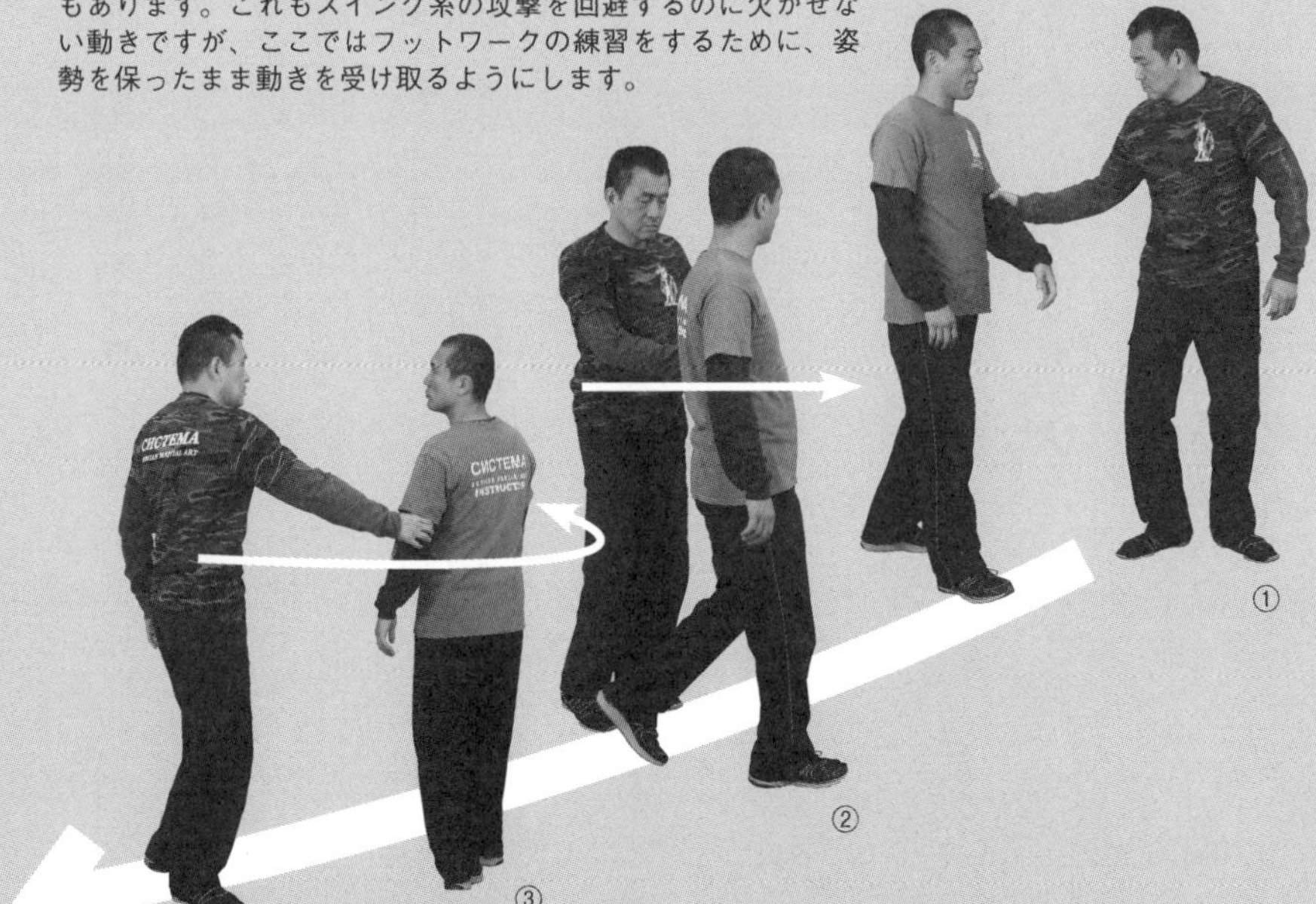

○足のコントロール

ここまでのプッシュ＆ムーブとグラップ＆エスケープでは、「相手の動きを受け入れる」ことがテーマでした。そこでの目的は自分のバランスを保ったまま、相手のコンタクトに対して抵抗することなく、受け入れられるようにしていくことです。

こうした練習を経てプッシュに対する反射的な抵抗が緩和されてきたら、少しずつコントロール性を高めていくようにします。受け取った力をポジショニングに活用していくのです。そのために取り組みたいのが、〝ファーストステップ〟の改善です。

○なぜファーストステップなのか？

なぜファーストステップが大切なのでしょうか。

相手からの接触があった次の瞬間の立ち位置を決めるという重要な意味を持ちながら、もっとも無自覚に動かしてしまいがちな一歩だからです。

コンタクトを受けた際、誰もが多かれ少なかれバランスを崩します。そうして崩れたバランスを回復させるために踏み出されるのが、ファーストステップです。

これは人間が二本足で立つことを最優先とするために起こる現象です。相手との位置関係よりも、とりあえず立ち続けることを優先して、戦略的に意味のない場所に足を置いてしまうのです。反

NG

無意味なファーストステップの例

バランスが崩れたはずみに反射的にファーストステップを行ってしまった例。この一歩がつっかえ棒となり身体を固定してしまいます。

撃する必要がある場合、この無意味なファーストステップが大きなマイナスとなります。なぜなら攻撃の瞬間、アタッカーの身体には大きな緊張が生じています。この反撃すべき好機に不用意な場所に足を置いてしまうことで、自分の攻撃が届かなくなってしまうためです。また、無意識な一歩は反射によるパターン動作であるため、予測されやすいという欠点もあります。それによって一瞬の硬直から解放されたアタッカーに容易に追撃を許してしまうことになるのです。ですから、うかつに置いてしまいがちなファーストステップをコントロールできるようになる必要がありますす。それにはバランス感覚を高めることが近道です。なぜならうかつなファーストステップをもたらす最たるものは、バランスの崩れだからです。バランス感覚については第２章で解説した通りです。

○無意味なファーストステップを止める

動きがきちんとコントロールできているかどうか。その指標となるのは「途中で止められるか、どうか」です。コントロールできていれば、どれだけ速く動いていてもその場で止まることができますが、コントロールできていない動きは、勢い余って途中で止めることができません。ですからコントロールできていない一歩を、コントロールされた一歩に変えるには、まずストップさせる練習から始めることになります。

ポイント

①Aは片足を浮かせて立ちます。浮かせる足は適宜入れ替えて構いません。
②BはAをプッシュします。Aは一歩踏み出した足を着地させることなく、浮かせたままキープします。
③Aはもしバランスを崩したら、リラックスして片足立ちできるところまでバランスを立て直します。
④バランスを立て直したら、浮かせていた足を、最初に置こうとしたのとは別のところに着地させます。

Bは再びAをプッシュしてこれを繰り返します。Aはバランスを回復するまで決してファーストステップを着地させないように注意してください。

ファーストステップを
コントロールする

とっさに踏み出す一歩を止めます。慣れないうちは多少身体が強張っても構わないので、なんとか反射的なファーストステップを食い止めてください。しっかり呼吸でバランスを回復させてから任意の場所に足を着地させます。

B
A
①
足を浮かせてキープ
②
とっさに足を置きたい場所
呼吸でバランスを整えて
③
任意の場所へ足を着地させる
④

このドリルは人によっては、非常に難しく感じられるかも知れません。バランスを崩し、浮かせた足をすぐに着地させたくなってしまうのです。こうした反射的な動きへの抵抗を試みるのがこのドリルのポイントです。もしあまりに困難であれば、第2章で紹介した片足立ちのエクササイズを行うと良いでしょう。

○戦略的なファーストステップへ

ファーストステップをうっかり踏み出さずにいられるようになったら、次は戦略的な意味のあるファーストステップを踏み出せるようにしていきます。

反射的に出してしまうファーストステップは、だいたいプッシュされた方向の延長線上に足を置いてしまいます。すると相手との距離が開きすぎてしまい、背後や側面といった安全で有利な位置を確保することができなくなってしまいます。ですからここでは、ファーストステップを相手の正面ではなく、側面や背面を取るために使えるようにしていきます。

ポイント

①Aは軽く片足を浮かせて立ちます。浮かせる足は適宜入れ替えて構いません。
②BはAをプッシュします。AはBのプッシュを柔らかく受け入れつつ、
③最初の一歩でBの方に踏み込みます。

戦略的なファーストステップ

プッシュされた際に、浮いた足を反射的に着地させることなく、戦略的に意味のある位置に置きます。この例では一歩目を相手の側面に置くことで、二歩で背後に回り込むことに成功しています。

大事なことは最初の一歩を相手の近くに着地させることです。この際に、パーソナルスペースの感覚を大事にして、自分にとって足を置きやすいところを選択していきます。

Aは自分の足をコントロールしつつも、Bの動きを妨げてはいけません。相手からもらう運動は〝エネルギー〟と〝方向〟という二つの要素に分けられます。このうちのエネルギーをロスなく受け取りつつ、方向だけを変えていくのです。それには足を踏ん張ることなく、Bからの力を動力として受け入れつつ、方向をコントロールしていきます。プッシュの接触面から、浮いた足へと向かう力の流れを感じるようにすると良いでしょう。そのためには股関節、ヒザ、足首の3つの関節を固めることなく、下半身を柔らかく使うことが大切です。

相手のプッシュで近づく1

①Aはリラックスして立ちます。
②BはAをプッシュします。
③AはBのプッシュを柔らかく受け入れつつ、最初の一歩でBの方に踏み込みます。
④Bは再びAをプッシュし、Aは同じように一歩でBに接近します。

NG 押されることで相手との距離が離れてしまっている例。

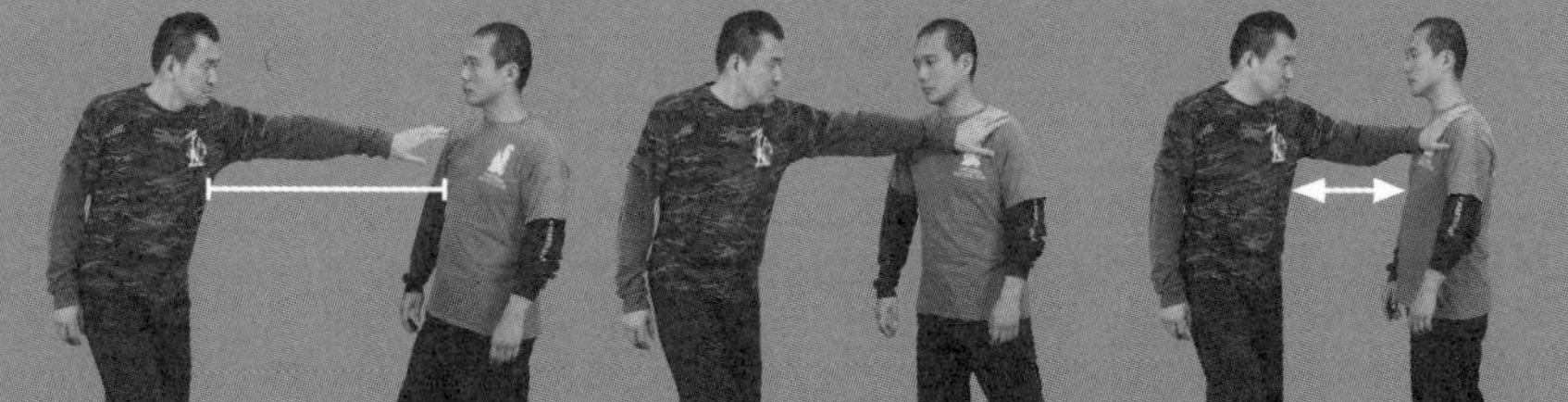

○プッシュで相手を攻撃範囲に入れる

相手の力に乗って距離を詰める動きに慣れてきたら、次は相手を自分の攻撃範囲に入れるようにします。

ポイント

①Aは肘を軽く曲げ、拳を前に向けるようにして立ちます。
②BはAをプッシュします。AはBのプッシュを柔らかく受け入れつつ、Bの身体に拳が軽く触れる位置に入るようにします。腕の形は決して変えないように心がけ、くれぐれも腕を伸ばしたり、身体を捻ったりして、位置取りの誤差を誤魔化さないようにします。
③Bは再びAをプッシュします。Aはプッシュを受け入れつつ一歩でBに接近し、拳でタッチします。
④これを繰り返します。

相手との位置関係は「距離」「角度」「向き」の３つの要素で決まり、自然な姿勢では足、腰、肩、頭が下から上にまっすぐ積み重なります。

もし相手との距離が遠すぎれば、自分の姿勢を崩して手を伸ばさなくてはなりません。また、向きが間違っていれば、相手がいる方向に身体を捻らなくてはならなくなります。このように立ち位

相手のプッシュで近づく２

相手のプッシュの力に乗って攻撃を当てます。手の位置は変えずに身体の向きをコントロールすることで拳が相手に当たるようにします。第１章に登場した「距離」「角度」「向き」を意識して行います。

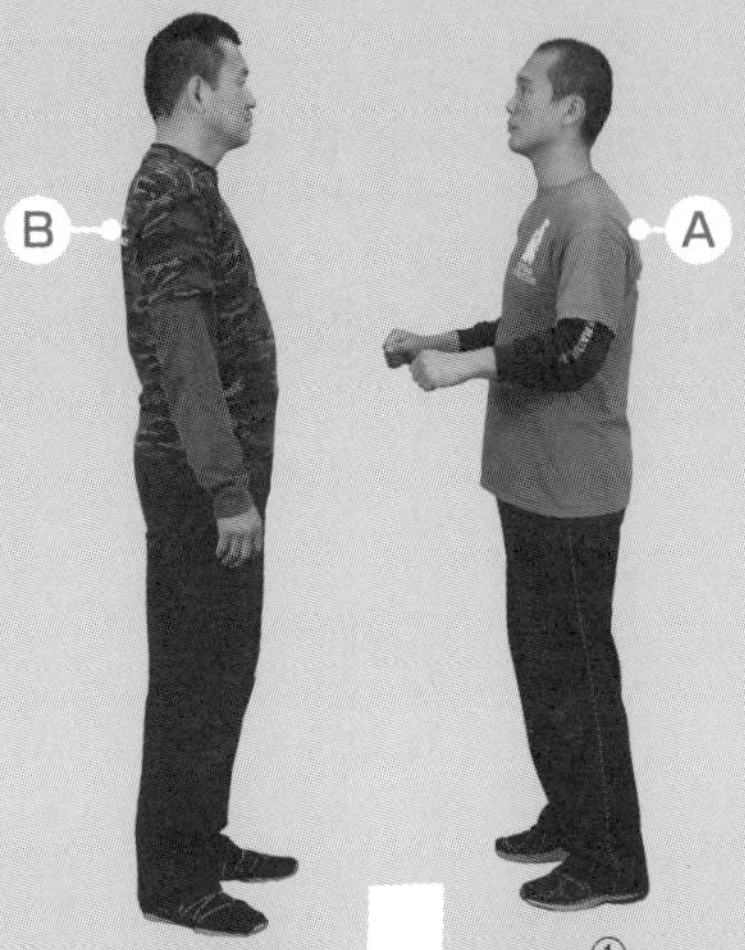

①

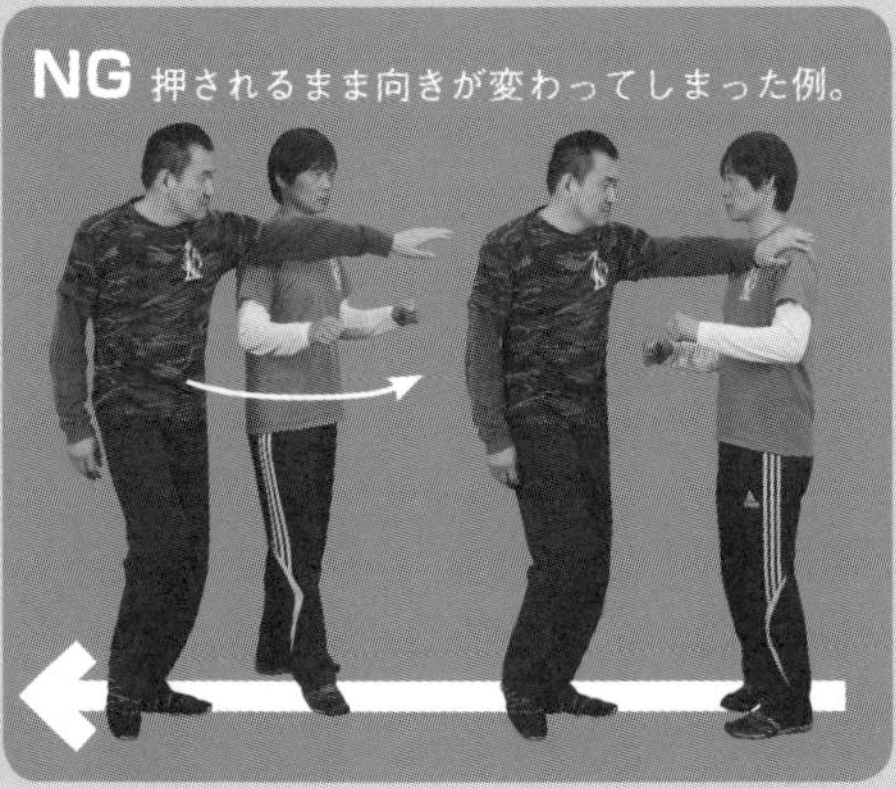

NG 押されるまま向きが変わってしまった例。

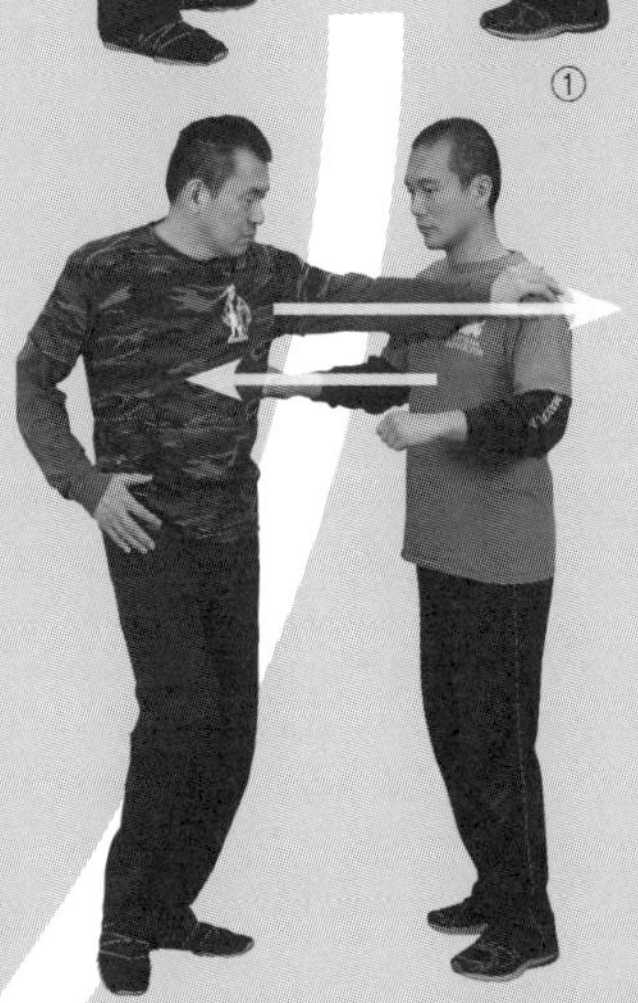

②

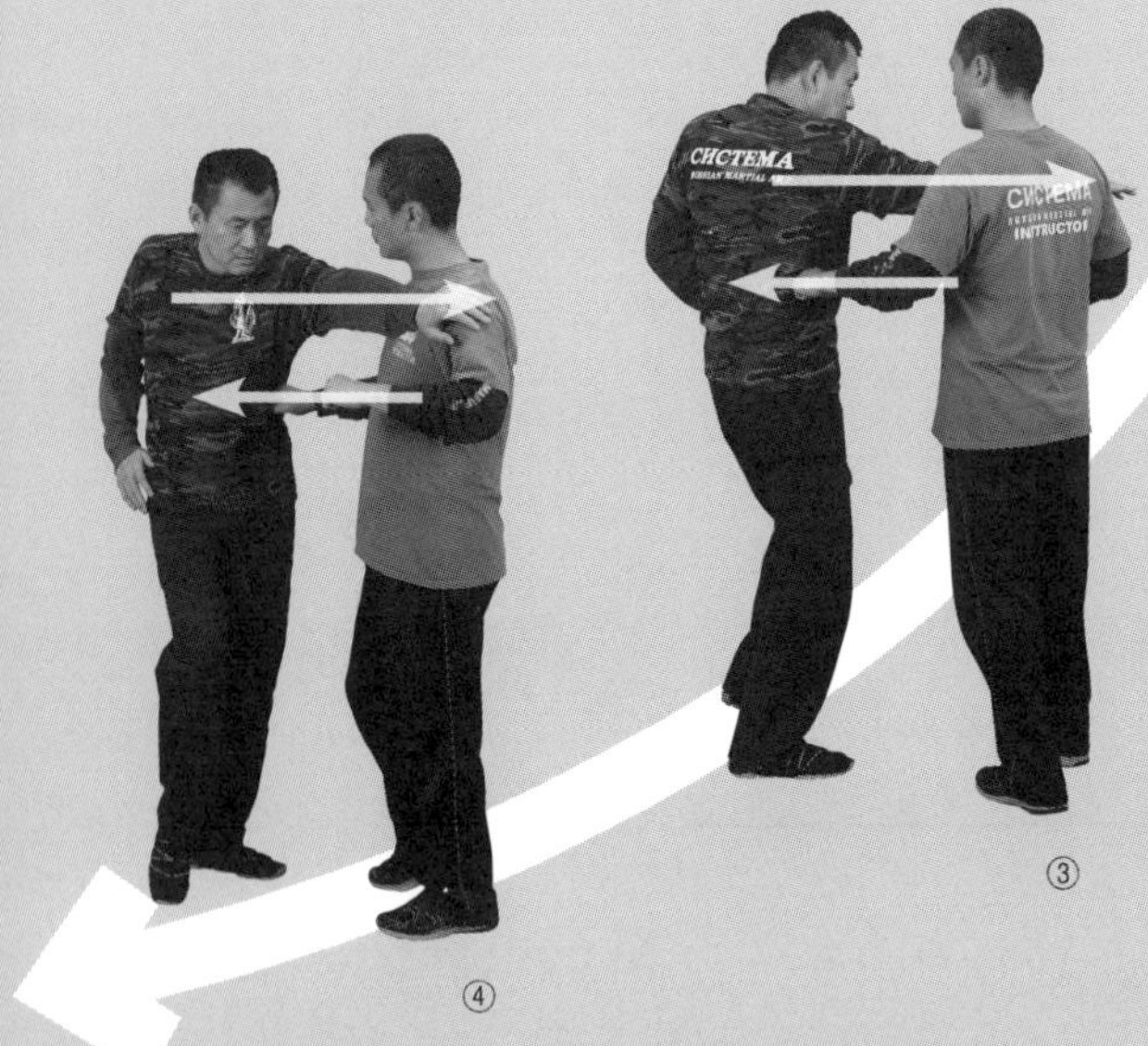

③

④

置のズレは姿勢を歪ませる大きな原因となります。

○相手の背後に回りこむ

ファーストステップを自由にコントロールできるようになったら、プッシュを受けて三歩以内に相手の背後に回りこみます。

ポイント

①Aはリラックスして立ちます。両足に均等に体重を乗せないように注意します。
②BはAをプッシュします。
③AはBからもらった力を用いて、三歩以内でBの背後に回りこみます。手を伸ばすことなくBの背中にタッチできると良いでしょう。
④Bは再びプッシュします。Aは色々なステップを毎回新たに生み出すつもりで、Bの背後に回りこみます。慣れたら二歩で背後に回りこむようにします。

一歩ずつ的確な「距離」「角度」「向き」に足を置くことで、どうすれば二歩でも背後に回りこめるか、色々試してみてください。軸足の自由度や遊脚のコントロールはもちろん、知恵の輪でも解くように様々な手を考えるようにします。答えは一つではありません。より多くの答えを見つけることで、動きの幅が広がっていくのです。

フットワークに限らず、すべての局面を解決するような究極の答えはありません。これらのヒントを参考にしつつ、自分なりのフットワークを考えてみてください。そうやって多くの引き出しを作っておくことで、臨機応変な対応力を養うことができます。

三歩で相手の背後に回りこむ

基本的には第３章に紹介したサイドステップのバリエーションの一つと言えます。

ここで紹介しているのは一つの例です。

相手の外側、内側など、色々な位置に足を置いて三歩で背後に回り込みます。繰り返すうちに色々なバリエーションを見つけることができるでしょう。

二歩で相手の背後に回りこむ

同じことを今度は二歩で行います。三歩よりもさらに正確な足のコントロールが必要になります。必ず相手の真後ろにぴったりと位置取るようにします。

どちらもこれが定型のステップというわけではなく、こうした動きの自由度をキープして最善の場所に足が自然に置けるようになることが重要です。

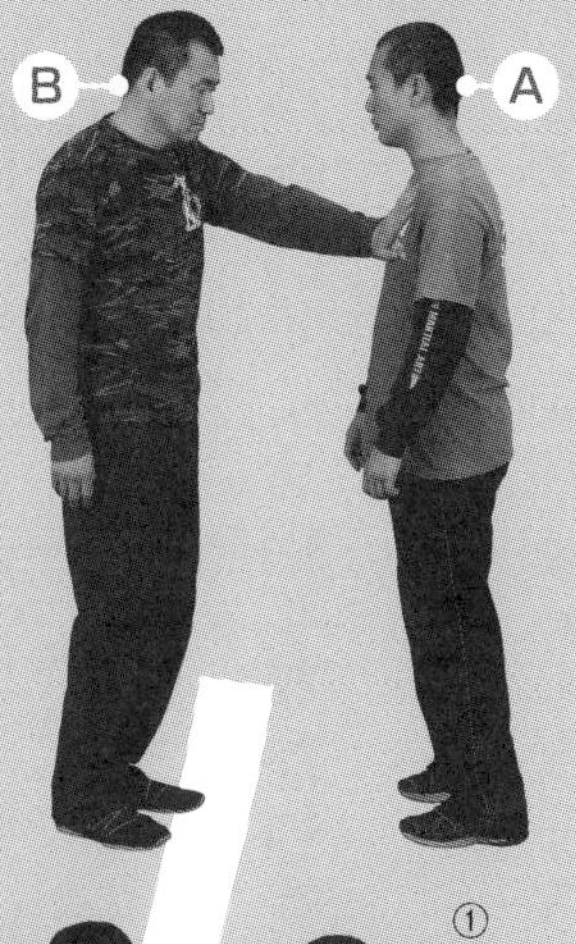
B
A
①

片足でも立てることを確認
②
左遊脚を軸足の爪先側から相手に寄せ
軸足を右回転させつつ、右遊脚を軸足のカカト側から置く
一歩
③
二歩
④

○相手の動線からそれる

システマでは基本的により悪い状況からトレーニングを始めます。ストライクであれば打たれる練習から始めますし、ナイフワークでもダミーナイフで刺されるところから始めます。ですからポジショニングも、密着した至近距離でのドリルから相手との距離が開いたところから始めるワークへと移っていきます。

攻撃を回避するだけなら、相手との距離が離れている方が行いやすいように思えるかも知れません。しかし物理的な接触がない状態では、ここまで行ってきたような相手のプッシュに導かれる動きができません。接触を通じて相手から情報を受け取ることができなくなりますが、動きの原則は同じです。相手に物理的に押されているようなフィーリングを保ちつつ、身体を移動させるのです。

ここで重要になるのが、第1章で解説したパーソナルスペースです。相手の接近に伴うかすかな違和感、緊張感を利用して快適な位置に移動していきます。移動している最中も、空間を通じた相手とのコンタクトを全身で感じ続けるようにしてください。

○歩いてくる相手をかわす

直進する攻撃を回避するには、その進行方向から外れることになります。ここでも「1．距離」「2．角度」「3．向き」を踏まえて3ステップで練習してみましょう。

歩いてくる相手をかわす１「距離」

まずは進行方向から距離をおくドリルです。
①Ａは軽く足踏みをしながら立ちます。
②ＢはＡに向けて歩いていきます。
③ＡはＢの進路から外れます。この時、なるべくさりげなく歩くようにします。身構えたり、飛びのいたりするのは禁物です。急激な動きは相手に追撃のチャンスを与えてしまいます。
④⑤ＢはＡのいた地点を２メートルほど通り過ぎたら、再びＡの方に歩きます。
⑥Ａは同じようにＢの進行方向から外れます。よくあるミスは、ＡはＢが来るまでの間、正面から向き合って待ち構えてしまうことです。ＡはＢに意識を集中させることなく、あくまでも何気ない動きを保つようにします。

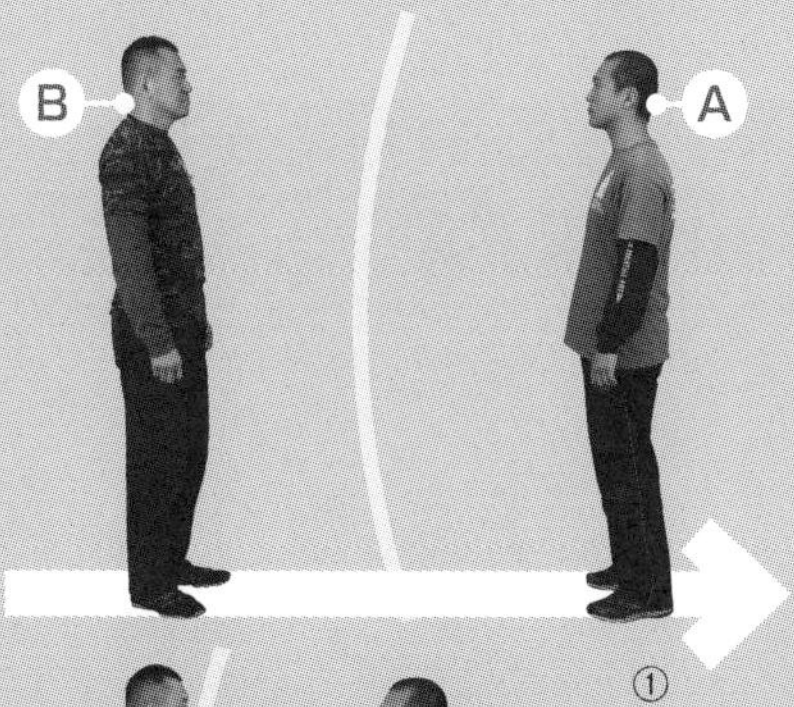

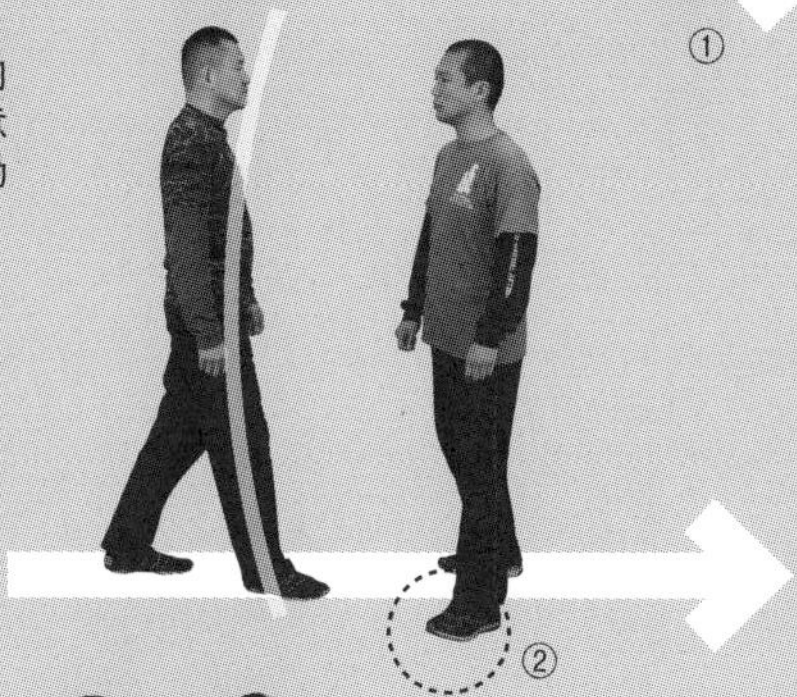

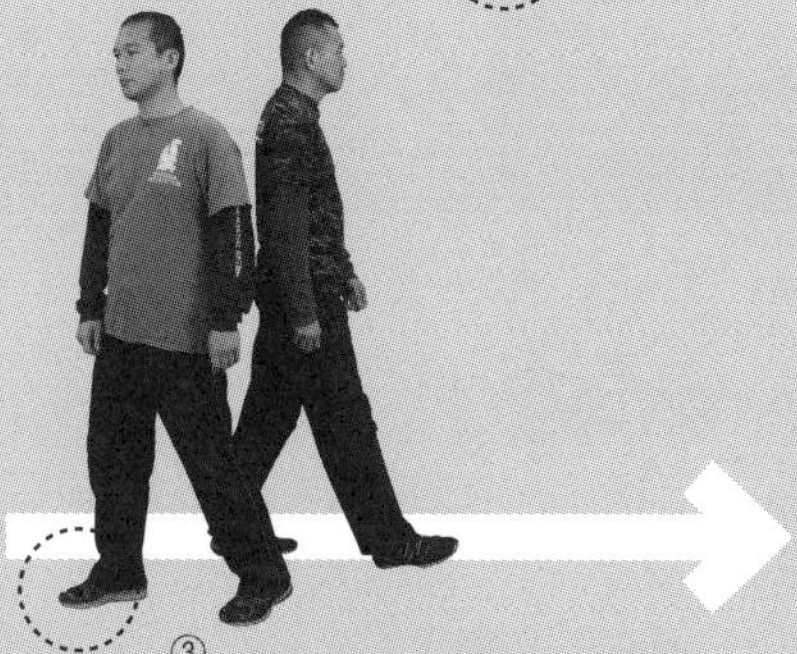

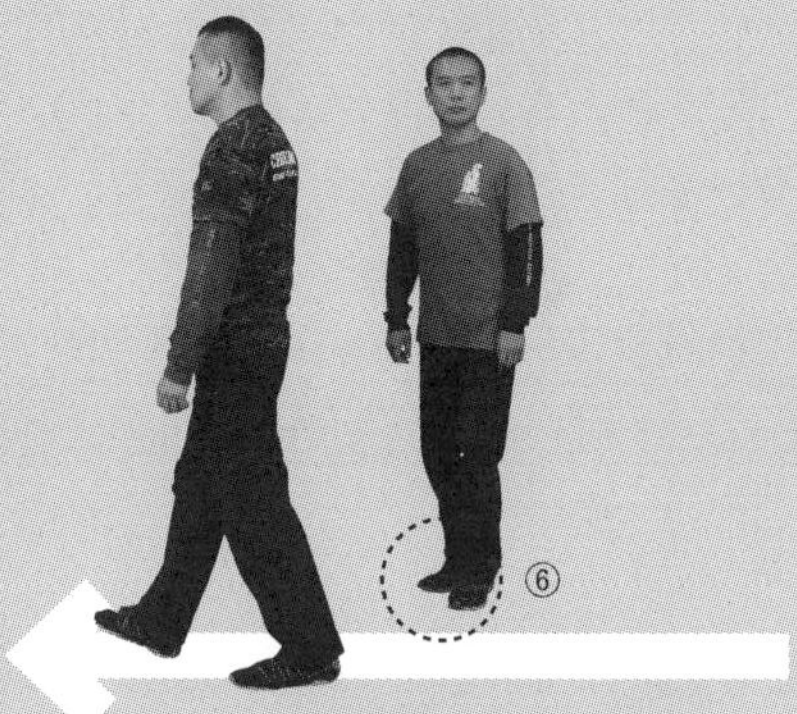

歩いてくる相手をかわす２
「距離＋角度」

次は迫ってくる相手に対し、適切な距離と角度を取るドリルです。
①Ａは軽く足踏みをしながら立ちます。
②ＢはＡに向けて歩いていきます。
③ＡはＢの進路から外れつつ、
④⑤Ｂの横や背後に回りこみます。
　ＢはＡのいた地点を２メートルほど通り過ぎたら、再び別の方向からＡの方に歩きます。

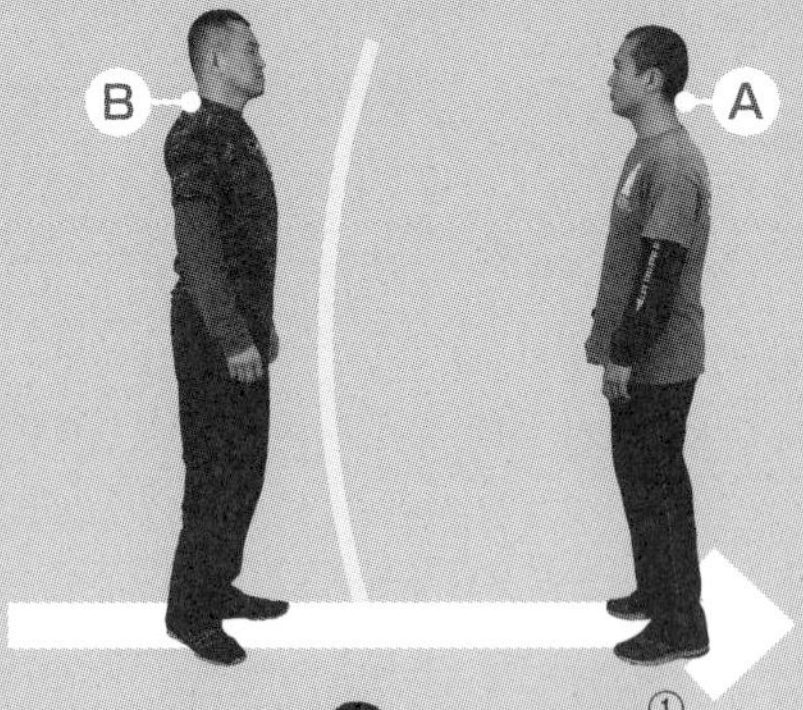

①

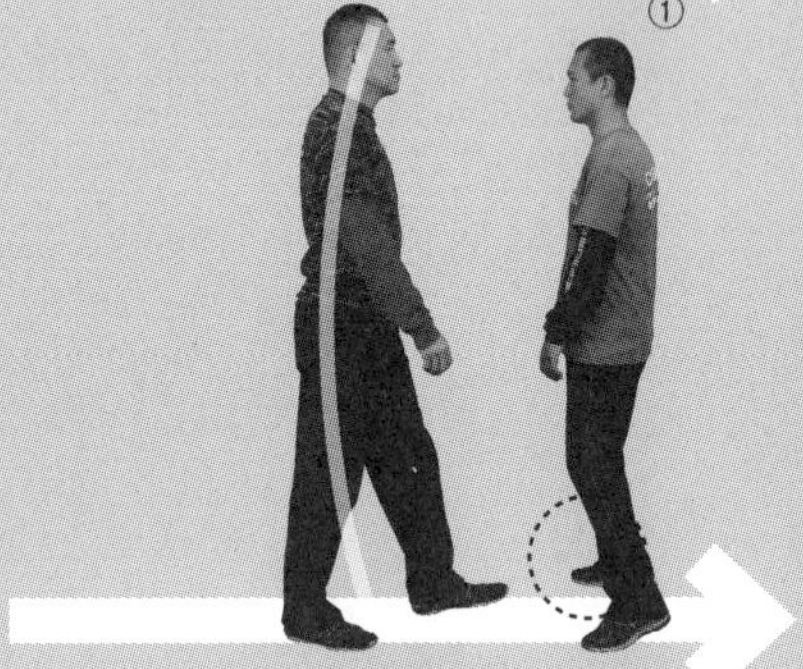
②

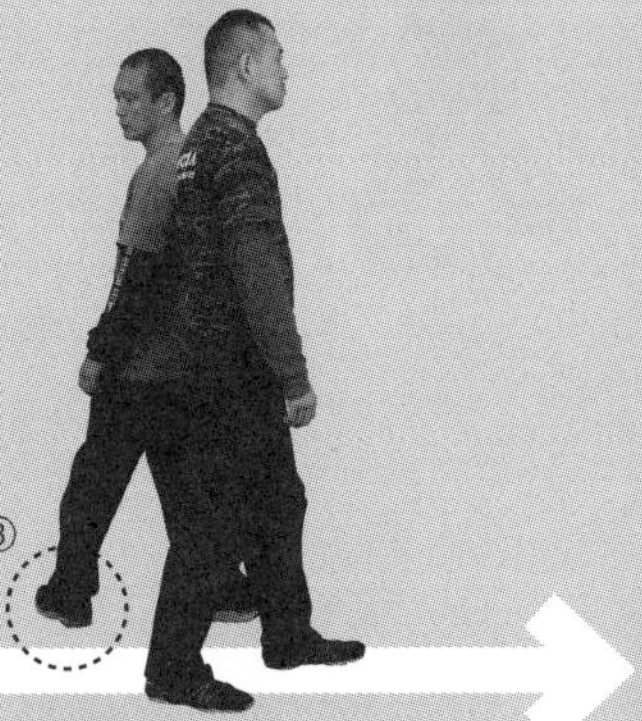
③

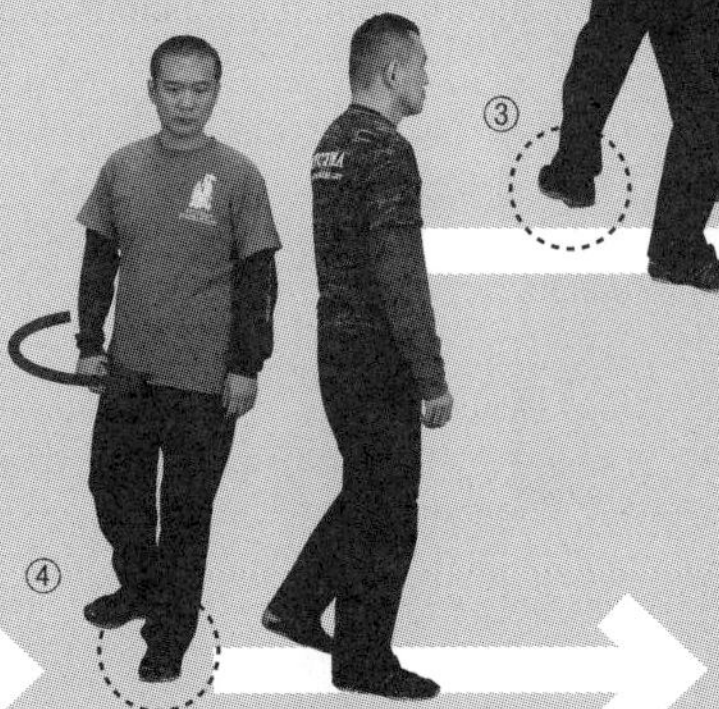
④

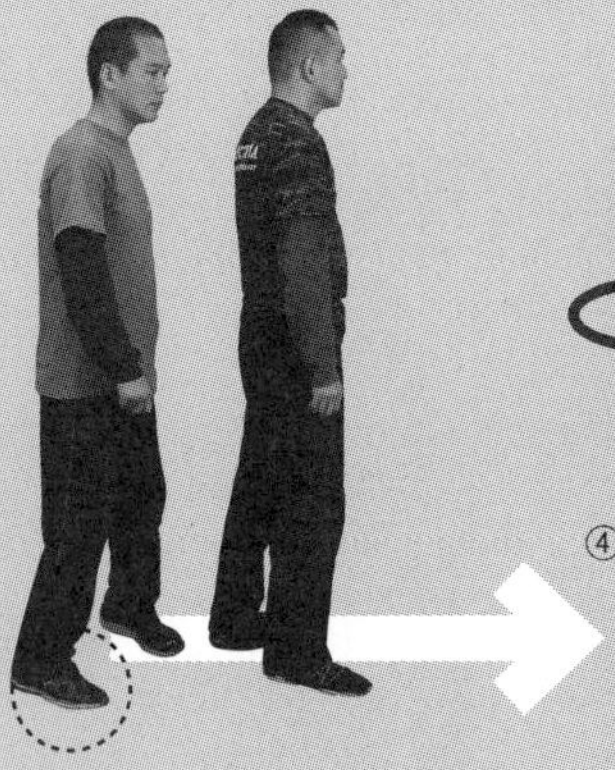
⑤

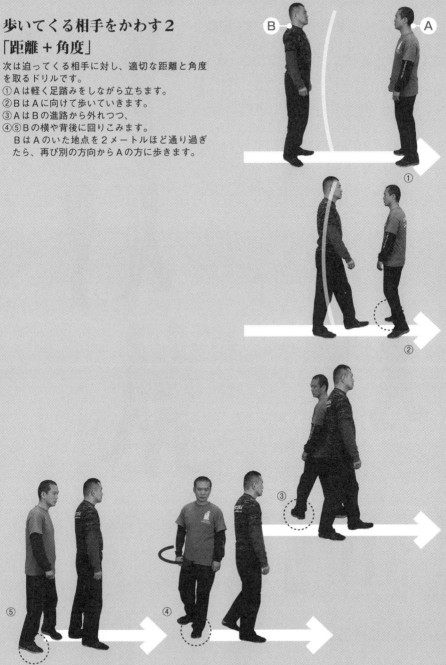

歩いてくる相手をかわす３「距離＋角度＋向き」

続いては適切な「距離」、「角度」、「向き」 を取ります。

全ての要素を、なるべく少ない歩数で満たすようにします。歩幅が大きくなったり、足がねじれたりしないようにしましょう。

①Ａは拳を自動車のハンドルを持つような形で前方に向け、軽く足踏みをしながら立ちます。
②ＢはＡに向けて歩いていきます。
③④ＡはＢの進路から外れつつ、相手の側面か背後に回りこみ、拳でＢに軽くタッチします。
⑤Ｂの動きに沿って歩みつつ、何度かタッチしても良いでしょう。この時、手が多少上下するのは構いませんが、くれぐれも腕を伸ばさないようにします。

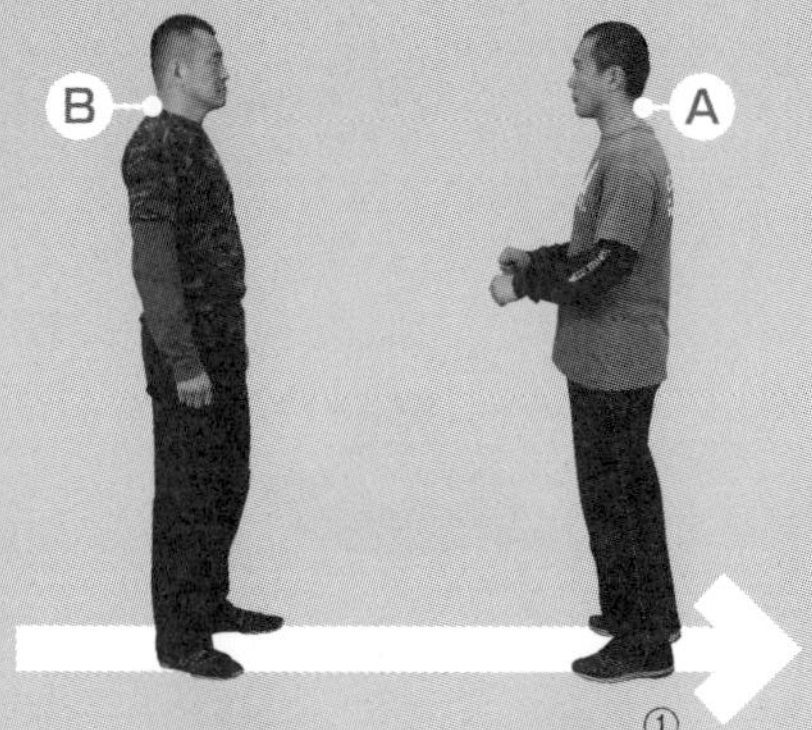

①

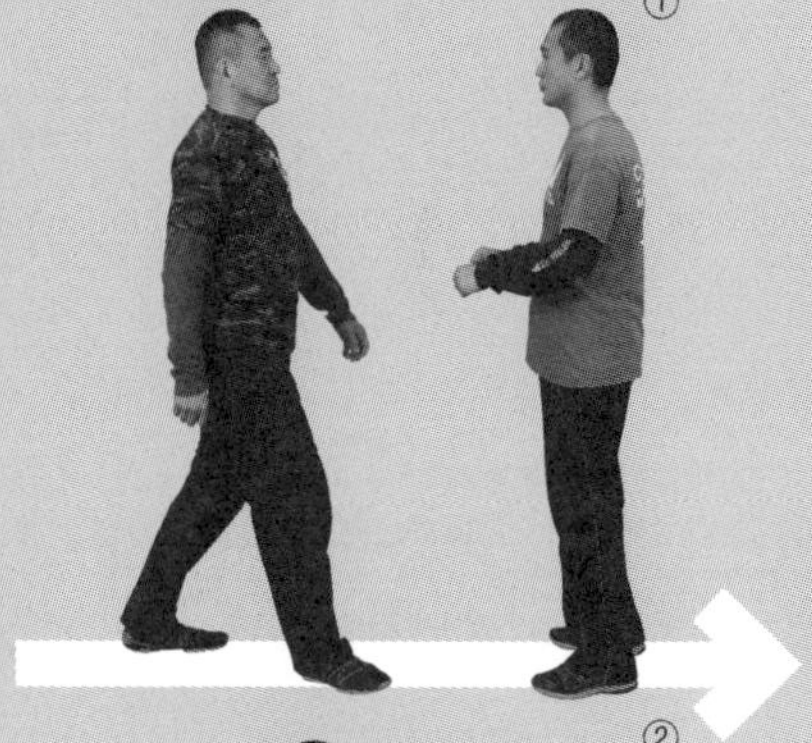
②

③
④
⑤

○意識の持ちかた

「相手と向き合う時、意識をどこに向ければ良いのでしょう？」

クラスでしばしばそう質問を受けますが、システマでは特にどこか特定の部位に向けることはありません。もちろんトレーニングの種類や目的によって多くの例外はありますが、一般論としては、〝どこかに意識を集中させないような意識のあり方〟を心がけます。

相手の身体や特定の動きに注目することはありませんし、自分自身にばかり意識を向けるわけでもありません。〝相手全体をぼうっと見るように〟と説明されることもありますが、これも厳密には不十分です。相手だけでなく、自分や周囲も含めた全てに意識を開くようにするのです。なぜなら集中には、その対象以外の領域が全て空白になってしまうという大きなデメリットがあります。つまり集中と同時に広大な死角が生まれるのです。意識を外側にも内側にも開いておくようにするのは、こうした死角をなるべく作らないようにするためです。もちろん一切、何にも注意

意識を集中させた際の見え方のイメージ。攻撃を警戒しすぎると、意識が相手の一部に集中し、死角が広がってしまいます。

を向けてはいけないわけではありません。何かに意識を向けつつも、その他の情報から自分を閉ざしてしまわないようにするのです。

このことはプッシュアップやスクワットといった個人でのエクササイズから、一対一の徒手格闘、武器術、対多数のワークなど全てに共通します。しかし実際に行ってみると、つい意識が集中し、死角が生じてしまうものです。全てに対して意識を開き続けるのはかなり困難なことが分かるでしょう。意識を開けばそれだけ多くの情報が自分のなかに流れ込んできます。その膨大な情報量を処理しきれず、いつの間にか相手や自分の身体など、どこかに意識を集中してしまうのです。

こうしたことに気付く度に、再び意識を開くようにしていきます。その繰り返しによって少しずつ情報処理能力が高まり、１回あたりの練習から得られる情報量が少しずつ増えていきます。その結果として、トレーニングの密度が高まっていくのです。

こうして意識のとらわれを無くしていくことも、システマ４原則の一つ、キープ・ムービングの一環であると言えるでしょう。

◯スピードについて

システマのトレーニングでは、基本的にゆっくりと動くよう心がけます。攻撃がきたら素早く避けたほうが良さそうですが、練習と実際は別です。練習ではあえてゆっくりと動くことで、確実に間に合う動きを養うのです。どれだけ速い動きでも間に合わなければ意味がありません。ですからスピードでごまかすことなく、最短距離を最小の動作で移動できるようにするために、あえてゆっくりと動くのです。

どれだけ足の速い人でも、寝坊したり道を間違えたりしたら、目的地に時間通りに着くことはできません。しかし足が遅くても余裕をもって出発し、最短ルートを通れば時間通りに目的地に到達することができます。相手の攻撃を回避するのも同じです。早めのタイミングで必要最低限の移動をしておけば、十分間に合うでしょう。逆にタイミングが遅かったり、無駄な動作があったりしたらそのミスによる遅れを補うために、自ずと急がなくてはならなくなります。

もちろん同じタイミングで出発し、同じルートを通れば足の速い人が勝つはずです。しかし人生やマーシャルアーツは陸上トラックのようにシンプルなコースとは異なります。スタートを知らせるブザーなどありませんし、ルートも複雑に分岐して、無限と言えるほどの選択肢があります。そのため足の速さはタイミングやコース選びなどとあわせて、間に合うための能力の一つに過ぎないということになります。

しかし人は自分の動きに実感を求めてしまいがちです。間に合うことそのものよりも、速く動いているという実感に逃げてしまうのです。ゆっくりと動くのは、こうしたことを防ぎ、本当に間に合う動きを探るための方法論です。こうした動きが身についてくると、攻撃が相手の隙を狙って打ち込むものから、当たるべくして当たるものへと少しずつ変化します。

筆者がシステマを始めたばかりの頃、シニア・インストラクターのマーティン・ウィラーに上達のコツについて尋ねたことがありました。その時の返事は「モア・スローリー、モア・ブリージング」です。

以来、ずっとそのアドバイスを実践していますが、多大な恩恵を得ていることを痛感します。筆者のシステマ人生は、この言葉に大きく変えられたと言っても良いでしょう。

そうは言っても、トレーニング中につい動きが速くなってしまうこともあります。特に相手がスピードを上げてきても、釣られることなくゆっくり動き続けるのはなかなか困難です。なぜなら「相手が動きを速くしたのだから、自分も速くしないと対応できないじゃないか」という正当化が自分の中で生じるからです。しかし相手が焦り、動きがせかせかしてきた時こそ、ゆっくりとした動きを心がけます。たとえその結果、相手の攻撃をまともに食らってしまったとしても、自分のミスとして受け止め、〝どう動けばゆっくりのまま防御できたのか、それにはどんな練習をしたら良いのか〟を考えるのです。そうすることで少しずつ、効率の良い動きを見出せるようになってきます。

ゆっくりとした動きは、トレーニングの効果を高めるだけではありません。戦術的にも動きが悟られにくくなるというメリットがあります。

人間を含めた動物の目は、素早く動くものに対して敏感に反応するようにできています。これは獲物を素早く見つけたり、外敵から身を守ったりするために身につけた反射的な動きです。

この反応は、自分と同程度以下のスピードに対して生じることはありません。つまり超高速の動きだけでなく、〝ゆっくりとした動き〟もまた〝目に留まらず反応できない動き〟になり得るのです。

○見極めるべきタイミング？

ここまで説明の便宜上〝タイミング〟と書いていますが、タイミングを見極めるというプロセス自体を、省いていくようにします。なぜならシステマでは、相手の動きを用いることが原則だからです。ですから〝タイミング良くかわす〟のではなく、相手の動きに抵抗なく乗れる状態を保ち続けるのです。たとえるなら川面に漂う落ち葉は、タイミングを見極めることなく、ただ川の流れに乗っていきます。ヨットも風が来るタイミングを見極めて、帆に風を受けるわけではありません。そもそも風は目に見えないのですから、見極めることなど不可能でしょう。

タイミングを見極めようとすると、どうしても意識の集中が生まれます。すると意識の死角が生まれ、動作が遅れたり想定外の事態に対応できなかったりといったことが起こります。だからこそ、物理的な接触の有無に関わらず相手と同調し、相手の動きに乗れるような状態を保つようにするのです。

この同調について印象に残っているのは、一人が思い切り振り回すスティックをかいくぐる練習をした時のことです。一歩間違えば大怪我をしてしまうため、参加者達はタイミングを計ることで頭がいっぱいになっていました。そんな参加者達に対し、ヴラディミアが繰り返し次のようなアドバイスをしていました。

「これはタイミングを見極める練習ではない。身体を感じる練習だ」

スティックを振り回す相手にリラックスして近づきます。なるべくゆっくり歩いて通過するのがベストです。

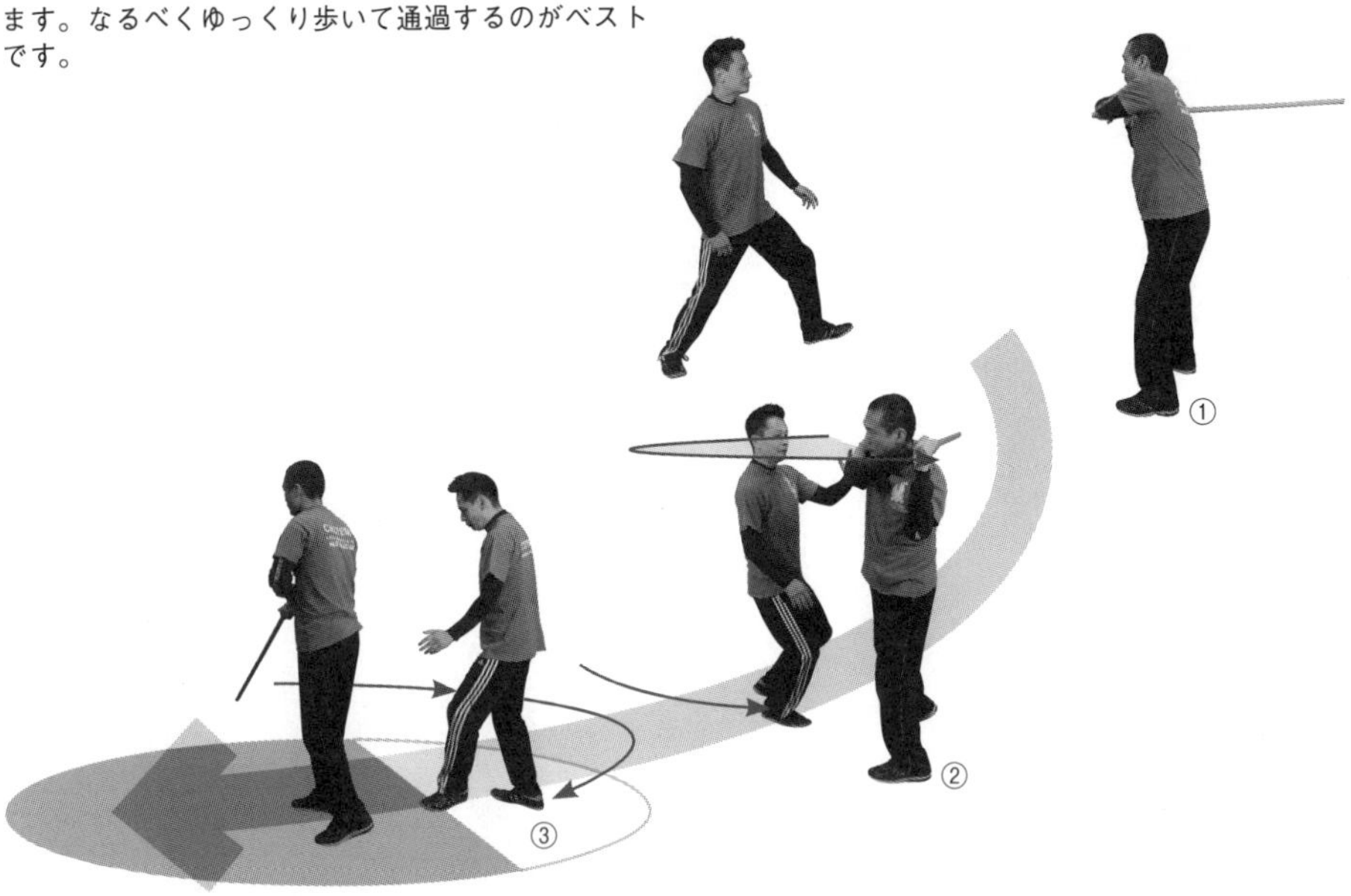

つまり、スティックに意識を奪われることなく、自分の身体にも意識を開き、快適さを保つようにするのです。すると自ずと快適なタイミングで快適な位置に移動することになり、その結果としてスティックが直撃するという不快な結果を避けることができるのです。

そうは言っても、何にも意識を奪われることなく、快適な状態を保ち続けるのはあくまでも目標です。そのためのトレーニングは一生続くことになるでしょう。ですから実際には、自分に生じる変化を見つけ、その都度ブリージングによって整えていくことになります。そうやってわずかなさざめきが感じ取れるようになれば、いかに自分が常日頃から様々なことに意識をとらわれ、快適な状態

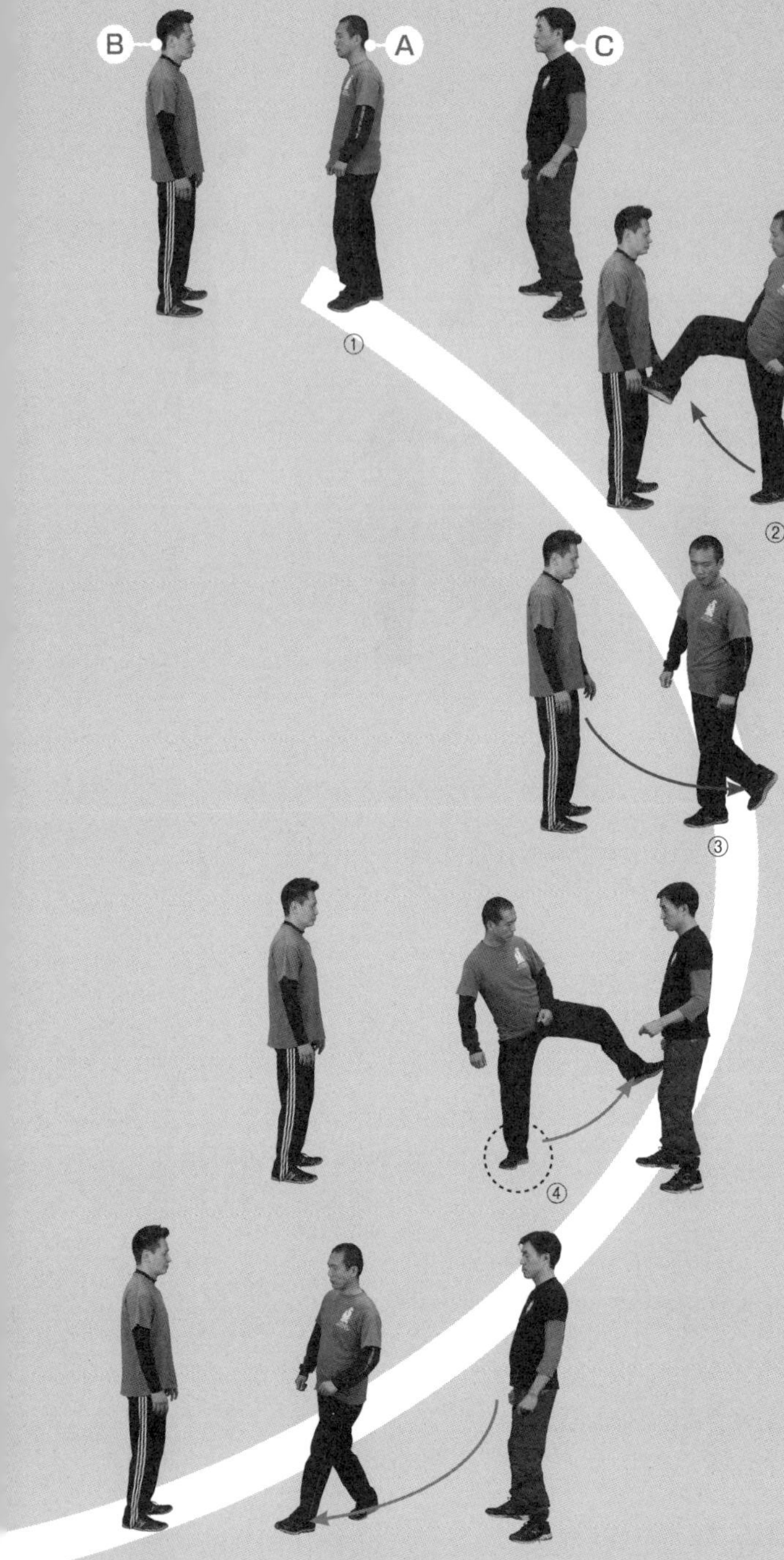

を崩してしまっているかが自覚できることでしょう。こうしてそれまで感じられずにいたことを感じられるようになることが、上達の指標となるのです。感じ取れなかったことが感じ取れるようになることこそが成長の証なのです。

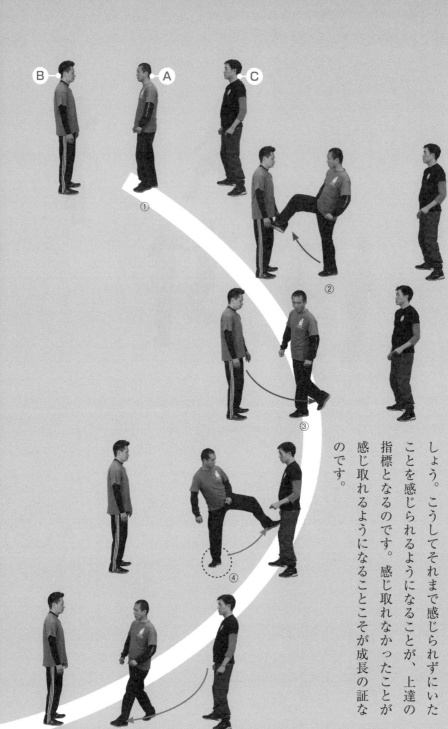

ワンステップ・ワンキック１

二つのターゲットを設定し、一歩につき一蹴りのペースで交互に蹴ります。最初のターゲットを蹴った後、蹴り足をコントロールすることで、次のターゲットを蹴る位置に移動するのがポイントです。

①ＡはリラックスしてＢとＣが２歩ほど離れた距離で立ちます。

②ＡはＢもしくはＣをキックします。軽く当てる程度で構いません。

③④Ａは続いてもう一方をキックします。この時、Ａは２歩以上歩いてはいけません。最初に蹴ったのと同じ足で蹴るか、蹴り足を下ろして反対の足で蹴るか、の２通りのみです。

⑤ＡはＢとＣを交互に蹴っていきます。ひと蹴りにつき、最大１歩しか歩いてはいけません。ただ方向転換のために片足立ちのまま軸足をズラすのはＯＫです。

⑥〜⑨蹴り足を置く位置や向き、バランスなどに注意しつつ、ワンステップ・ワンキックを続けましょう。また、毎回、足の置き方を変え、同じパターンを繰り返さないようにします。

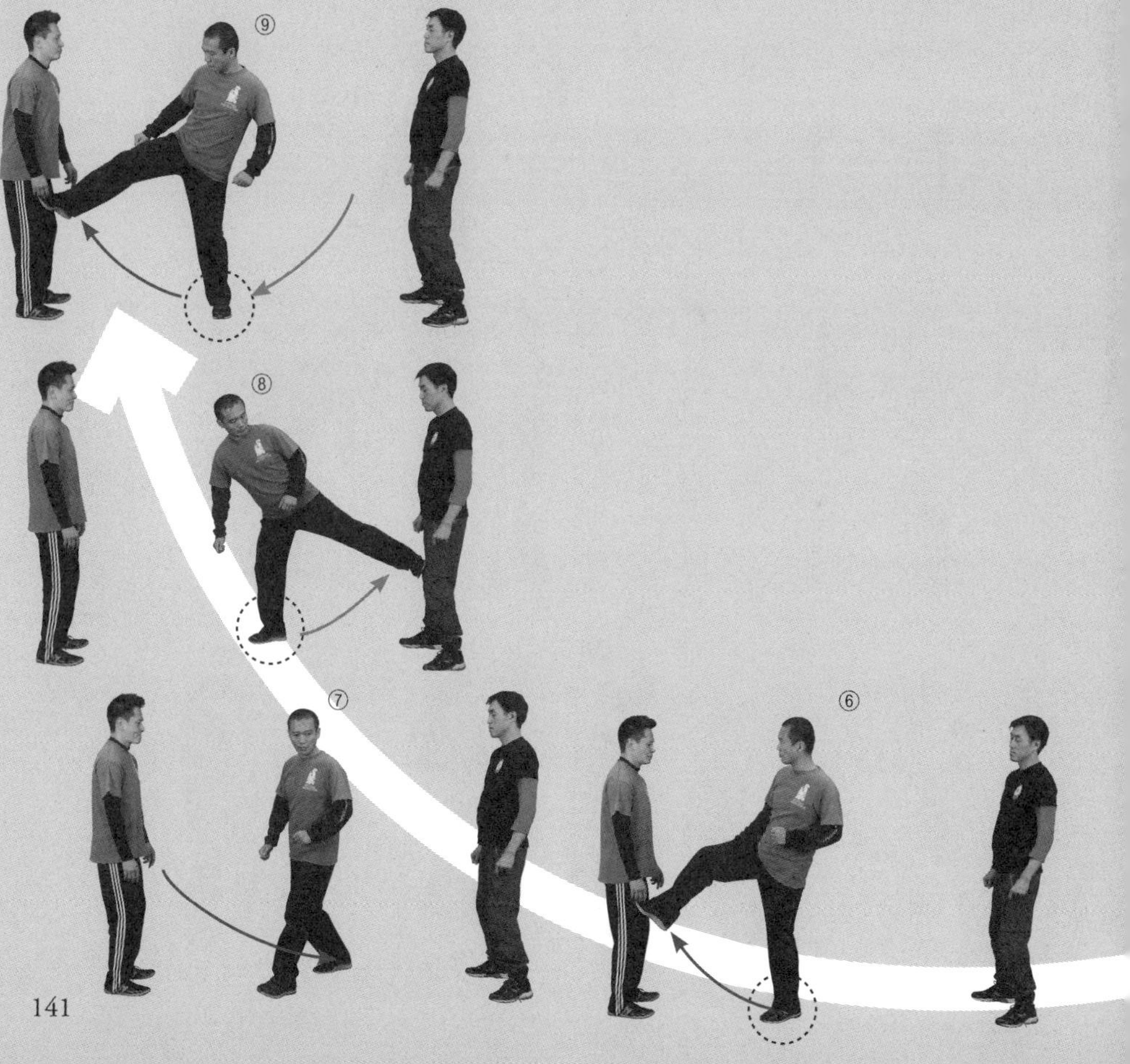

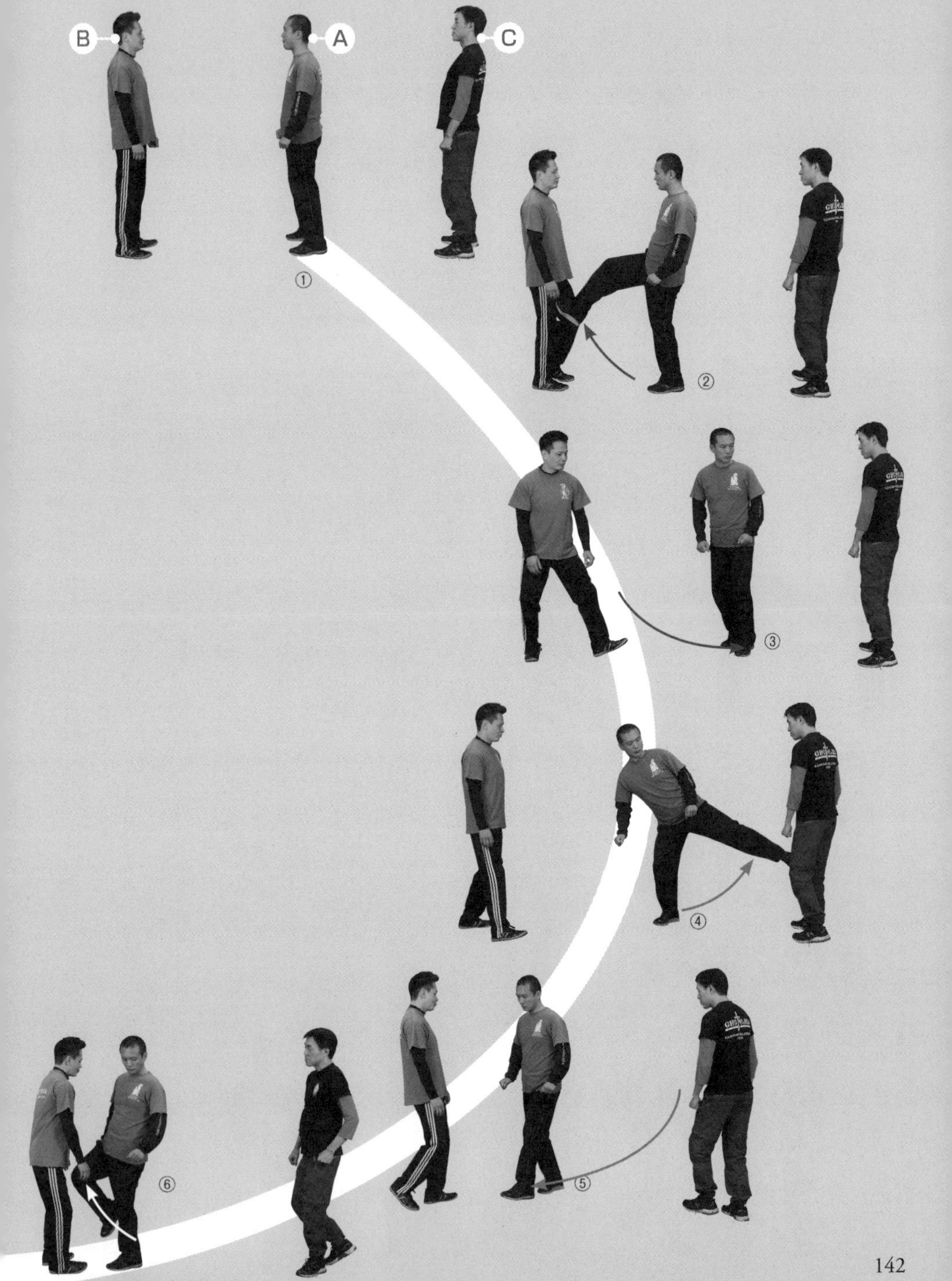
B
A
C
①
②
③
④
⑤
⑥

ワンステップ・ワンキック２

慣れてきたらＢとＣはＡと一定の距離を保ちながら歩きます。Ａは動くＢとＣを交互にワンステップ・ワンキックを続けます。ＢとＣはＡのキックが届くギリギリの距離と速度を保ちます。

至近距離での足運び 1

手が有効に働く攻撃範囲に相手を入れようとすると、どうしても至近距離になります。すると相手の身体が歩行の妨げとなってしまいます。このドリルでは、相手の至近距離でもスムーズに移動できる足運びを学びます。

①Bはリラックスして立ちます。

②〜⑤AはBにほとんど接するくらいの距離を保ちつつ、手で触れたまま、至近距離でどのように移動できるかを探ります。手を伸ばしたり、身体をねじったりしないよう気をつけましょう。

至近距離での足運び２

前のドリルにプッシュ＆ムーブやグラップ＆エスケープを加えます。相手に妨げられつつも、至近距離で動き続けるトレーニングです。

①前のドリルと同じようにＡはＢの周囲を歩きます。

②〜④ＢはＡをプッシュします。ＡはＢに触れたままプッシュを受け入れつつ、それに乗るようにしてＢとの距離を保って歩き続けます。

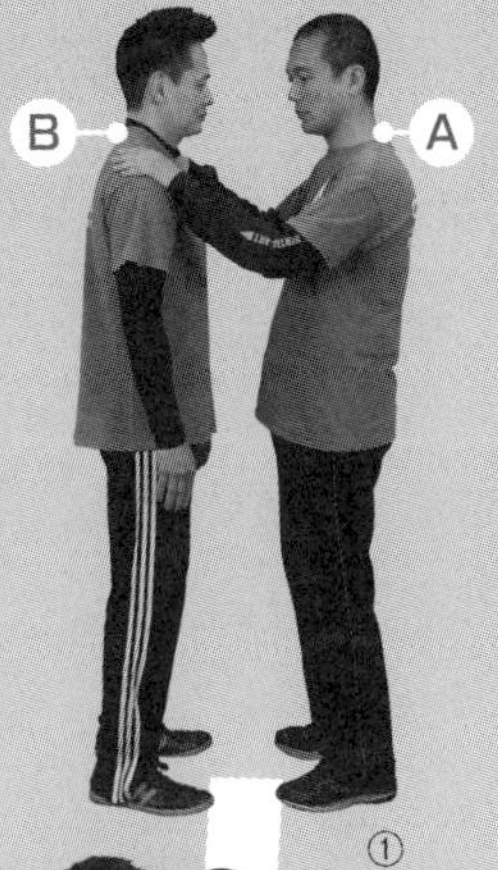

①

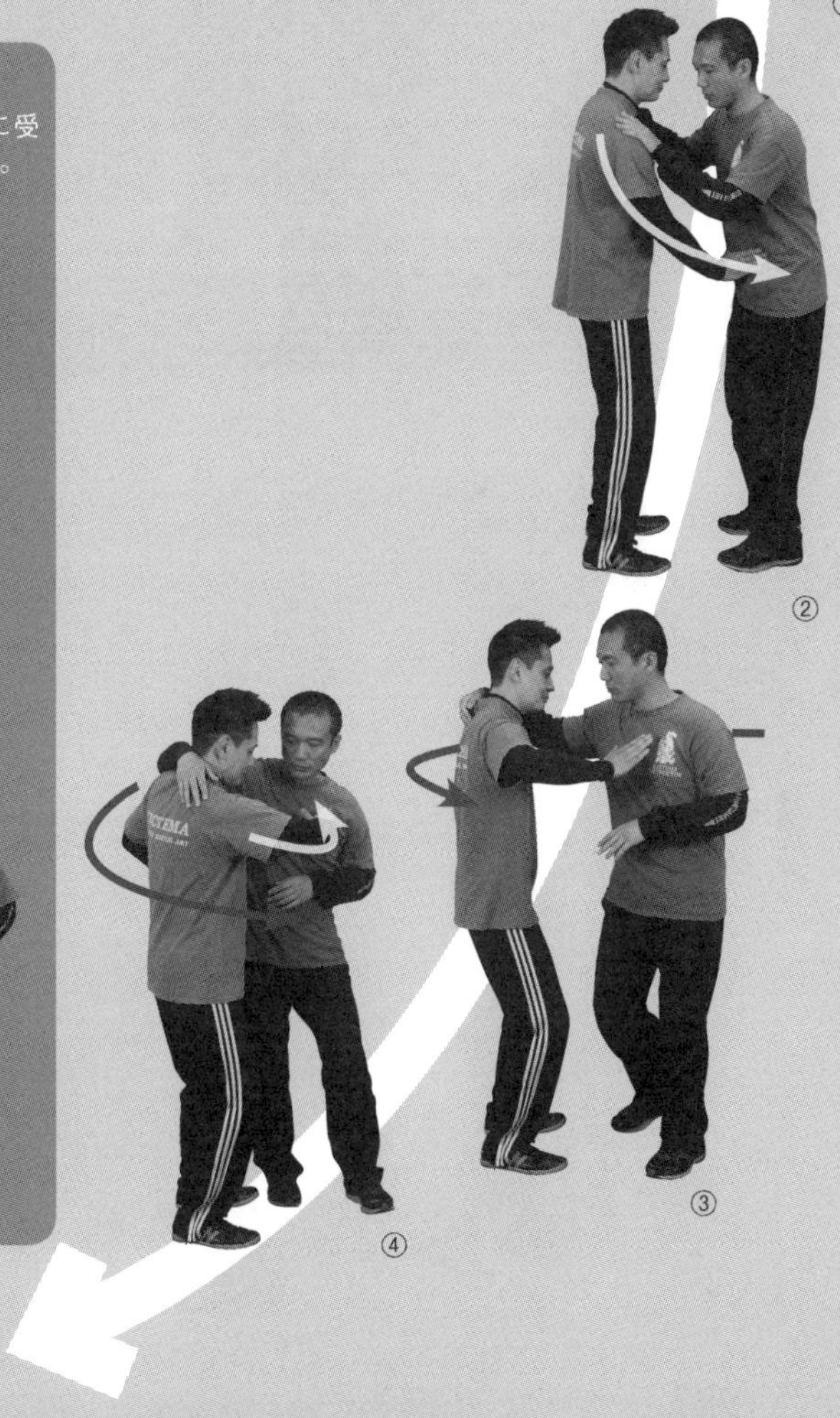

②

③

④

NG

プッシュの力をまともに受けて離されてしまった例。

❶

❷

至近距離での足運び３

前のドリルにプッシュ＆ムーブやグラップ＆エスケープを加えます。相手に妨げられつつも、至近距離で動き続けるトレーニングです。

①前のドリルと同じようにＡはＢの周囲を歩きます。

②〜⑧Ｂが掴みかかり、至近距離でグラップ＆エスケープをします。Ａはやはり力を受け取ったり、かいくぐったりしながらＢに触れ、距離を保ち続けます。慣れてきたらＢはプッシュとグラップをランダムで混ぜるようにします。

第5章

武器に乗る身体

見えない動きと攻撃

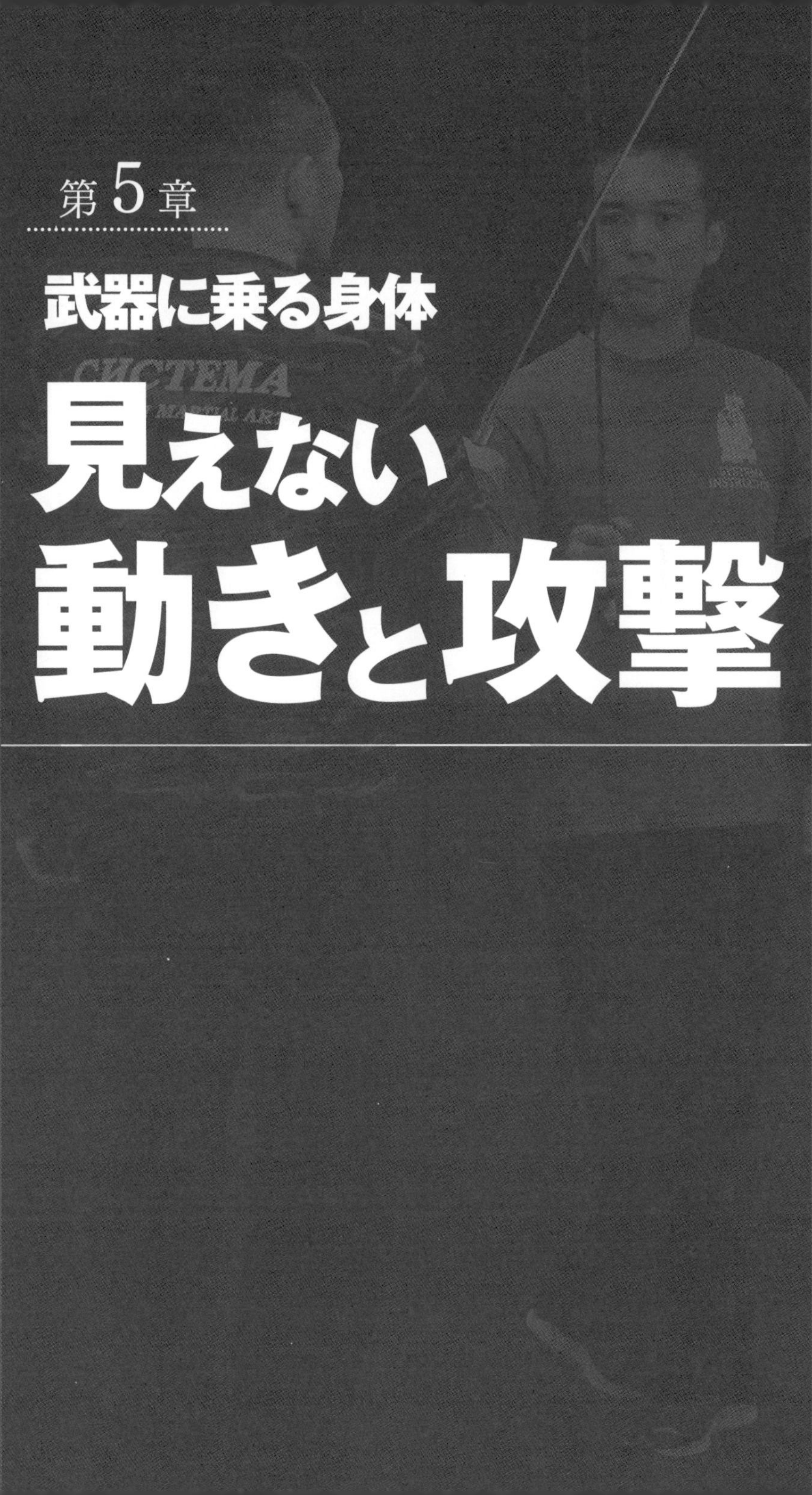

上半身と下半身の連動

ここまでの章で紹介した姿勢や歩き方は、上半身との連動が欠かせません。しかしそれは上半身と下半身を二つに分け、それぞれを同時進行で動かすのではありません。なぜなら全身が一体になっていれば、おのずと上半身と下半身が連動するので、意図的に同時進行させる必要はないのです。ところが、なかなかそううまくはいきません。足腰や肩の力みが、上半身と下半身を分断してしまうからです。

動きの分断の例

ポイント

①手を伸ばそうとして上半身が傾き、肩や背中に力みが生じます。上半身が前へと進もうとしているのを下半身が妨げています。
②上半身が横に行こうとしているのを、下半身が妨げています。
③プッシュした勢いで、上半身が曲がってしまっています。

よくある動きの分断

動きの中でも肩、腰、足が真っ直ぐ上下に並んでいるようにします。

これも上半身がエネルギーを受け止めようとしているのを、下半身が止めてしまっています。その結果、上半身と下半身の境目に負荷が集まっています。

上半身と下半身の分断の多くは、手に下半身の力を伝えようとするあまり、足が下半身が居着いてしまっていることで起きます。システマでは、下半身の力を手に伝えることは基本的にありません。力が発生してから手に届くまでの間に大きなタイムラグが生じるためです。また足を力ませることで居着いてしまうのも、大きな問題です。居着くことで生じる硬直が、致命的なミスになりかねないためです。

このように下半身の強ばりが上半身との断絶を生むケースは多々あります。しかし肩や腰の強ばりほど注目されることはありません。なぜなら肩より腰、腰より足といったように、頭から遠ざかるほど、強張りを自覚しにくくなる傾向があるためです。その傾向は、手を用いることでより顕著になります。手に困難な作業が課されるほど、手に意識が集中し、足への意識がおろそかになってしまうのです。

もしこうしたことを自覚せずにいたらどうでしょう。肩や腰といった自覚しやすい部位の強張りを原因と勘違いし、足腰の硬直を放置したまま、貴重なトレーニング時間を浪費してしまうことにもなります。それではマーシャルアーツのテクニックも、遠からず壁に行き当たってしまうことでしょう。

ここからはよりテクニカルな内容になってきます。しかし全てのベースとなるのは、自由で的確なフットワークです。そのことを心の隅にとどめたうえで本章をお読みいただければと思います。

○末端からのシャドースパー

第2章で紹介した「末端からの動き」を、よりマーシャルアーツらしい動きに発展させます。

ポイント

①バランスのとれたリラックスした立ち方をし、軽く拳を握ります。
②ゆっくりとパンチを打つつもりで拳を出します。拳の移動が腕、背骨、骨盤、足へと伝わるの

素手でのシャドー

ナイフでのシャドー

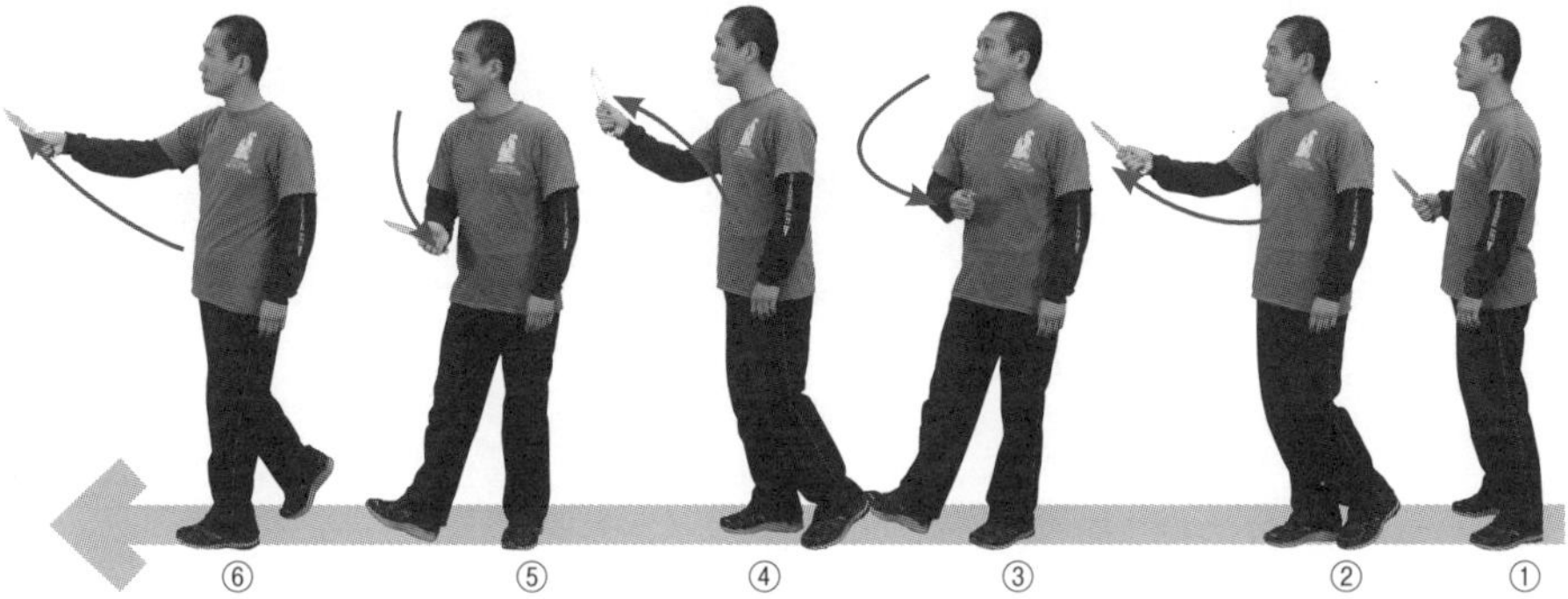

を利用して一歩踏み出します。③反対の手でも同様のことを行います。

一つのアクションごとに一歩歩く、ワンアクション・ワンステップのペースで動くと良いでしょう。④〜⑥これをランダムに繰り返します。キックや肘など別の部位を用いた打撃も組合わせてください。攻撃を意識しただけでも、肩や腰が強張ってしまうことがありますので注意します。

手にナイフやスティック、シャシュカなどを持っても良いでしょう。この場合、拳の代わりに手にした武器の先端が動きを先導します。

日本セミナーで棒を使うミカエル氏。自分の身体が棒に守られているのがよく分かる。

○ディフェンスの原理

「ただ防御のために武器を使っているだけです」

筆者のリクエストで槍の操法を披露してくれた時、ミカエルはそう教えてくれました。ミカエルは防御に徹しているだけ。それにも関わらず、手にした武器は的確に相手の急所へと吸い込まれていきます。その動きは常に攻防一体で、防御がそのまま攻撃となっているのです。これはシャシュカやナイフといった他の武器や、素手の技術であっても全て共通しています。しかしミカエルがどうやってそれを行っているのかが分かりませんでした。そこでこの時に学んだ槍の使い方を、過去に学んだドリルや映像なども用いて、念入りに検証してみたのです。するとある一つのヒ

シャシュカが作る安全圏

現在においてシャシュカが用いられる場面はほとんどありません。しかし、ロシア古武術を源流とするシステマを深く理解する上でとても役に立ちます。

写真はシャシュカを身体の前に置くことで守られる範囲を示しています。

NG の写真は、シャシュカで守られる範囲から、身体が出ているのが分かります。

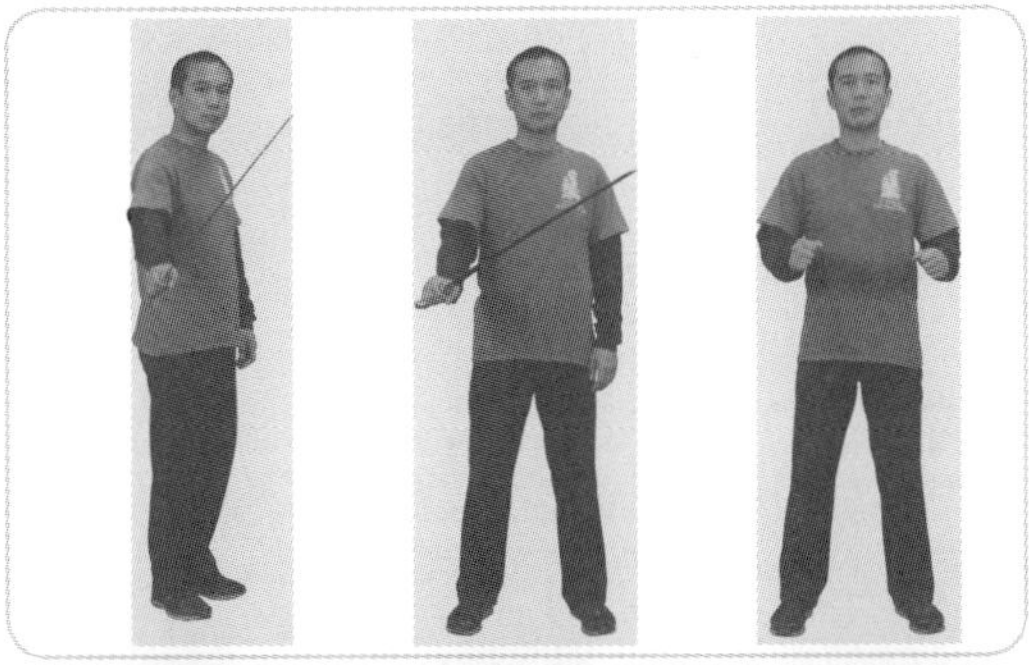

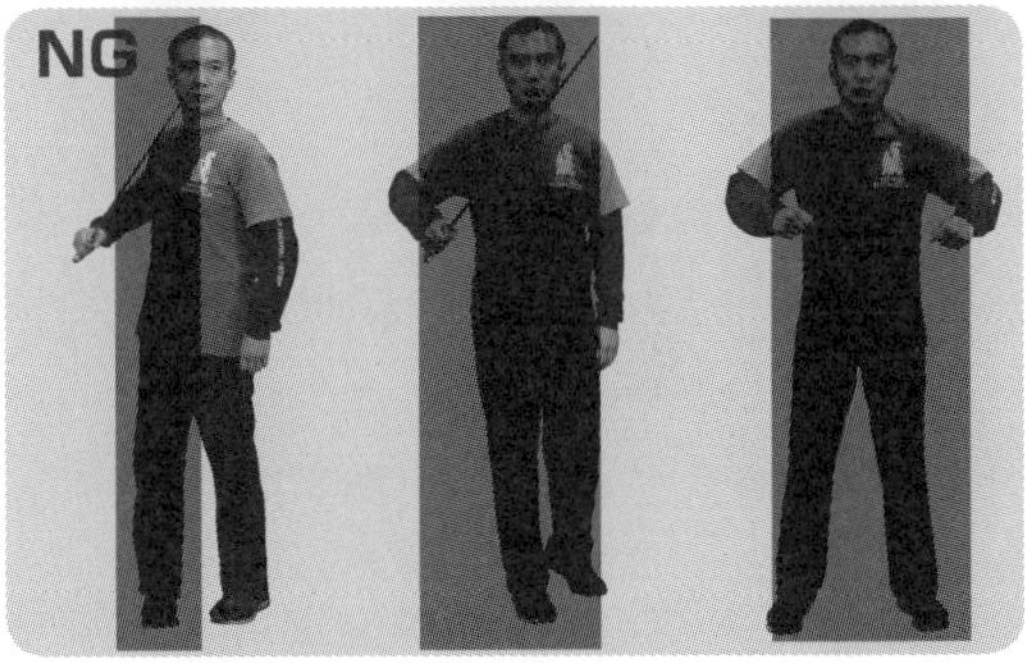

ントが見えてきました。それが武器の位置です。
防具として武器を使うときには「相手の武器と自分の間に、自分の武器がある」ことが原則となります。ごく当たり前のことのように思えますが、この原則を外してしまえば、防御を成立させることはできません。ですからなるべく身体は武器によって守られた範囲に収めるようにします。
もし姿勢が歪めば、武器によって作られた安全圏からはみ出してしまうでしょう。こうしたことに注意しつつ、自分の武器を相手と自分の間に置きさえすれば、多少稚拙な技術で、頼りない取るに足らない武器であっても、それなりの防御をすることができます。なぜなら武器がその位置にあるだけで遮蔽物としての役割を果たすからです。足を置く位置と同様、手もまたその置かれる位置が大きな影響力を持つのです。

○武器の距離感

武器を防具として使う場合、武器をなるべく自分の身体に近づけておくのが原則となります。そのためには武器を身体に密着させたまま自由に扱えるようにします。拳、ナイフ、シャシュカ、スティックなどあらゆる武器で行っておくと良いでしょう。

ポイント

①手を身体に沿わせるワーク
②ナイフを身体に沿わせるワーク
③シャシュカを身体に沿わせるワーク

リーチを稼ごうと手を伸ばしきるのは、あまり得策ではありません。武器が防具としての役割を果たさなくなるばかりか、手を切られたり、武器を奪われたりする恐れがあるためです。ただ明らかにこちらの武器がリーチで勝る場合や、相手を遠ざけたい場合などの例外もあります。

筆者が位置取りについて手がかりを求めて試行錯誤していた頃、一番のヒントになったのはミカエルのデモンストレーションを背後から肩越しに見せてもらったことでした。ミカエルが相手に対してどのように位置を取り、武器を扱っているのかを、ミカエルのそれに近い視点から知ることができたからです。セミナーなどに参加した際はぜひ試してみてください。

手を身体に沿わせるワーク

手で身体のあらゆる部位を撫でるようにします。滑るように、転がるように、自然に動くようにします。

④　③　②　①

ナイフを身体に沿わせるワーク

ナイフで身体を撫でます。金属に対する恐怖心をなくすとともに、ナイフを防衛に用いる練習になります。ナイフは刃先が自分の身体に引っかからないように動かします。こうしたワークを繰り返すことで、武器に対する親和性も上がり、より安全に武器を使うことができます。

②　①

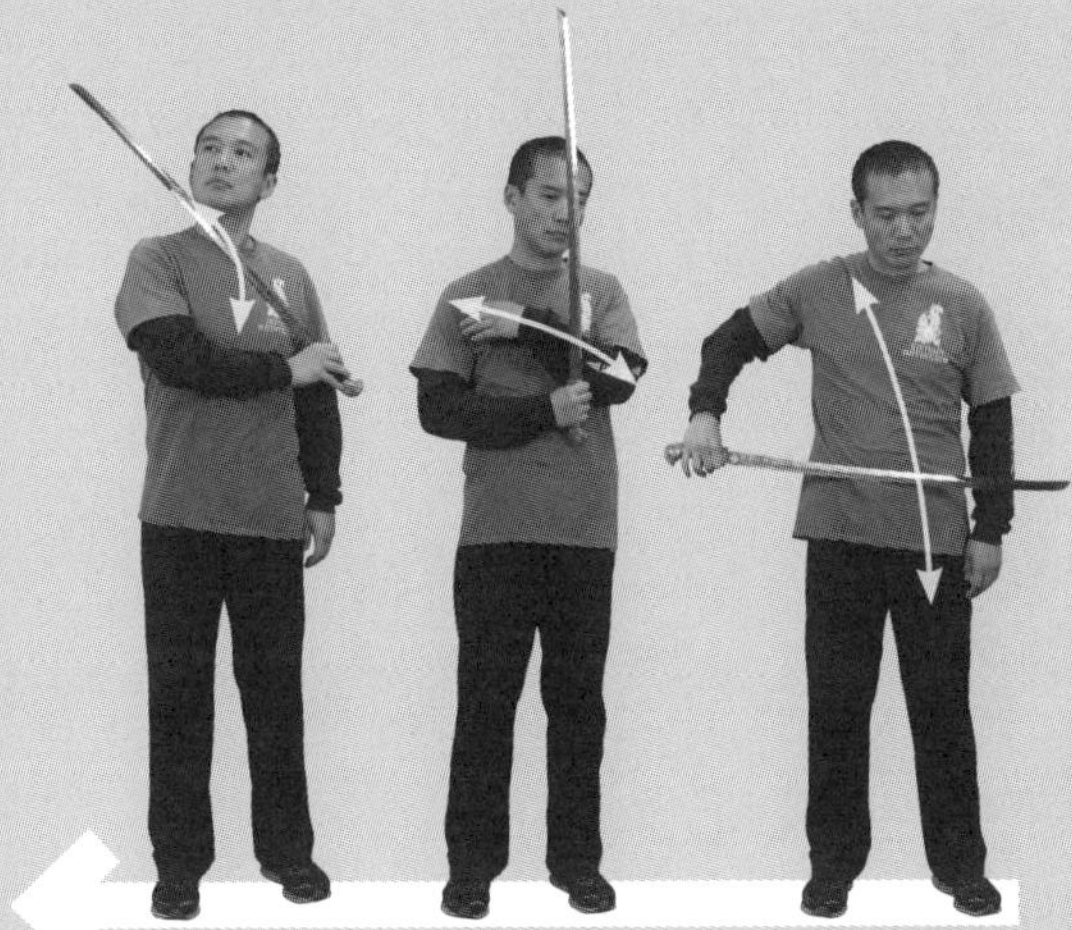

③　②　①

シャシュカを身体に沿わせるワーク

シャシュカで全身を撫でます。長い刀身を持てあまさずに、コンパクトに使う練習にもなります。

○ディフェンスの例

身体に手や武器を沿わせる動きを、対人で行います。

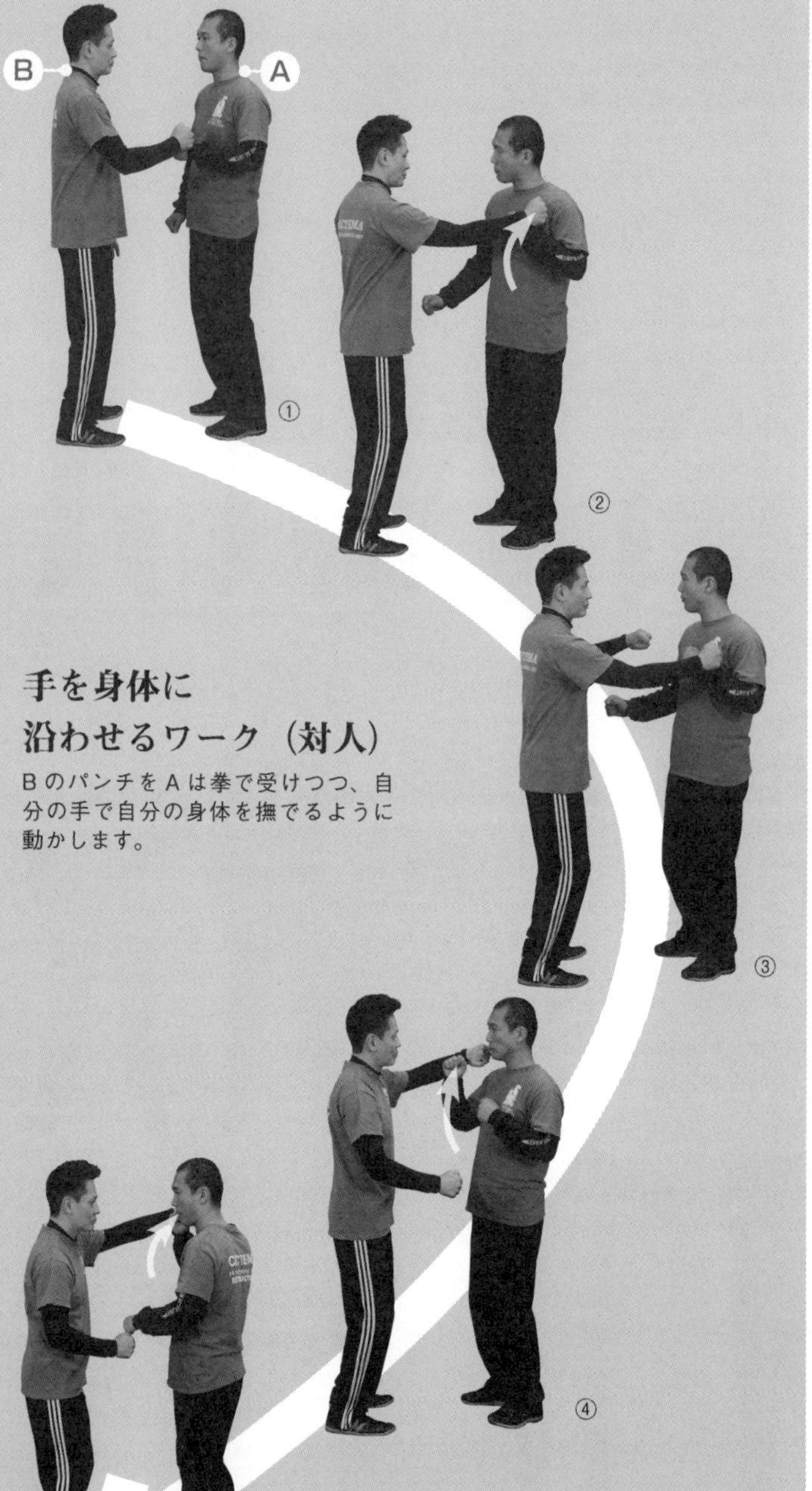

手を身体に沿わせるワーク（対人）

Bのパンチを A は拳で受けつつ、自分の手で自分の身体を撫でるように動かします。

ナイフを身体に沿わせるワーク（対人）

ナイフを持つ手を防ぎます。Ａは手の甲をＢの手にそえつつ自分の身体に沿わせます。

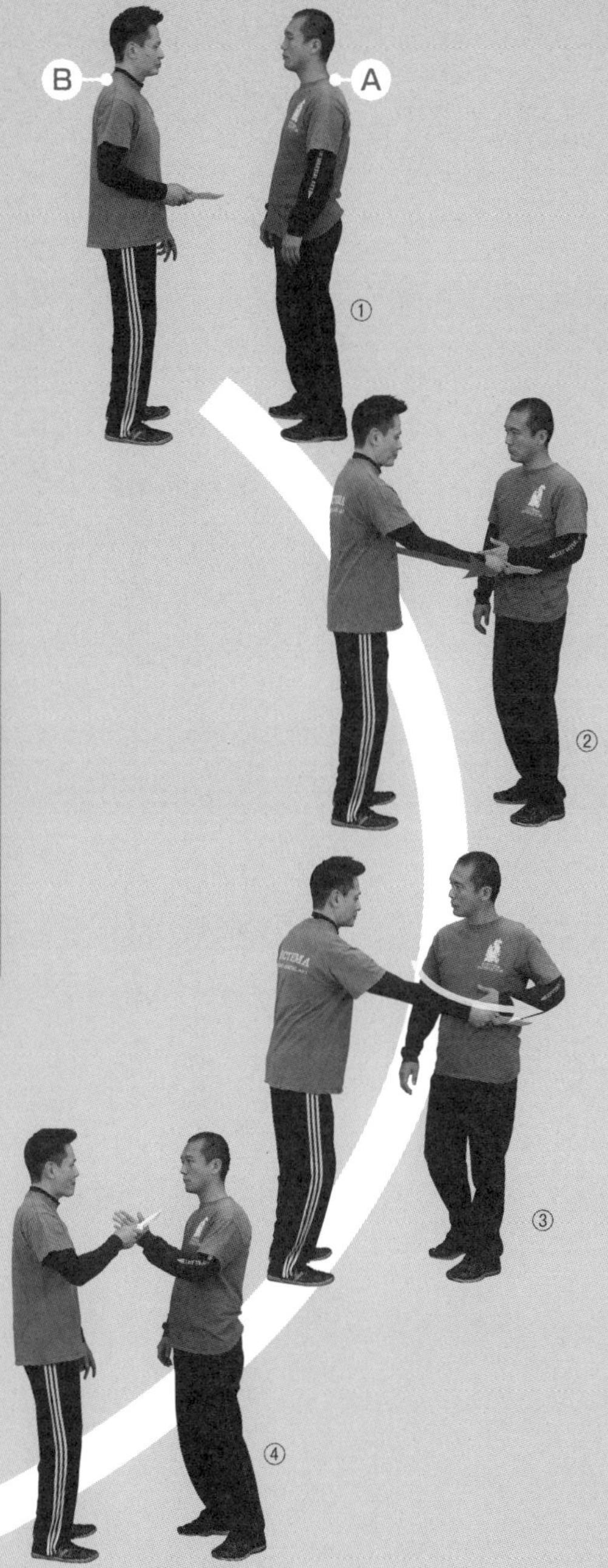

NG

Ａは自分の身体から手を離しすぎないように注意しましょう。

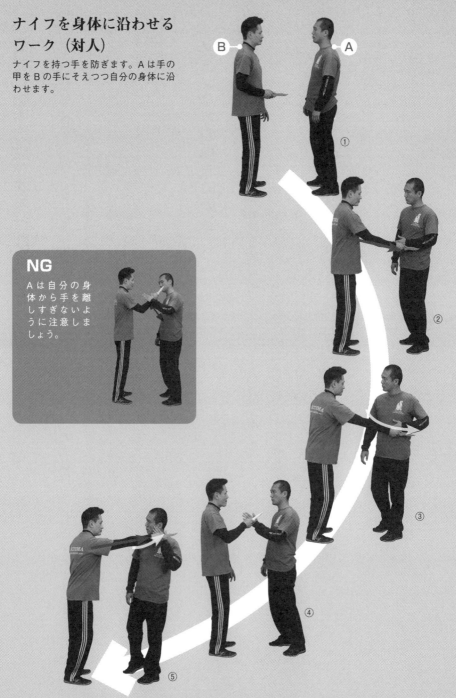

○武器で相手の動きを受け取る

相手の武器と自分の間に自分の武器を置けば、相手の武器は自分の武器に遮られます。その際、相手の武器を払い落とすのは禁物です。ただ軽く触れ、相手からの動きに全身を委ねるようにします。武器に伝えられた相手の運動が、武器を経由して手、腕、肩、背骨、腰、足へと順に伝わるのを感じ、乗っていくのです。プッシュ&ムーブの接触面が身体から武器に置き換わったと思えば良いでしょう。

○シャシュカの動きに乗る

武器を扱うには、まず自分の身体と武器を一体化させる必要があります。ここではその感覚をつかみやすいようにシャシュカを用います。ある程度の重量と長さが一体化の助けとなるからです。ただシャシュカは入手が難しいので、木刀や手頃な棒、長めの定規などで代用すると良いでしょう。

第2章にも同様のドリルを紹介しましたが、ここでは重さに乗って前に進むだけではなく、より細密にシャシュカの重さを感じて前後左右に動きます。

シャシュカで動く

①シャシュカを立てて持ちます。前後左右に偏りのない、手に最も負担のかからない持ち方をします。
②シャシュカをわずかに傾けます。バランスが崩れてシャシュカが倒れようとする動きに全身が連動して動きます。シャシュカの先端から刀身、腕、背骨を通じて足まで力が伝わるのを感じるようにしてください。
③シャシュカを後ろに傾けると、その動きを感じて後ろへ歩きます。
④～⑥方向転換する際は、シャシュカの方向を変えます。

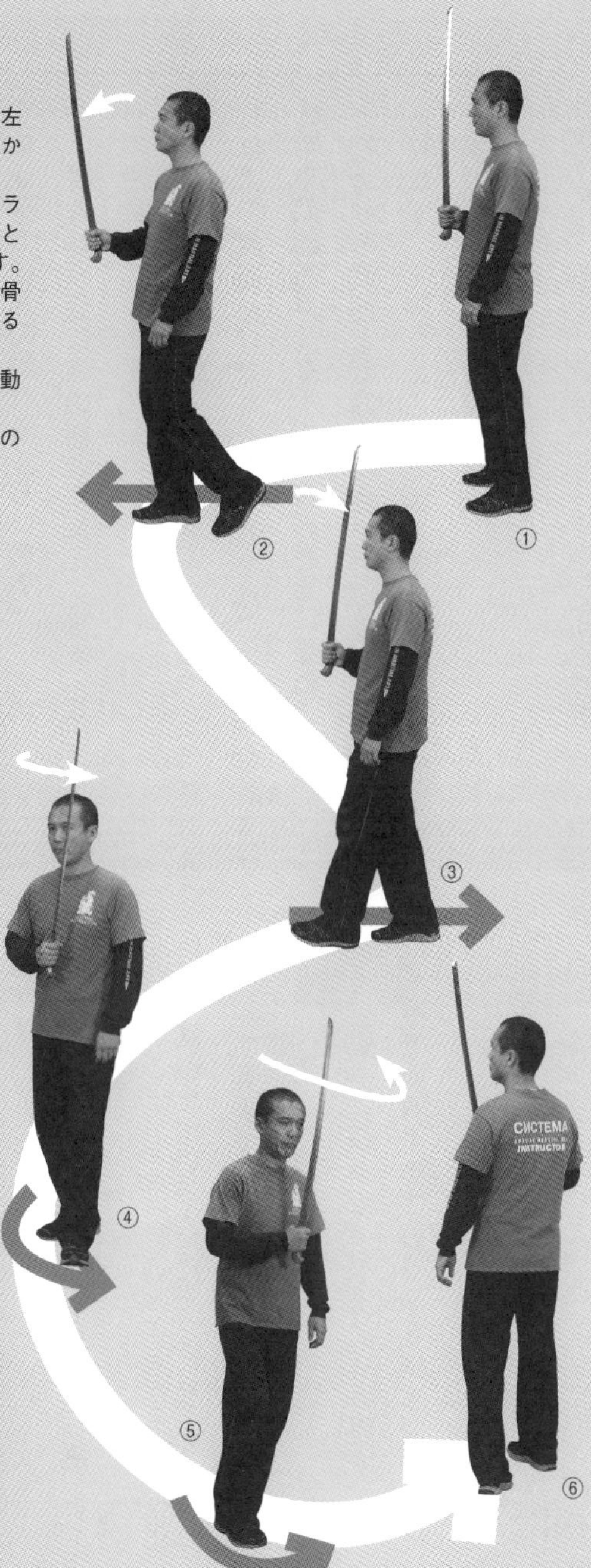

NG

❶シャシュカが傾きすぎてしまっています。これはバランスの崩れがかなり大きくなるまで、身体でブレーキをかけてしまっていることを意味します。バランスの崩れは目に見えないほどのわずかな傾きでも起きています。その変化に乗れるようになると良いでしょう。
❷姿勢が崩れてしまっています。これは上半身の移動に、下半身がついていっていない場合に起こります。バランスの崩れが自覚できない場合は、足裏に意識を向けると良いでしょう。バランスが崩れる方向に体重が強くかかっているのが感じられるはずです。

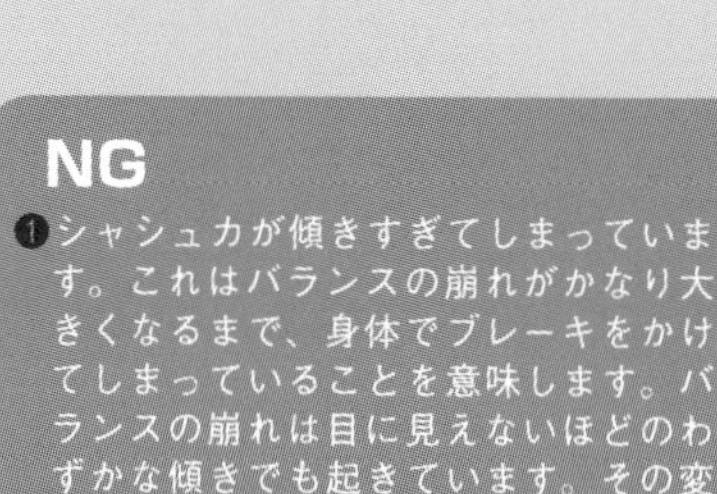

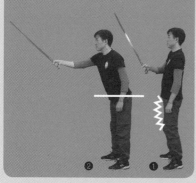

○武器を通じて動きに乗る

武器と一体になる感覚を確かめたら、次は対人ワークです。まずは武器を通じて他者からの動きを受け取る練習から始めましょう。

ポイント

①Aはシャシュカを立てて立ちます。

②Bは手でほんの触れるくらいの力で、Aのシャシュカを傾けます。

③～⑥Aはバランスの崩れに乗って歩きます。Bの手を押し返したり、抵抗したりしないよう細心の注意を払います。

⑦Aがスムーズに動きに乗れるようになったら、Bも武器を持ち、武器を用いてAに働きかけます。BはAの武器だけでなく、武器を通じてAの全身をコントロールするようにしましょう。AもBの手や武器だけでなく、全身の動きに乗るようにします。

初めから武器と武器で打ちあわせると心理的な緊張感が高く、動きに乗れなくなることが多々あります。そのためここではまずワンクッションおくために、手で接触するプロセスを挟んでいます。

同様のドリルはシャシュカ以外でも可能です。

シャシュカを通じて動きに乗る

Ａはシャシュカを通じて伝わるＢの動きに乗ります。武器に対する恐怖心から自分の剣を相手に押しつけてしまわないように注意します。

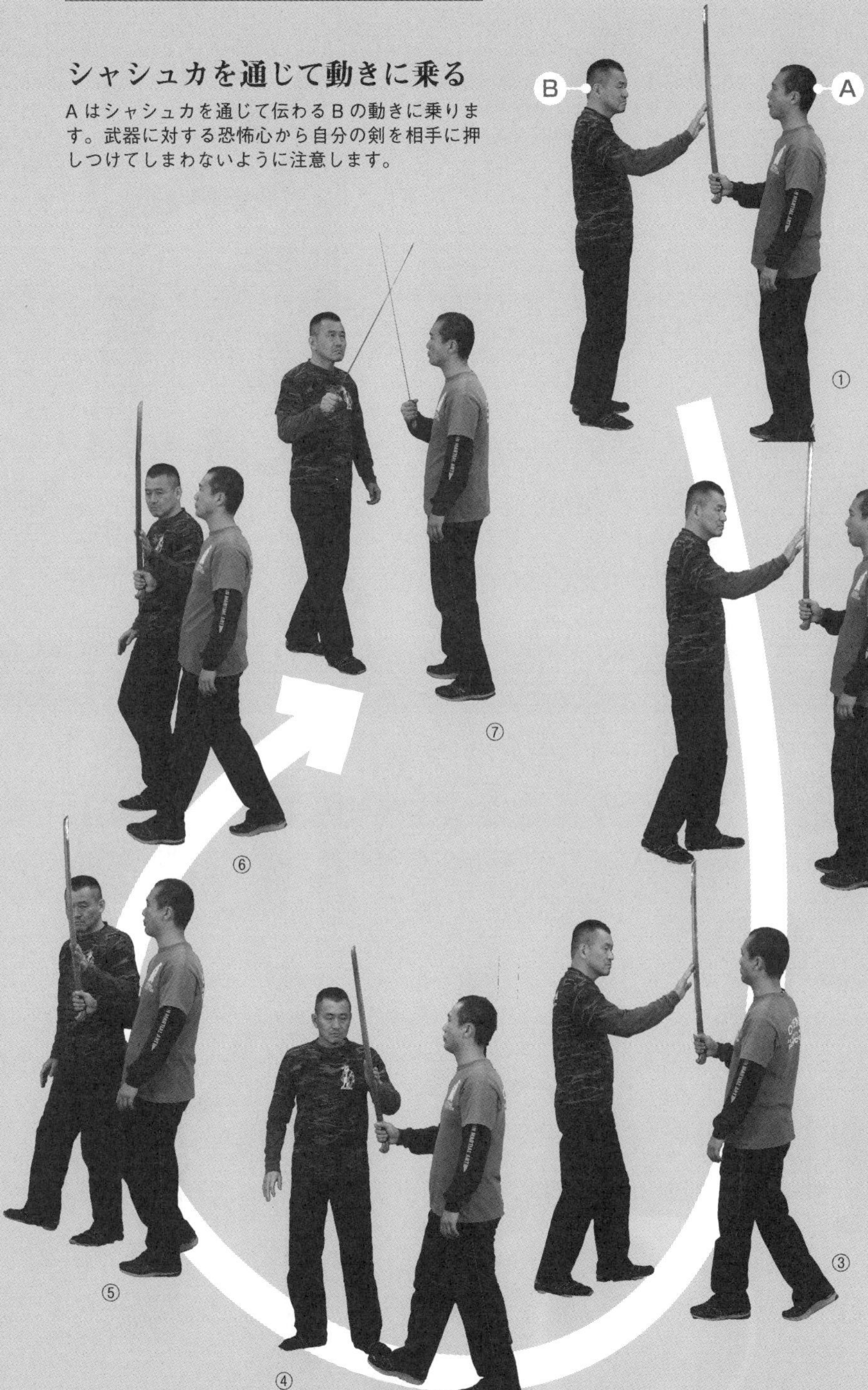

前腕を通じて動きに乗る

シャシュカの代わりに前腕を用いれば、素手での練習になります。手をなるべく動かさずに全身で動きに乗ります。

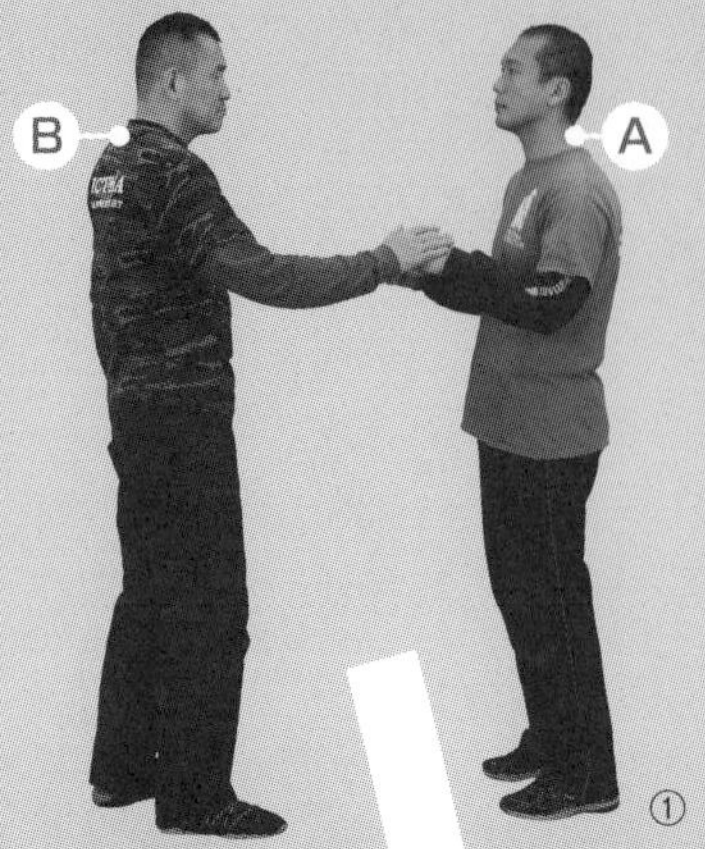

ナイフを通じて動きに乗る

ナイフでも同様の練習ができます。身体とナイフの位置関係が変わらないように注意して行います。

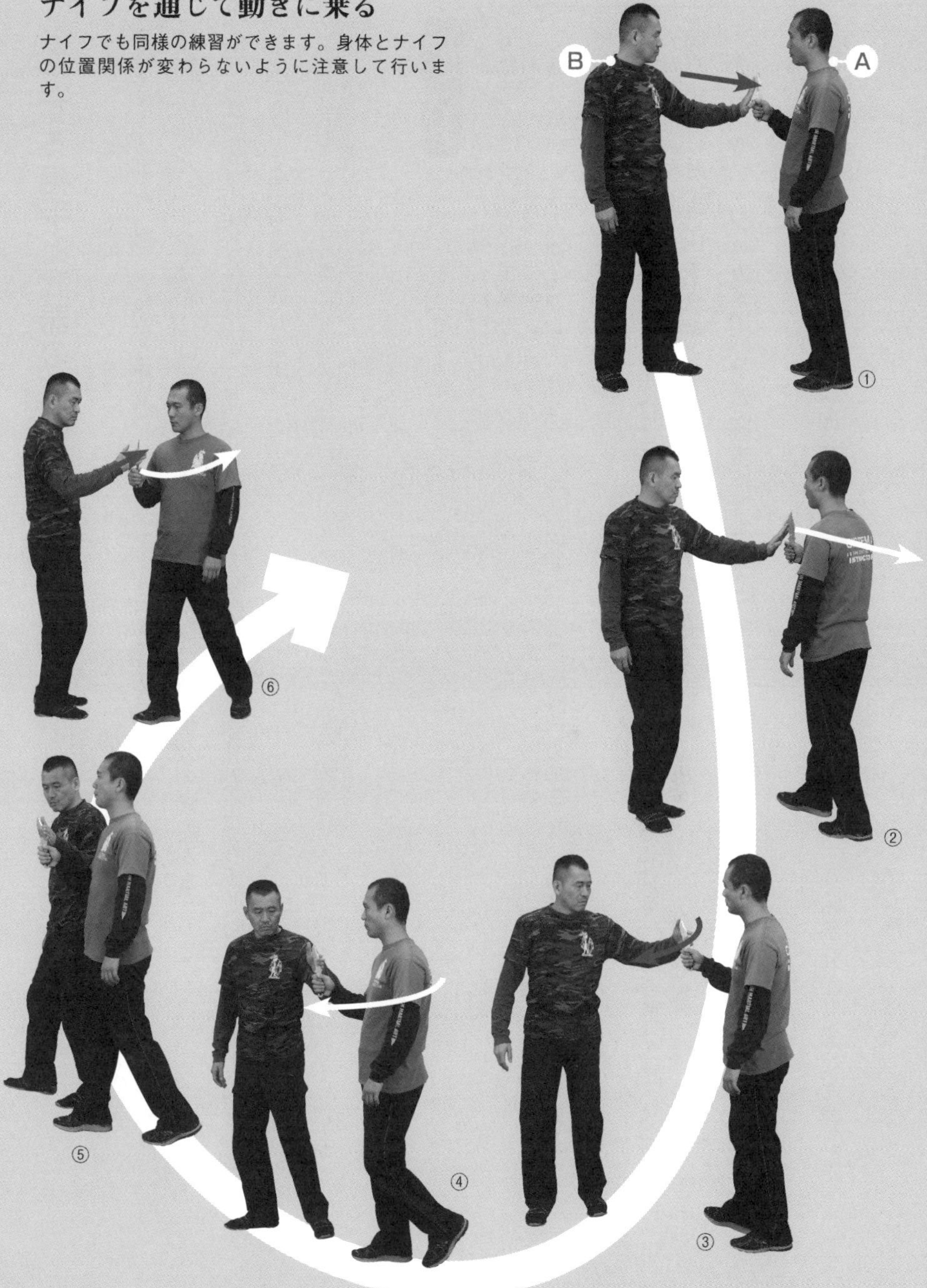

○接近する相手と武器の位置関係

武器や手を通じて動きに乗る感覚を掴んだら、下げた手を持ち上げる練習に移ります。

武器を防具として使う際には「相手の武器と自分の間に、自分の武器を置く」ことになります。ですから武器を手にした相手が攻撃を仕掛けてくる際は、安全な位置に移動しつつ、相手と自分の間に自分の手や武器を配置します。

この時、肩を緊張させたり背骨を曲げたりすることなく、自分の身体のすぐ近くに置くようにします。

ポイント

①BはAに歩いて近づきます。

②Aは歩いてBの進路から外れつつ、左右いずれかBに近い方の手を、身体に沿わせるように上げます。

③～⑥BはAがいた地点を3歩ほど通過したら進路を変えて、再びAに向かって歩きます。Aは同じようにBに近い手を上げながら進路から外れます。

ナイフやシャシュカを用いても同様にできます。

2007年、このワークをモスクワでミカエルから習ったときは正直、意味が分かりませんでし

接近する相手と自分の間に手を置く

すれ違いざまに、片手を上げます。肩や背骨がつられて動かないように注意します。

接近する相手と自分の間に
ナイフを置く

下げたナイフを持ち上げます。ただ上げるだけの動きにとどめてください。

接近する相手と自分の間にシャシュカを置く

シャシュカのようにある程度重量のある武器は、持ち上げる際に予備動作が生じがちですので気をつけましょう。

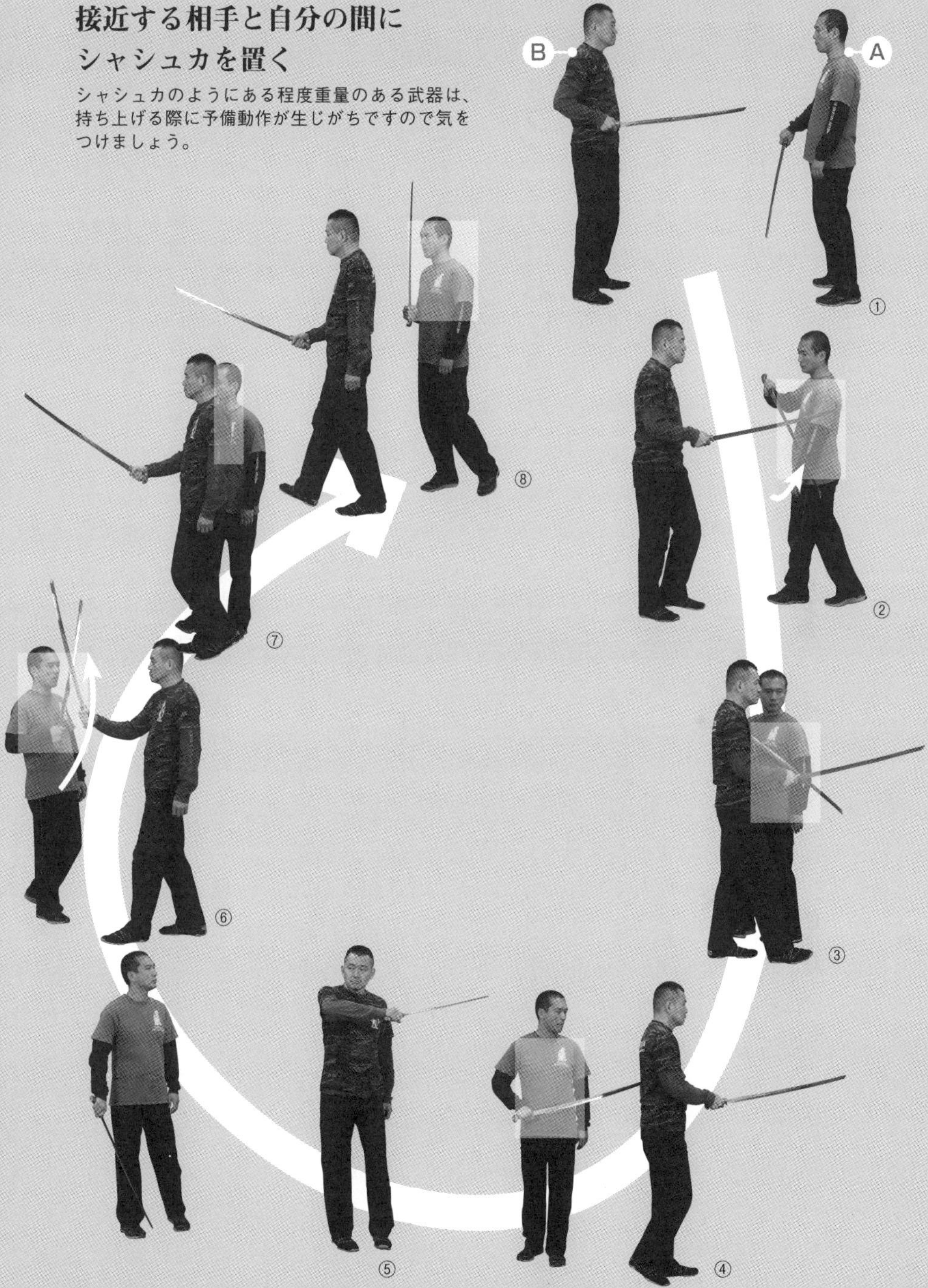

た。アタッカーを迎え撃つような動作がありそうなものなのに、なぜただすれ違いざまに手を上げるだけのシンプルな練習をするのだろうと疑問に感じたのです。その時は、「肩をリラックスさせたまま手を上げる練習」という説明だったのですが、とりあえず普段のクラスで行っているうちに、ずいぶんと攻撃がしやすくなりました。それがなぜなのか、戦術的な意味で理解できるようになったのはずいぶん時間が経ってからのことです。

このようにミカエルの教えは、まず何か動きが変わってから、後追いで理由を理解できることが多々あります。つまりある程度それらしきことができるようになってから、意味が分かるのです。〝まず理解してから、できるようになる〟という一般的なトレーニングと正反対で、成長のパターンは一つでないことを思い知らされます。

○ディフェンスにおけるミス

ディフェンスにおいてしばしば犯されるミスは、相手の武器を払い落としてしまうことです。なぜならそのはずみに「相手の武器と自分の間に、自分の武器を置く」という原則が崩れ、自ら攻撃を招き入れることになってしまうためです。特に武器を用いたワークでの怪我は、このミスが原因となっている場合がほとんどです。オウンゴールのようなものですが、発生頻度はかなり高いので、トレーニングには注意が必要です。同様のミスは、身体を固定したまま手でこねくり回すような防御をしてしまうことでも生じます。

相手の攻撃を払いのけてしまうのは非常に危険でありながら、かなりありがちなミスです。技術向上はもとより安全なトレーニングのためにも早めに克服しておきたいものです。

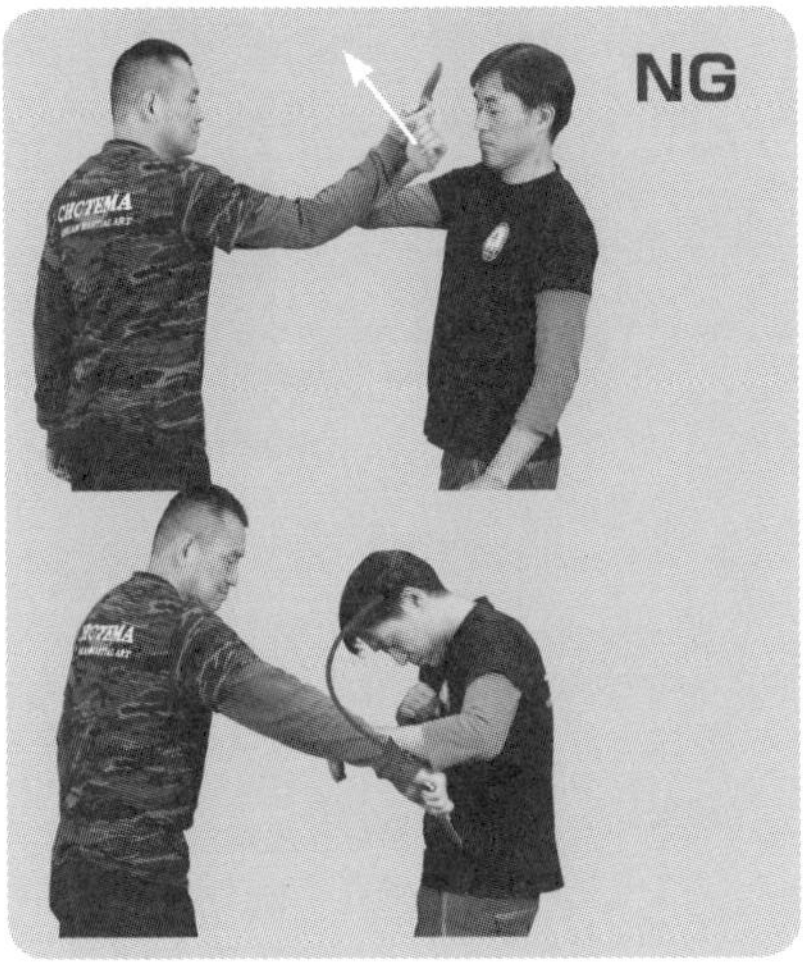

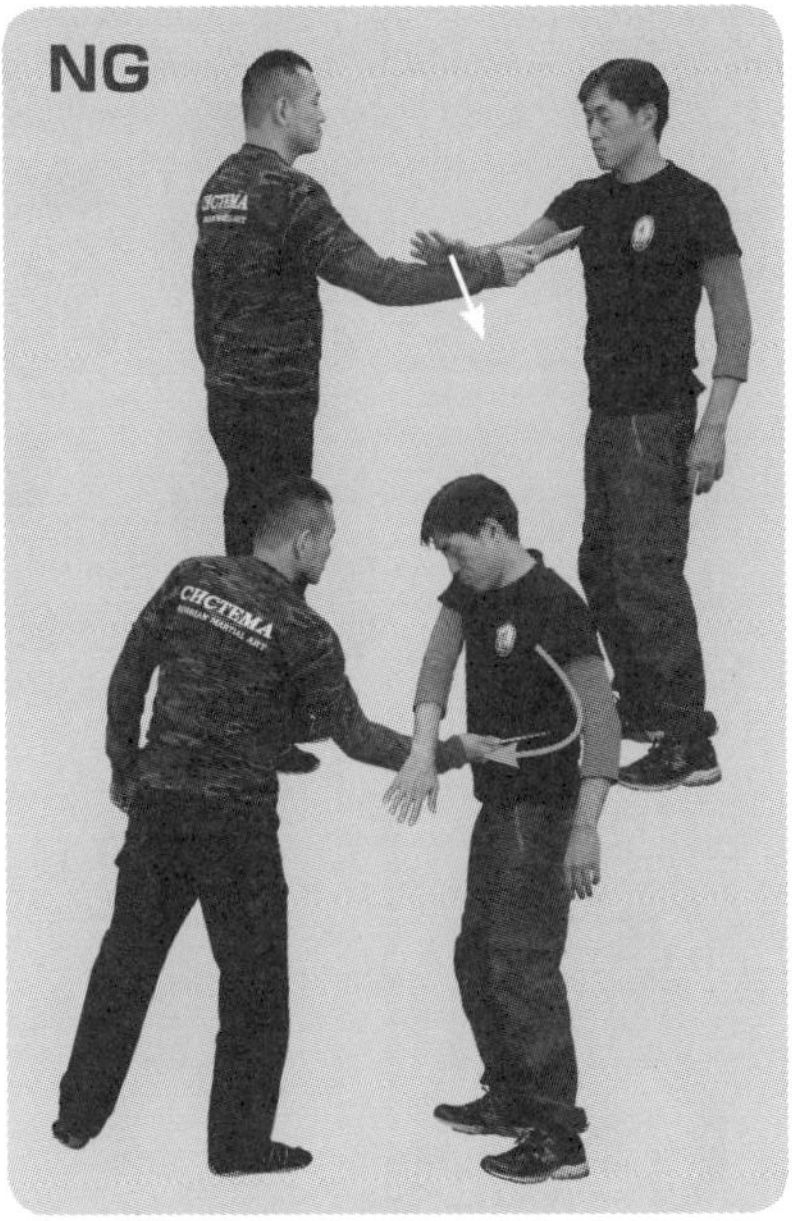

もし武器から身体まで連動していれば全身が均一に動きます。そうではなく手だけが目立って動くのは多くの場合、体幹から足腰にかけてが硬直し、動かずにいます。これもやはり自分自身が怪我をする原因となるので、注意します。

しかし、ただ力を抜けばよいわけでもありません。ディフェンスに用いる手がただふにゃふにゃに脱力しているだけでも、防具として役立たなくなってしまいます。

ここでもやはり鍵を握るのは位置関係です。引くことも押し返すこともなく、ただ必要な位置に手を置いておくだけにします。すると腕が持つ構造的な強度が発揮され、相手の攻撃を阻止しつつ動きに乗ることのできる防具としての機能を得ることができるようになります。

②

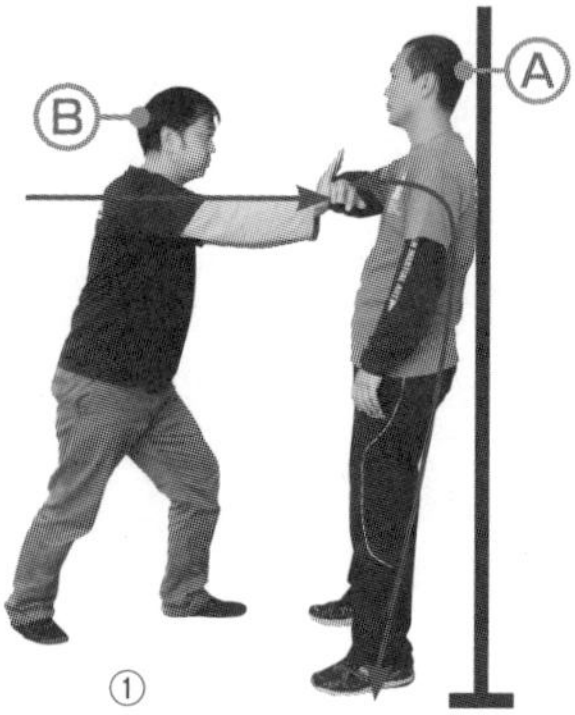

①

④

③

腕の構造の確認方法です。①Aは背中を壁に預け、腕をBに押させます。②Bは十分力を加えたら唐突に手を離します。Aの姿勢が変わらなければ構造で腕を支えていることが分かります。③逆に力で対抗している場合は、④身体は前に飛び出します。

これができているかどうかは、壁に背を預けて手に力を加えてみることで判断することができます。筋力で押し返している場合は、急に手を離したときに手が肩透かしをくうように動いてしまうのに対し、腕の構造で支えられていればそうなることはありません。

○攻撃（オフェンス）の原理

「（シャシュカには）特に決まった構えはありません。ただ一つ言えることは、自分がその後で攻撃しやすいようにシャシュカを持つのが良いのではないでしょうか。その場合、もちろん相手に向けておいた方が良いでしょう。例えば狩りに出かければ銃口を獲物に向けますよね？　それと一緒です」

ミカエル・リャブコ

棒を持つ著者を木刀で制するミカエル。ミカエルと木刀が完璧な位置関係にあることが分かります。

「相手の武器と自分の間に、自分の武器が置いてある」のがディフェンスの原理です。しかしこれだけで防御がそのまま攻撃になるわけではありません。武器の攻撃力を発揮するための原則として、ミカエルは「相手に向ける」ことを挙げています。

どれだけ武器が防具として正しい位置にあったとしても、万が一あさっての方向を向いていたら、攻撃手段としては役に立ちません。しかし相手に向けることで武器が武器としての力を持つことになります。直接当てない場合でも、向けたり向けなかったりすることで相手に対する心理的なプレッシャーを調節することができます。こうしたことを踏まえておくと、うっかり相手に武器を向けて、刺激したり傷つけてしまったりといったことを防ぐことができます。

NGの手の位置でも防御することはできます。しかし拳の方向をしっかり相手に向けることで、自分の攻撃の伏線とすることができます。
同じことは武器を持っても言えます。

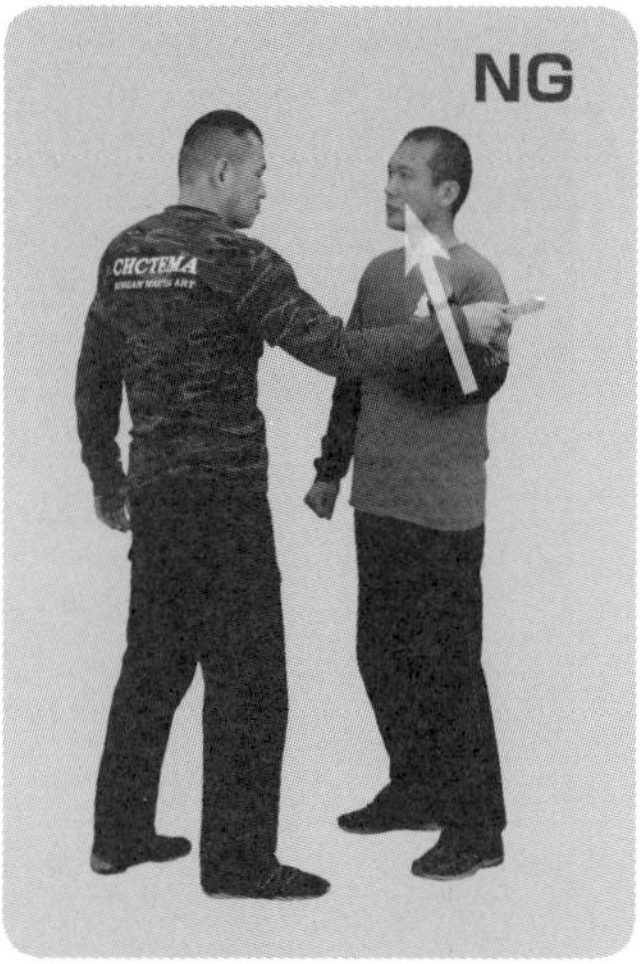

この原則とディフェンスの原理を組み合わせられると、「自分の武器は常に相手の武器と自分の間にあり、同時に相手に向けられている」という攻防一体の原則を見出すこともできます。

当然、二つを同時に満たすことができない場面も多々ありますが、その場合はまずシステマの「サバイブ」のコンセプトに則ってディフェンスを優先します。まずは安全を確保したうえで相手の動きに乗り、武器を相手に向けるようにします。

それと同時に「相手を自分の攻撃範囲に入れる」という足のポジショニングを満たします。すると攻撃のアクションを行うまでもなく、必然的に自分の攻撃が相手に当たっているという結果が起こります。

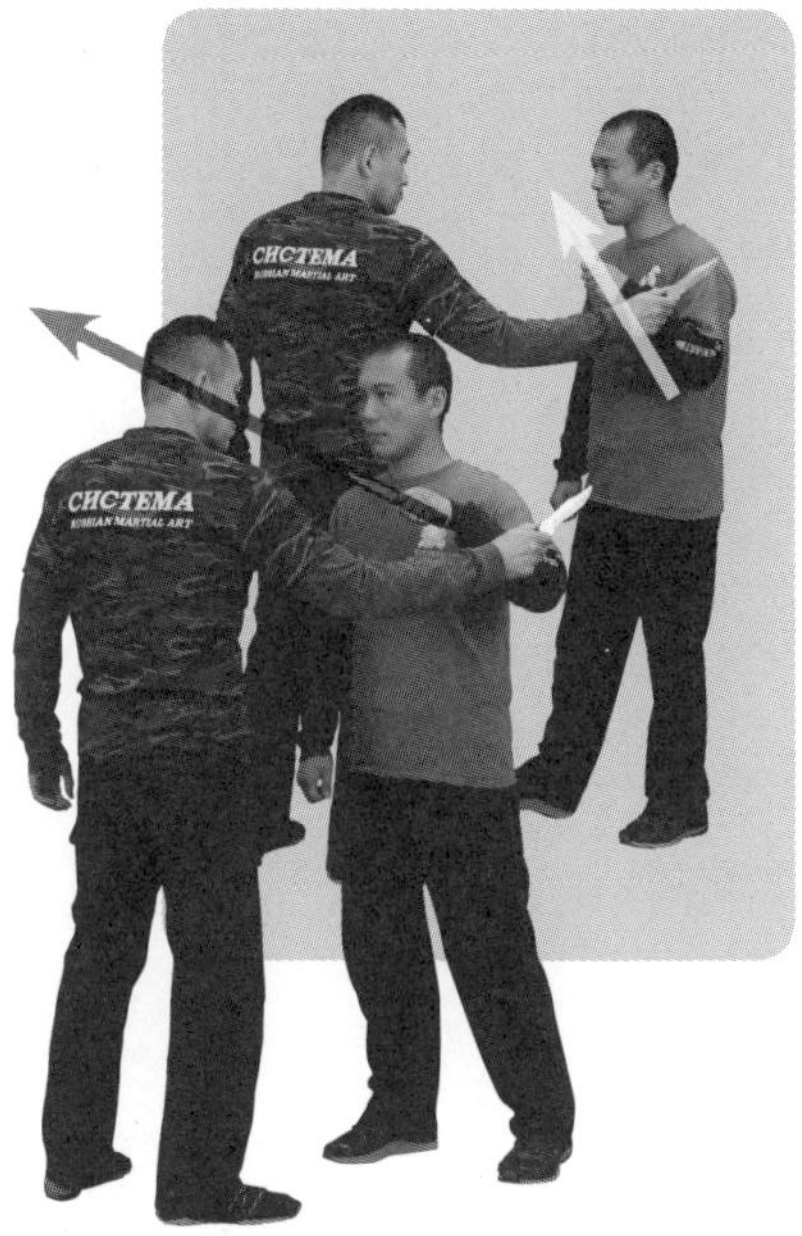

ポイント

・腕での位置取り　拳やナイフなど短い武器を扱うときは、前腕、肘、上腕も活用します。
・シャシュカの位置取り。
・ナイフでの位置取り　腕で相手の攻撃を防ぎつつ、ナイフを相手に向けています。刃物の場合は相手の手や腕も攻撃対象に含めます。

特にこの原則が重視されるのがピストルなど銃器類です。正規の射撃訓練では、たとえゴム銃であっても人に向けることが禁じられます。それは銃口を向けること自体がすでに攻撃の一部となっているからです。〝ゴム銃だったら良いだろう〟という油断が、実弾が装填された拳銃での事故に直結してしまうこともあるのでしょう。この銃口管理（レーザールール）がどれだけ守られているかどうかで、その兵士や軍の練度が分かると、射撃をよく知る人は口を揃えて言います。訓練の施された兵士はこれを厳密に守り、そうでない人は銃口の延長線上に人が入ることに無頓着なのです。

トロント本部のシニアインストラクター、マックス・フランツにプライベートレッスンで銃の扱いを学んだ時のことです。マックスはロシア軍の黒海艦隊でスナイパーを務めていた経験から、こう教えてくれました。

「射撃の練習は9割以上、正確にターゲットに銃を向ける動きの練習だ。実弾射撃の訓練は実弾を撃つ恐怖心を克服できさえすればそれ以上、必要ない」

システマのトレーニングでは仮想の銃をターゲットに向ける練習を行います。これに熟達すると手がターゲットと一本の糸でつながっているような感覚が得られ、特に意識しなくても手が自然に相手のほうを向くようになります。ダミーの銃がない場合は、人差し指で指したり、ナイフで代用しても良いでしょう。

実際に射撃する機会など一般市民には無縁です。しかしこのワークは距離を置いた相手に意識をつなぎ続けるための良いトレーニングになります。物理的な接触のない状態での関係性を学ぶノンコンタクトワークにも密接に関わってきますので、ぜひ行ってみてください。

ターゲットに向ける練習（単独）

①ピストルを手に持ちます。ない場合は人差し指を立てるだけでも構いません。壁のスイッチや窓枠の角など、どこか一点をターゲットとして設定し、そこに狙いを定めます。
②狙いを外すことなく歩き回ります。自由に歩きつつ、狙いはずっと維持します。
③〜⑦座ったり、寝転んだり、ローリングをしたりと様々な動きをします。その間も狙いは決して外さず、外れてもすぐに狙い直します。

ターゲットに向ける練習（対人）1

ターゲットを人にして行います。
①〜④グラウンドの状態でパートナーに狙いをつけたまま立ち上がります。
⑤〜⑧ランダムに歩き回るパートナーに狙いをつけ続けます。

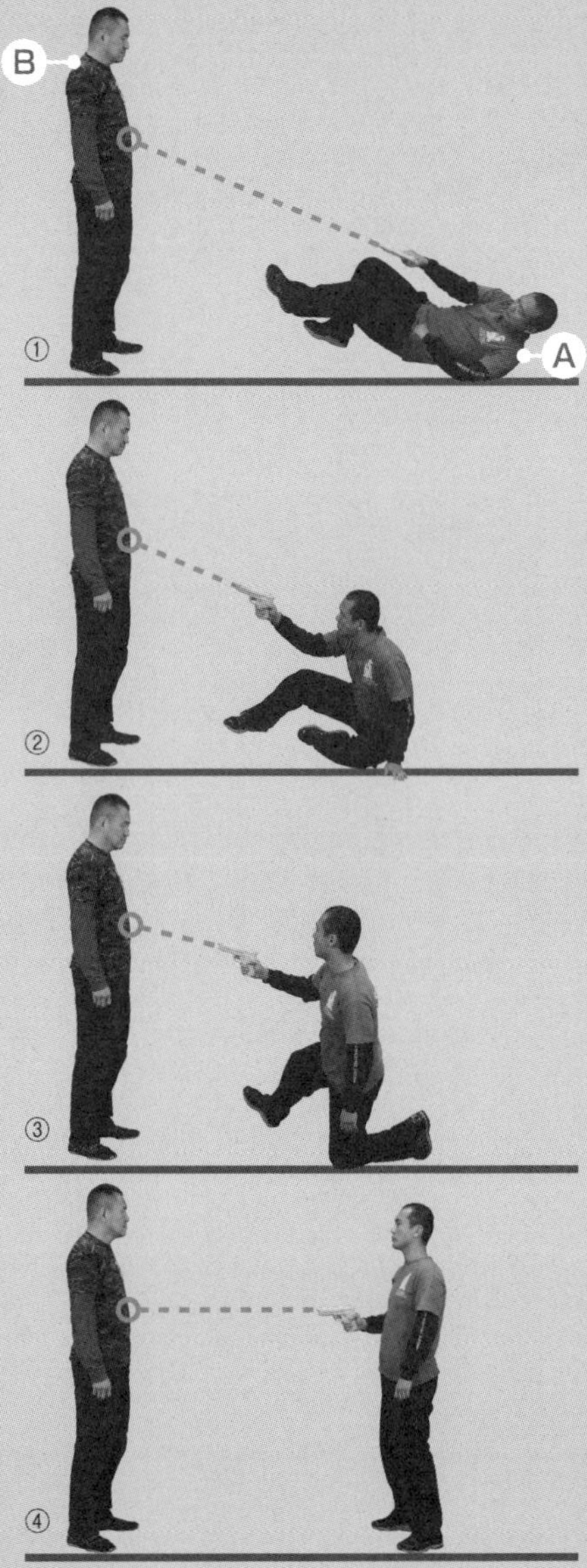

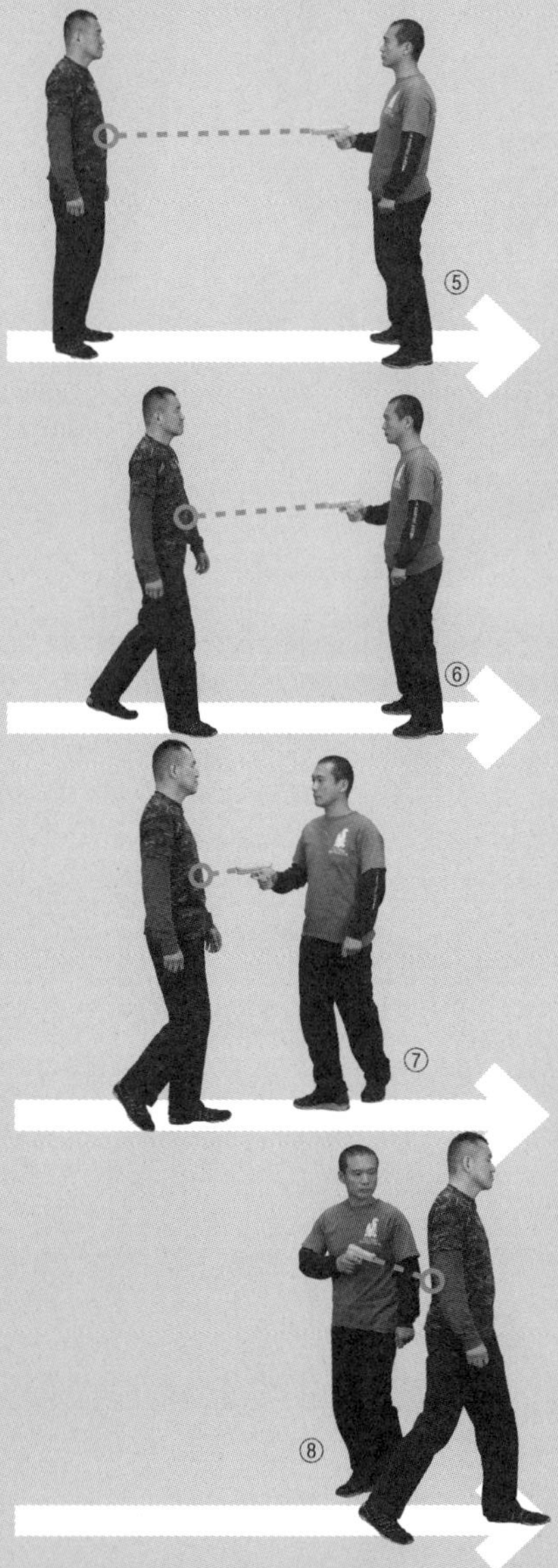

ターゲットに
向ける練習（対人）２

①～④Ｂに狙いをつけるＡをＣがプッシュで妨害します。Ａはプッシュ＆ムーブの要領でリラックスを保ち、狙い続けます。
⑤～⑦プッシュをストライクに変えて同じことを行います。

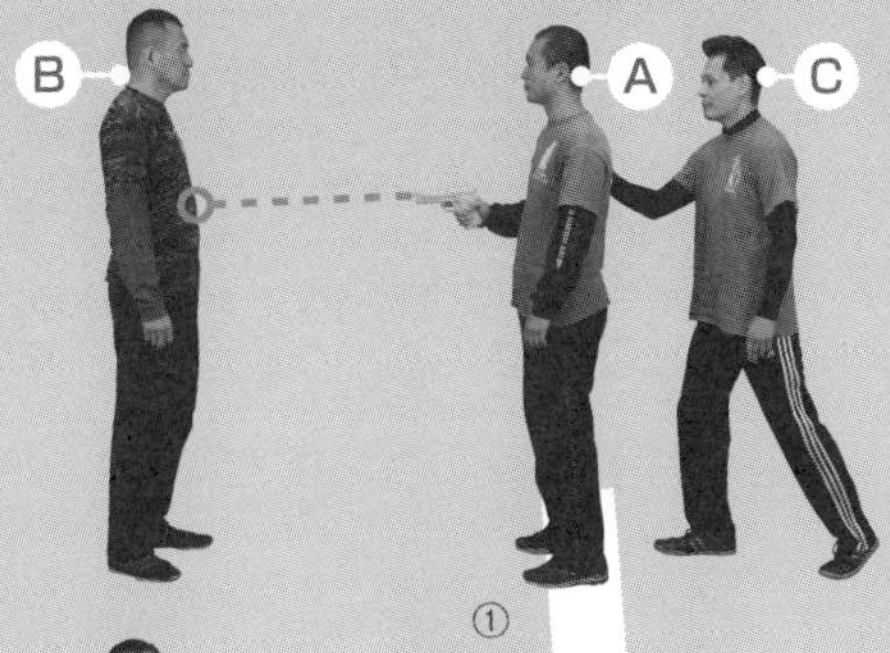

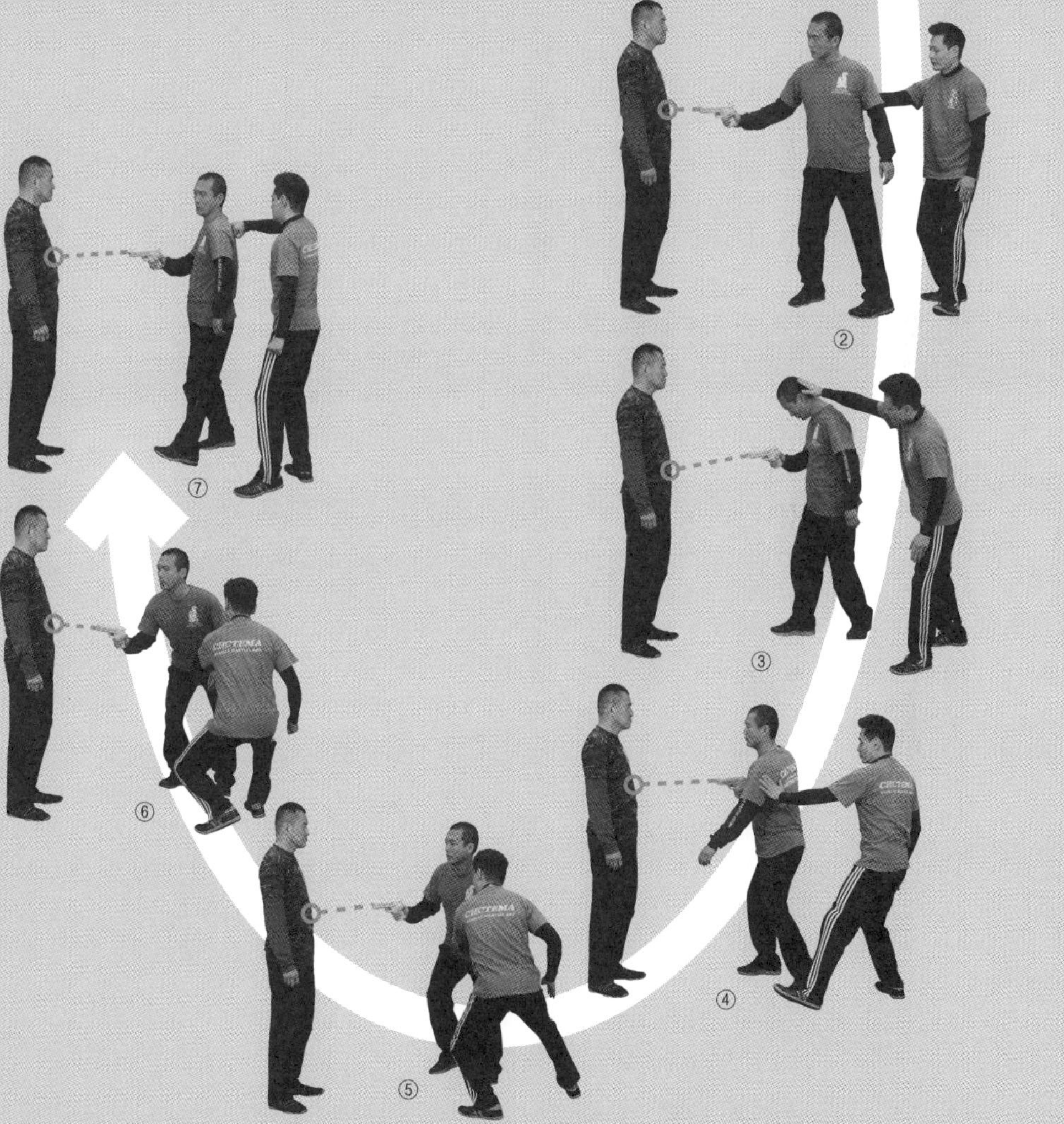

○フットワークとステルス化

システマでは、できるだけ相手に攻撃を見せないようにします。そのうえでもフットワークは不可欠です。なぜなら足は低い位置にあるため、相手の物理的な視界と心理的な視界の両方から外れやすいからです。相手の死角をつくステルス・ストライクについては『システマ・ストライク』（日貿出版社）で紹介しましたが、ここでは歩法も含めた動きのステルス化について解説します。

○動きのステルス化

ステルス化とは、相手に視覚や触覚、聴覚など情報全般を与えないことを意味します。攻撃の予兆を察知されれば相手からの防御や反撃が始まり、逆に自分が不利な立場に立たされることもあります。また反対に敢えて逆に攻撃の予兆を出すことで相手をけん制し、動きを封じることもあります。

こうした時の情報源となるのが、身体の力みです。筋肉の緊張が肩や肘、背骨などの歪みを引き起こし、攻撃の予兆を伝えてしまうのです。それを消すための方法は、リラックスです。無駄な力みを消すことで予備動作を減らすのです。

「武器を相手と自分の間に配置する」「武器を相手に向ける」といった原則には、こうした予兆を軽減する狙いもあります。ただ必要な位置に手を持ってくるだけに動作を単純化することによって、精神面と身体面の両面における負荷を軽減し、力みが起こりにくくなるのです。

○速度のステルス化

目は早く動く物体に対して反射的に反応するようにできています。ですからゆっくりとした動きもまた、目にも留まらぬ動きになり得ることは、前に述べたとおりです。

このゆっくりとした動きは、最短距離を複数の要素が同時進行することが原則です。

歩きと手の動きが協調している時、手はほんのわずかに動かす程度にすぎません。しかしこれがフットワークによる移動と同時進行することで、意味のある動きになるのです。

これはベクトルの足し算（力の合成）のようなものです。かつて物理や数学の授業で習った記憶がある方も多いかと思いますが、ベクトルの足し算とは、運動を表す二つ以上の矢印（ベクトル）を足すことで合成された一つのベクトルを求めるものです。

歩く運動をベクトル$\overrightarrow{OA}$とするなら、手を持ち上げる運動はベクトル$\overrightarrow{OB}$となります。この二つが同時に行われると両者が足されたベクトル$\overrightarrow{OC}$が生まれます。この$\overrightarrow{OC}$が実際の攻撃の軌跡になりますが、もし$\overrightarrow{OA}$と$\overrightarrow{OB}$が同時にスタートし、同時に完了する同時進行が正確に行われていれば、ターゲットがこれを認識するのは困難になります。なぜなら実際に行われているのは$\overrightarrow{OA}$と$\overrightarrow{OB}$の二つの動きだけだからです。左右両側から異なる話をされると意味を理解しにくくなるように、人の頭は同時並列処理が基本的に苦手です。逆に$\overrightarrow{OA}$と$\overrightarrow{OB}$を順番に一つずつ行えば、同じＣをター相手に向かって接近する動き（$\overrightarrow{OA}$）と、上方向に手を上げる動き（$\overrightarrow{OB}$）を同時に行うことで、相手にとって認識しづらい新たな動き（$\overrightarrow{OC}$）が生まれます。

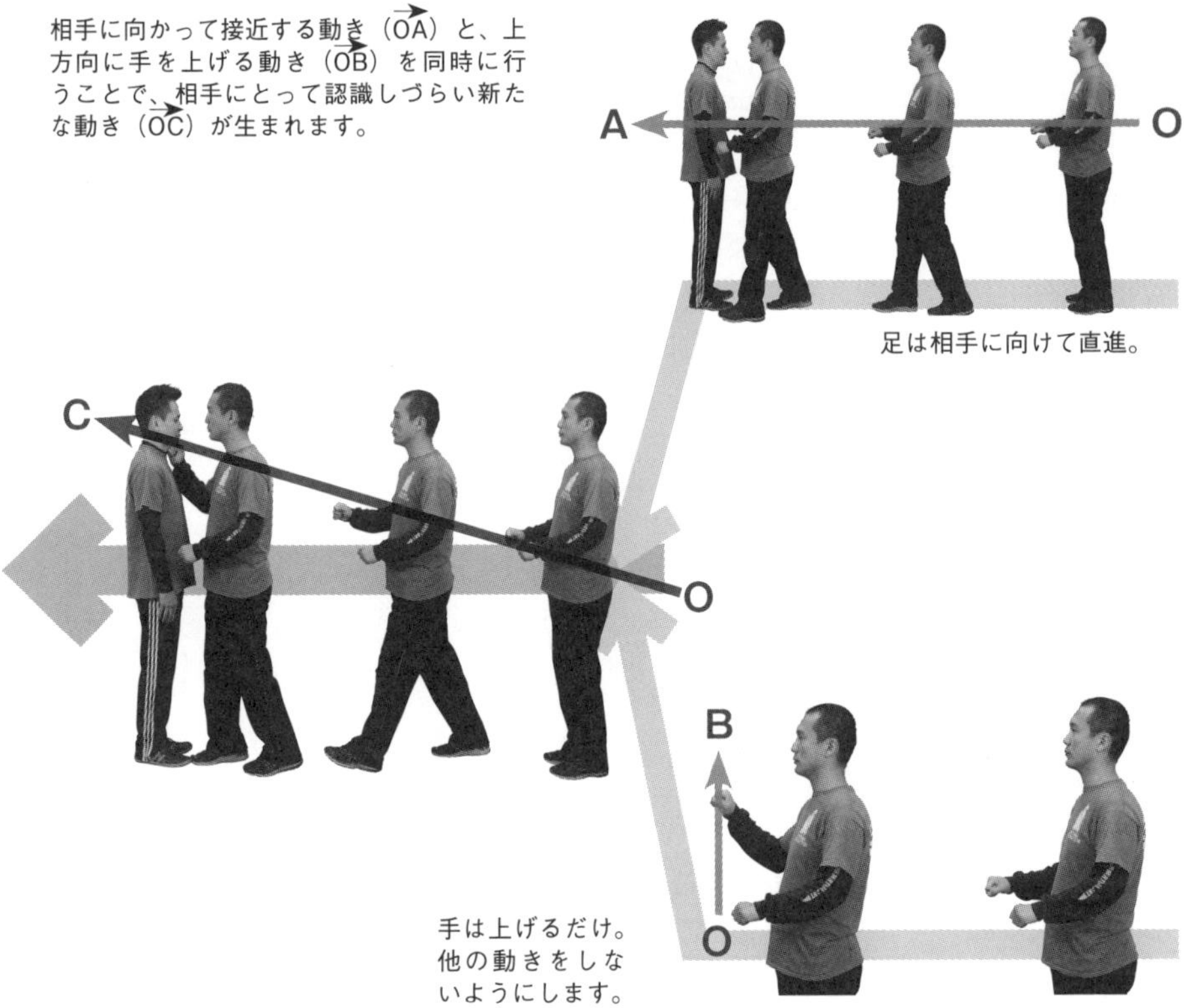

足は相手に向けて直進。

手は上げるだけ。他の動きをしないようにします。

ゲットとしても防ぐのが簡単になります。

もちろん実際の動きはたった二つのベクトルで説明できるほど単純ではありません。ターゲットもまた動きますし、方向転換や上下動が含まれることもあるでしょう。こうして同時進行する要素が増えるほど、動きは目立たず、避けにくいものになっていきます。なぜなら同時進行によって認識しにくくなるばかりか、動きの一つ一つが小さな動きで済むようになっていくからです。特に活用したいのは相手との同時進行です。相手が自分に迫ってくる際、自分は相対的に相手に近づいていくことになります。これもまた同時進行のベクトルに加えれば、相手は距離を認識しにくくなるのです。

こう考えていくと、とても複雑な処理を行わなくてはいけないような気がするかも知れません。でも本来、身体は同時並列的な動きをしています。なぜならリラックスした身体は全身が連動し、無意識のうちに色々な動きを同時進行させているからです。しかし思考やパターンの動作に頼ろうとすると、手順を追った直列的な動きになってしまいます。なぜなら言語は常に、前から後ろへと順序立てられて、直線的に進んでいきます。こうした頭の使い方がそのまま身体の動きに反映してしまうのです。

ただ本当にリラックスしているかどうかは、かなり主観的な判断に委ねられます。傍目には明らかに緊張していても、当の本人はリラックスしているつもりのことが多々あるでしょう。こうしたことを防ぎ、動きを確実に改善していくには、リラックスしていれば起こるはずのことが実際に起こっているか確かめるのが一つの手です。ここで挙げた同時進行はその中でもマーシャルアーツに直結するチェック材料と言えるでしょう。

意識的な同時進行はかなり難しく感じられるかも知れませんが、それに伴う強張りはすべて本来、必要のないものです。強張りをブリージングで取り除きつつ、全身に意識を張り巡らせて同時進行を心がけていくうちに、むしろその動きのほうが楽に感じられてくることでしょう。このほうが省エネで身体への負担が少ないためです。それが実感できる頃には少しずつ、ゆっくりなのになぜか当たる攻撃へと変化しているはずです。

○死角をつくステルス化

視野の外側に広がる見えない領域。それが死角です。

人間の場合、両目が正面を向いているため、側面から背後にかけて死角が広がることになります。だからこそ相手に動きを悟られないためには、側面や背後をつくことになります。

しかし、ある条件さえ満たせば、真正面に立っていたとしても死角を利用することができます。それは至近距離に入ることです。人は自分の目で自分自身の顔を見ることができません。真正面を見れば身体や足を見ることもできなくなります。人の視野は上下方向にも扇型に広がっているため、近づけば近づくほど死角が広がるのです。ですから至近距離に入り、相手の視野に入っている部分を一切動かすことなく用いれば、真正面からでも不意打ちを仕掛けることができます。もちろんリスクが高いので実際には斜め前や側面などに移動しつつ行いますが、距離を詰めるのは一見危険に見える半面、相手の視野から逃れるという大きな利点があるのです。

システマでしばしば肩の力みが注意される理由のひとつがここにあります。肩は体幹で最も高い位置にあるため、相手の視野に入りやすいのです。ここに予備動作が生まれると、死角で何かを仕掛けようとしても未然に察知され、防御や反撃の機会を与えてしまうことになります。

また死角には動作によって生じるものもあります。

例えば人に掴みかかろうとするとき、必ず腕を出さなくてはいけません。その時、腕の陰に生じる死角は自分と相手をつなぐルートとして活用することができます。特に身長差がある場合は、こ人間の視野は左右に約120度、上下に130度(60度+70度)と言われています。

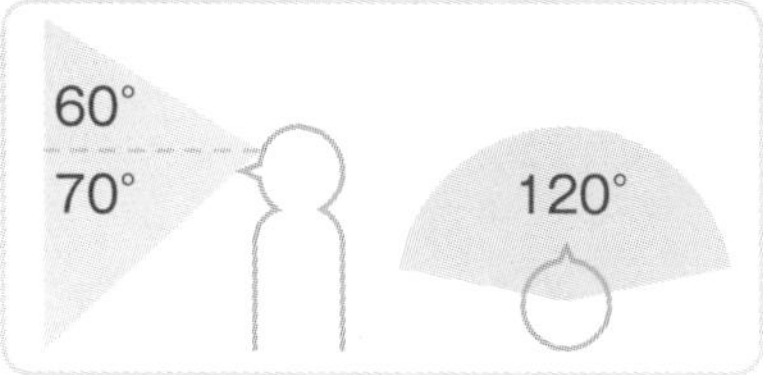

手を出せばその影の部分が死角となります。これも活用することができます。

の死角に潜り込んで姿を隠すこともできるでしょう。

　こうした物理的な死角と並んで重要なのが、〝意識の死角〟です。

　第4章で解説したとおり、集中は必ず死角を伴います。しかし、だからと言って常に全方位的に意識を開放できるわけでもありません。どうしてもどこかに意識の焦点が生まれ、死角が生まれます。その死角をつくのです。この意識の死角は、相手の意識の焦点が分かれば、自ずと分かります。

　ここで再登場するのが、第1章で出てきた危険を察知する感覚です。

　第1章では自分にナイフを突きつけ、危険を感じるドリルを紹介しました。同じことは自分に向けられた視線や意識に対しても応用できます。相手からの集中は刃物と同じように自分の身体にわずかな緊張をもたらします。その感覚を用いて相手が注目している部位と、そこから外れた死角を察知するのです。

ただこの感覚が分かりにくい場合は、意識の集中するエリアの反対側を目安に死角を探すと良いでしょう。

基本的に相手の狙いが上半身であれば、下半身が死角になり、右手を使っていれば左手側が死角になります。背中を不意に打たれれば、身体の前面への注意がおろそかになりますし、攻撃を仕掛けている時は、自分の身体への注意が失われます。逆に防御に専念している時は、相手の身体への注意が低下することでしょう。

もちろん例外はありますが、おおむねこのような原則で考えれば、それほど間違わずに済みます。これを動きの中で行うとしたら、次のようになります。AがBの顔に攻撃を仕掛けるとき、Bの顔のあたりにAの注意が集まります。するとBの上半身の一部と下半身、そしてA自身の身体が死角になります。こうした視野の狭窄には身体の緊張や姿勢の歪みが伴います。意識を集中させた一点に、全力を集めようとするためです。

ここでAがブリージングをし、身体をリラックスさせ、姿勢を整えたらどうなるでしょうか。狭まった視野が回復し、Aの視野にBの全体が収まるようになります。また姿勢が回復したことによりAは新たな動きを始めやすくなり、Bの死角をつく攻撃を仕掛けやすくなるのです。

相手に対して身構えると視野が狭まるのに対して、リラックスすることで相手の全体に注意することができます。

◯気配の逆利用

身体の力みが生む予備動作が、気配となって相手に伝わります。トレーニングが進んで気配を消せるようになってくると、逆に予兆を利用することもできるようになっていきます。あえて気配を見せることで相手の注意を集め、死角を作るのです。

しかし初めから攻撃する気の無いフェイントを仕掛けるわけでもありません。あえて気配を見せた攻撃であっても、もし相手が反応しなかったら、そのまま打ち込めるものである必要があるのです。また相手が予期せぬ反応をした場合も、臨機応変に対応できるように身体を硬直させないように心がけます。

こうした気配のやりとりは、マーシャルアーツに特化した非日常的なスキルというわけではありません。

相手の視界の中で予備動作が行われなければ、動きが読まれにくくなります。

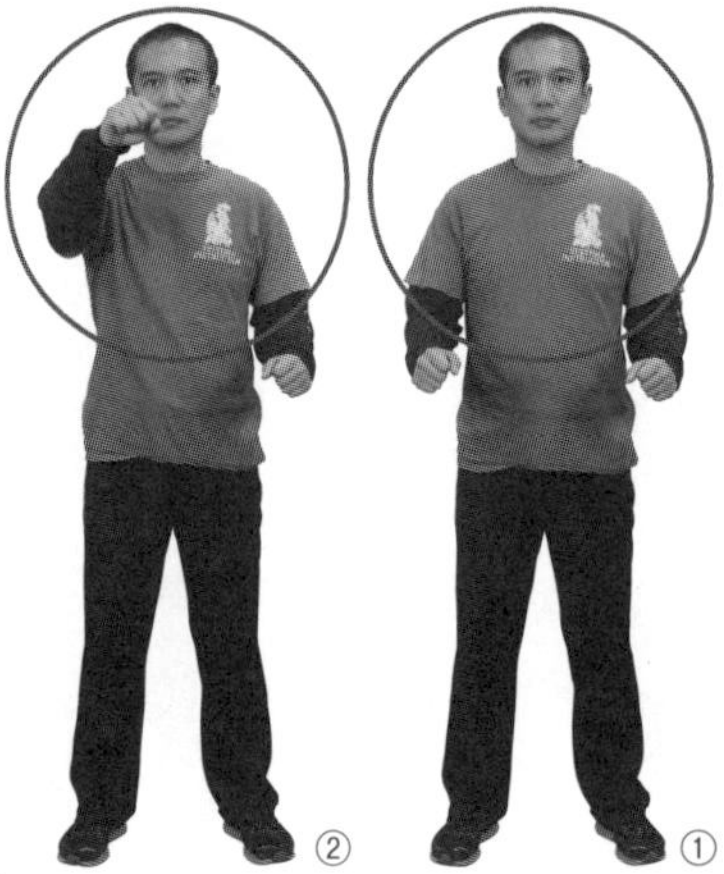

NG　予備動作として頭が動き、左肩が上がっています。

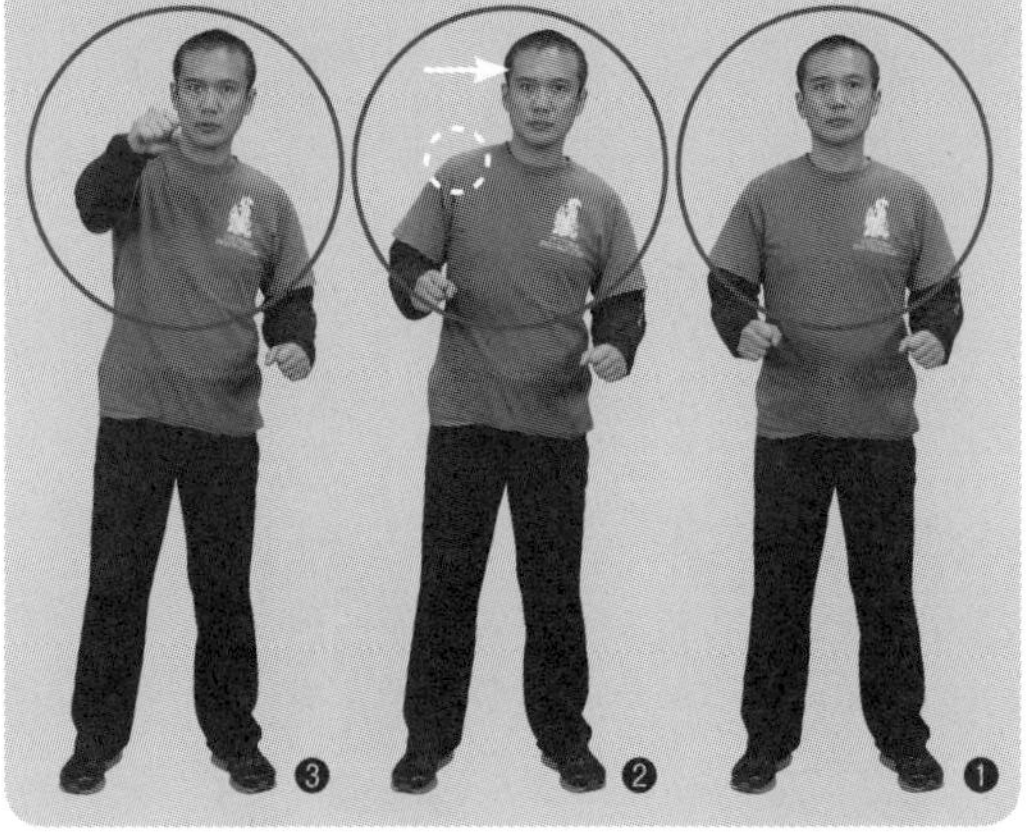

ミカエルは、「システマは日常に活かせるものでなくてはならない」と教えています。それはシステマは常に日常生活に直結しているということです。

例えば親しい間柄であれば、相手がなにを求めているのかなんとなく察することができるでしょう。接客業であればこうした気配り抜きでは仕事が成立しないはずです。こうした気配りをする時に働かせるセンサーは、意識の焦点を読むセンサーそのものです。

ですから職場や普段の生活での周囲の人への気配りは、そのまま死角から死角を打つ練習となっています。逆に意識と死角を読むマーシャルアーツの練習もまた、人の気持ちを察する練習に直結します。こうした日常とトレーニングを直結させて理解できるようになってくると、システマが俄然おもしろくなってくるものです。

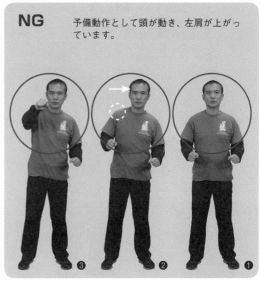

歩幅のコントロール

回避、防御、攻撃を同時に行うためには、半歩に満たない細かなステップを使いこなす必要があります。ここで紹介するのは、手を最適な位置に運ぶための足運びを知るワークです。

①ＡとＢが向かい合って立ちます。Ａは「小さく前にならえ」のような形で肘を曲げて拳を前に向けます。

②〜④ＢがＡに向けて歩きます。Ａは急ぐことなく身体の横幅の半分ほどの距離を一歩で横移動します。

⑤Ａの移動が適切であれば拳が直進するＢの中心に当たります。Ｂは途中で進路を変えたりせず、直進するようにしてください。

④’⑤’Ａは拳が当たる距離感をつかんだら、拳の命中と自分の横移動の完了が同時になるようにします。Ａは自分と横移動とＢの前進のみで拳を当てるようにし、決して腕を動かさないよう注意します。

慣れたらＡは方向転換を加えても良いでしょう。拳は常に相手の方に向けながら、拳だけを相手の進路上に残します。腕を伸ばして積極的に当てにいかないように注意します。

シャシュカで肩と腰の硬直を解く

上半身と下半身の連動を断ってしまう原因の一つに、肩の緊張があります。肩の強張りが腰の硬直を誘発し、上半身から下半身へのつながりを断ってしまうのです。これを防ぐためのトレーニングには次のようなものがあります。

①手にショートスティックやシャシュカなどを持ちます。

②③勢いよく振り回します。この時、肩をリラックスさせることで、遠心力によって姿勢が崩れないようにします。

④～⑦そのまま歩きます。下段、中段、上段とあらゆる高さで振るようにしましょう。肩と腰をリラックスさせ、足が上半身の勢いでよろめいたりしないようにします。

このエクササイズは「末端からの動き」と矛盾するように思えるかも知れません。ですがこれは肩をリラックスさせることで、上半身と下半身の分断を解消するのが狙いです。肩が柔らかく動くようになれば、全身の連動性が改善されます。

両手を同時進行で動かす

両手を同時進行で動かすのも、動きを読まれにくくする有効な方法です。

①〜③軽く手を握り、左右に振ります。両手の動きが全身に伝わるのを感じます。

④両手の動きを利用して、足を動かします。

⑤〜⑦動きを少しずつ大きくすることで歩き始めます。前後左右に自由に歩いてください。

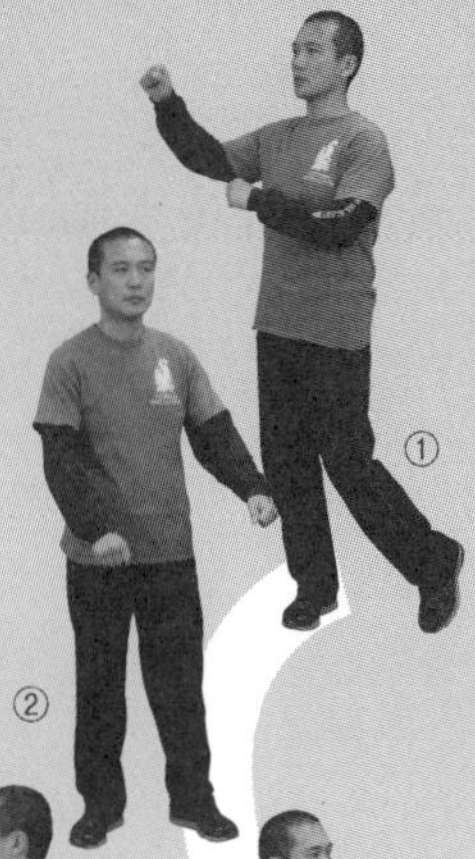

この動きに慣れたら、パートナーの攻撃に合わせます。

①②Ａが両手の動きで歩いているところに、Ｂが攻撃を仕掛けます。

③Ａは両手で同時にＢの身体に触れます。一方の手を相手の手、もう一方を身体や頭部に当てると攻防一体の動きになります。

④⑤慣れてきたらＡは両手でのタッチをストライクに変えます。１回で途切れることなく、動きを継続したまま何度か続けてストライクできるようにしましょう。肘などを用いても構いません。両拳はオフェンスの原則に則ってなるべく相手に向けるようにし、両腕を交差させたり、攻撃を受ける手を防御だけに用いたりしないようにします（NG 参照）。

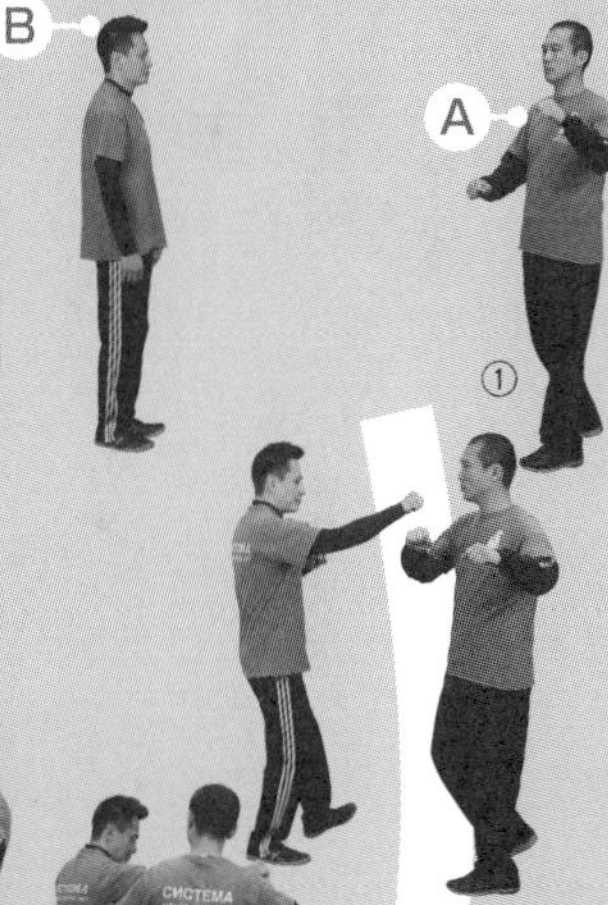

このワークについてはヴラディミア・ヴァシリエフのＤＶＤ「Combative Body」（システマジャパンより日本語版発売中）で詳しく解説されていますので、ぜひ参考にしてみてください。

相手の死角を動かす 1

自分が動き回るだけでなく、相手を動かすことで死角に入る方法もあります。いくつかアイディアの例を参考にしてください。

相手をプッシュして方向を変えるには、相手の身体をプッシュする方法と、相手が出してきた手や足を使う方法の二通りがあります。ここでは肘をコントロールする方法を紹介します。

①リラックスした体勢から、

②～④・②'～④'攻撃してくる肘をコントロールしつつ、外側に入る。ポイントは肘を抑えることです。前腕や上腕を抑えると相手にとって逃れやすくなってしまいます。

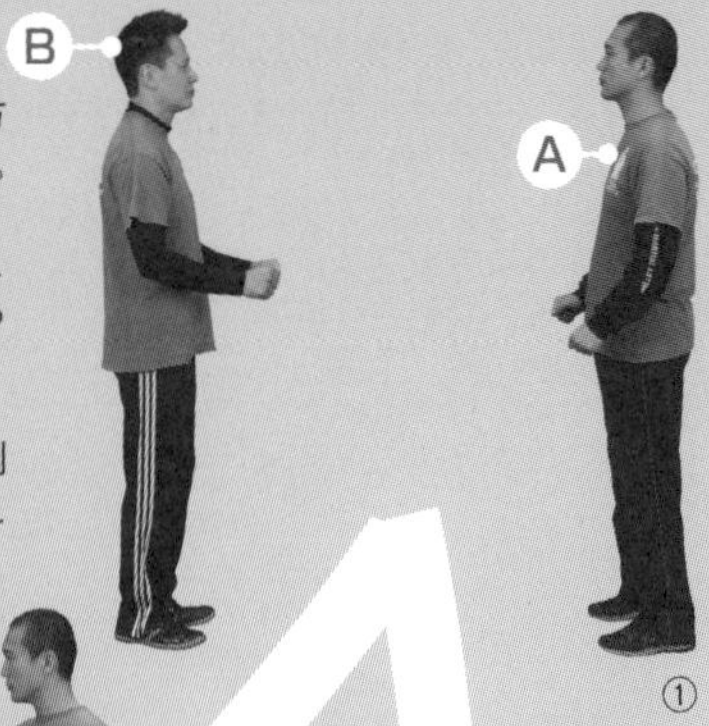

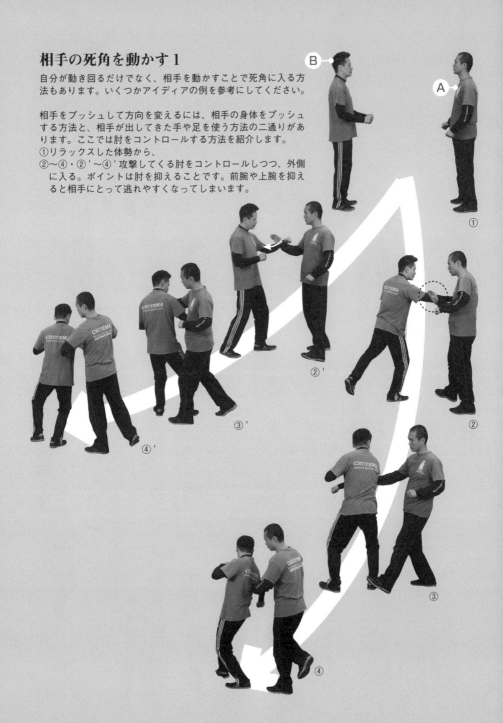

相手の死角を動かす２

１と同じことを今度は足で行います。
足は相手にとって死角になることが多いため、
意識の外からの攻撃に適しています。

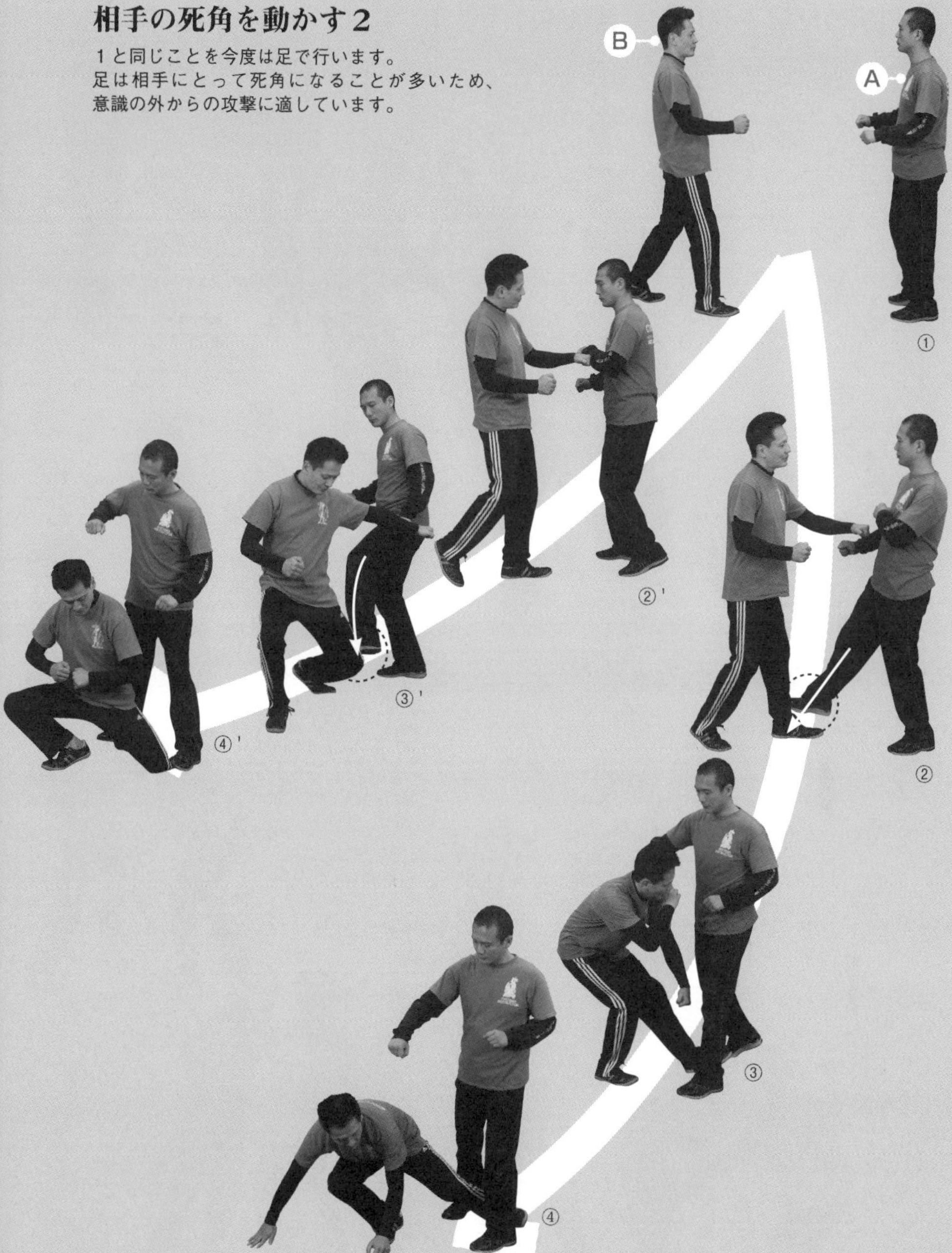

相手の反射を利用して死角をつくる1

意識は打撃の当たった範囲に集中します。これを利用して、その意識の外から、より強力な打撃を入れます。

相手の反射を利用して死角をつくる2

顔面への攻撃を見せることで生じるモーションを使う例です。

①リラックスした姿勢から、

②③必要最低限の動きで死角から不意に攻撃を仕掛けます。相手からは唐突に攻撃が出現したように見え、一瞬硬直します。

④⑤その時の姿勢が歪むことによって生じる死角を用いて攻撃します。

こうした動きによって意識を誘うには、相手にとって攻撃が突然出現したように見えることと、もし相手の反応が遅れたらそのまま打ち込める動きであること、の二つが大切です。力んだ予兆のある動きだと効果がないばかりか、墓穴を掘ることもあるでしょう。

自分の動きから予兆を消していくには、自分が無意識にしてしまっている余計な動きを見つけ、一つ一つ取り除いていくことになります。それには自分の心と身体がどのように動いているか、つぶさに観察する必要があります。そうして無駄な動きを見つけたとしても、すぐに解消できるわけではありません。その動きが生じてしまっている理由を自分で見出さないことには、根本的な解消には至らないのです。この過程では、内面に潜む恐怖心や、自分自身に対する不理解とも直面することになるでしょう。必然的に、自分自身に向き合わざるを得なくなるのです。

システマでは「汝、自身を知れ」と言われます。これはきわめて本質的な練習の指針なのです。

ミカエル・リャブコ　インタビュー　vol.2

「立ち位置を知ることが大事」

通訳・松本陽子

武器に秘められた力

―毎年9月に恒例の大規模なセミナーが行われますが、今年（2015年）は「インターナルワークの鍵としてのシャシュカ」というテーマです。これに決めた理由について教えてください。

ミカエル　いまインターナルワークを用いるニュースクール（新しい潮流）を作りつつあります。シャシュカを使うことによって、それを簡単に教えることもできますし、学ぶ側が試すのも簡単なためです

―インターナルワークを教えやすい、ということですか？

ミカエル　そうとも言えますが、完全な答えではありません。シャシュカは身体を整え、正しい姿勢を学ぶためにも必要です。またシャシュカは手に力を与えてくれます。今回のセミナー（2015年8月15日、16日にモスクワ本部で行われた週末セミナー）に参加した人はそれを感じたことでしょう。

シャシュカは身体とメンタルを整えてくれます。

それによってインターナルワークを理解することができるのです。日本の武術もインターナルワークと関連のあるものが多いです。ですから日本の皆さんにとっては分かりやすいのではないでしょうか。日本古来の武道もそうですし、現代の合気道なども内面のワークに関連するものです。

武器を使わないとインターナルワークとは教えにくく、分かりにくいものなのです。それをある程度習得

したら、ものを使わなくてもインターナルワークを行うことができます。ウィップ（鞭）にも同様のことが言えます。ウィップでトレーニングすることによって内面を整えることができます。

—インターナルワークが上達したらどうなるのでしょう？

ミカエル　感じることができるかと思います。正しく動けているかどうか、最低限の力で動けているかどうか。そういうことが感じられるでしょう。あなた方は漢字を使いますが、最初はゆっくりと練習して、次第にすらすら書けるようになりますね？　それも意識することなく勝手に手が覚えていくでしょう？　それと同じことですね。今回のセミナーでも最初の頃と今とでは身体の動きが違ってきたでしょう？　これを言葉で表現するのはとても難しいことです。でも練習をすればその分、上達します。

—毎年、ミカエルにシャシュカの稽古をつけてもらっていますが、だんだん負けたのが分かるタイミングが早くなってきました。前は斬られて初めて負けたことが分かりましたが、今では向き合った瞬間に位置取りで負けているのが分かります。これは何が起きているのでしょう？

ミカエル　立ち位置で負けていることが分かるかどうかは、とても大事なことです。最初は立ち位置を見て、立ち位置を変えていくようにします。自分が負ける位置に立っていることが分かる、ということが最初のステップなのです。すでに負けていることが分かれば、逆転するわずかな希望を見出すことができるようになってきます。それが分からずに無闇に突っ込むのはただの自殺行為ですから。自分が不利な立ち位置に立っていることが分かれば、より良い位置に移動したり、戦略を練ったりすることができます。自分にチャンスがないと分かっていたら突入する必要はないでしょう？　蛇でいっぱいの部屋に踏み込むようなものです。入らないのが賢明ですね。

—「良い立ち位置」とはどのような位置ですか？

ミカエル　敵がシャシュカを持っているとしたら、その位置と剣の軌道を踏まえてそこから外れる位置に立たなくてはいけません。身体の向きやシャシュカの刃の向き、手の位置などから、シャシュカが描く平面が決まります。その平面から逃れるのです。攻撃の軌跡から逃れるのです。

―シャシュカの構え方についてアドバイスはありますか？

ミカエル　特に決まった構えはありません。ただ一つ言えることとは、自分がその後で攻撃しやすいようにシャシュカを持つのが良いのではないでしょうか。その場合、もちろん相手に向けておいた方が良いでしょう。例えば狩りに出かければ銃口を獲物に向けますよね？　それと一緒です。

智慧と技術の違い

―ミカエルはシャシュカの使い方をどのように身につけたのでしょう？

ミカエル　セミナーやクラスで教えたり、自分なりに練習したりして少しずつ身につけていきました。ですからあなた方も私の先生なのですよ。

―昔のコサックの人たちは子供の頃にウィップを与えられ、その扱いを通じてシャシュカの使い方を学んだと何かで読みました。ミカエルもそのようなことがあったのでしょうか？

ミカエル　振り回すだけでは意味がないですね。師匠が必要です。お父さんやおじいさん達が師匠として、家伝の武術やコサック伝来の武術を教えていました。それぞれの家にそれぞれの秘伝が伝わっていたのです。人はそれぞれですから。

―テレビやインターネットではシャシュカをくるくる振り回す技法がしばしば紹介されていますが、ミカエルのはこれとは大きく異なる印象を受けます。なんらかの関連などはあるのでしょうか？

ミカエル　知恵が必要です。子供がくるくる回すのも大人がくるくる回すのも、智慧がないのは同じです。振り回すだけでは体操にしかなりません。シャシュカの使い方はとても奥が深いものです。ですから、くるくる回すのはそのごく一部でしかありません。セミナーを1日やるとしたら、そのうちの25分程度でしょう。そのわずかな時間でシェアできる情報に、大きな意味を持たせる必要はありませんね。

日本刀も剣を出したり、入れたりしますね。これはとても重要な動きですからセミナー全体の中で30分くらい練習するかも知れません。でもそれは知恵ではなくて技術にすぎません。私たちはしばしば、智慧と技術を取り違えてしまうのです。

―智慧と技術はどのように違うのですか？

ミカエル　智慧は分厚い本です。技術はとても大事ですが、その一部です。それだけでは不十分です。私もインターネットでとても美しく武器を振り回す人を見たことがあります。気に入ったので思わず「いいね！」を押してしまいました（笑）。でもそれでおしまいです。どれだけきれいに武器を振り回しても、ライオンが襲ってきたら逃げるでしょう？　それだけのことなのです（笑）

―ミカエルの家族に限らず、シャシュカの達人についてのエピソードで知っているものがあれば教えてください。

ミカエル　ロシア革命の時、コサックは子供も含めて殺戮されてしまいました。タタールのくびきの時にも、車輪の直径よりも背の高い人が全員殺されてしまったといったこともありました。ですから伝承は断片的にしか残されていません。私はその断片をあちらこちらから集めているのです。ですから残念ながら、ちゃんとした知識を持っている人はごくわずかです。だからあなた方はラッキーですね。このお店にはなんでも揃っていますよ（笑）。

ニュースクールの先にあるものとは何か?

—ニュースクールの登場など、システマの練習は変化し続けていますが、今後はどのようになるのでしょう?

ミカエル　いわゆるオールドスクールのトレーニング、つまり呼吸やマーシャルアーツのテクニックは重要です。身体と心理を整えるのに大切な練習です。これに対してニュースクールは、感じる力を養成するものです。独身生活がオールドスクールなら、結婚生活がニュースクールです。結婚すれば愛情が芽生えるでしょう? それと同じで内面が伴うようになるのです。

—ではさらにその次の、子供が生まれた段階とは?

ミカエル　テクニックとインターナルワークがともにあるのが次の段階です。各々の段階に到達する時に必要なのは、各人の「覚悟」です。「気づき」と言いますか。でも二つのものをくっつければ良いというわけではありません。男性と女性が一つになって子供が生まれてくるように、オールドスクールとニュースクールが一つになり、そこから生まれてくるものが次の段階なのです。私はいつだって出し惜しみをしません。全ての情報をさらけ出しています。智慧を与えることが私の役割だからです。日本の皆さんには、部分的なシステマで満足するのではなく、全体としてのシステマを学んでいってもらいたいと思っています。

—ありがとうございました。

無料ウェブマガジン　コ2【kotsu】(http://www.ko2.tokyo/) 連載
北川貴英「システマ随想」
第七回　ミカエル・リャブコ　インタビュー　ｉｎロシア　より

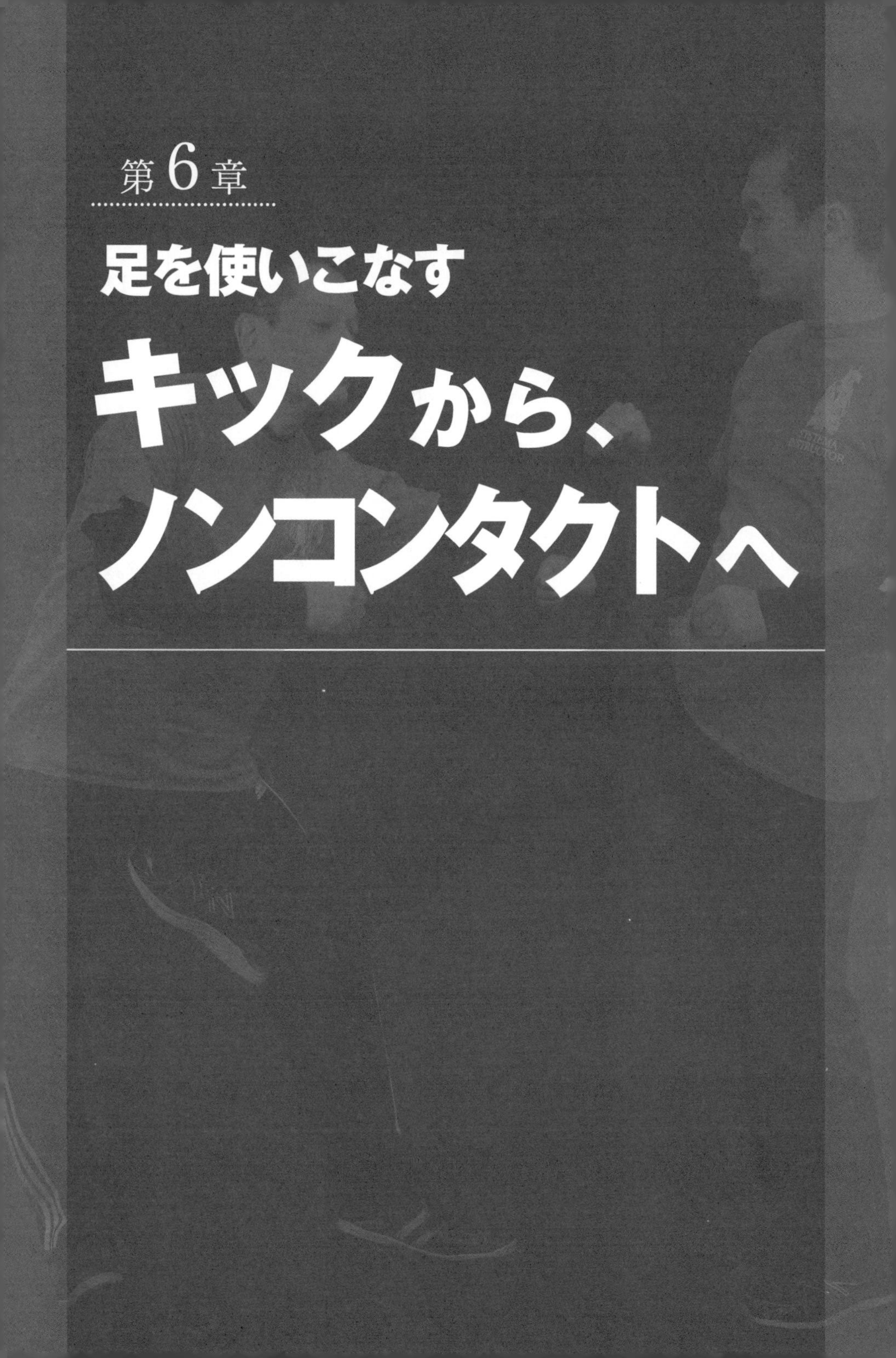

第6章

足を使いこなす

キックから、ノンコンタクトへ

フットワーク＝足の活用法

足の用途は歩法だけではありません。フットワークとは文字通り、足を使いこなすこと全般を意味します。バランス感覚が向上し、足を自由にコントロールできるようになれば、できることの幅もぐっと広がります。ここではキック、グラウンドワーク、ノンコンタクトワーク（非接触の技術）、対複数における応用例を紹介します。

○システマに蹴りはない？

システマのクラスでは、前蹴りや回し蹴りといった蹴り技の練習を行うことはありません。蹴り技に対処するテクニックを学ぶこともないため、「システマには蹴り技はない」と評されることもあります。そのせいか、セミナーなどでは参加者たちから「キックに対してどう対処すれば良いのでしょう?」という質問がしばしば発せられます。

特にヴラディミア・ヴァシリエフは若かりし頃に空手家としてかなりの実績を修めています。もちろんミカエルも格闘技全般に詳しいので、蹴り技について知らないわけがありません。

ですがどういうわけか、マスターたちは蹴り技について尋ねられる度に、どこか不思議そうな顔をします。まるで「これまでさんざん練習してきたことを、なぜ今さら聞くのだろう？」といった顔をするのです。

それが何を意味するのだろうと長らく疑問だったのですが、ロシア語を学ぶことで少し理由が見えてきました。

ロシア語には「蹴り」や「kick」に相当する単語がないのです。もっぱら用いられるのは「打撃」や「ストライク（strike）」に相当する「ウダール（удар）」です。足での蹴りを強調する時は「удар ногой（ウダール・ナゴーイ、足の打撃）」となります。使う言語はその人の思考に深い影響を与えると言います。ですからもしかしたら、マスターたちはパンチもキックも同じ「ウダール」と見なしているのかもしれません。そうだとしたら、「これまでさんざんウダールの練習をしてきたのに、どうしてまた最初からウダールをやらなくてはいけないんだ？」と感じるのも自然なことです。

実際に、システマにおいてパンチもキックも基本は同じです。キックの仕方も対処法も拳の原理をそのまま蹴りに流用すれば良いのです。

姿勢を曲げることなく、歩くままにバランスを保ったまま蹴ります。

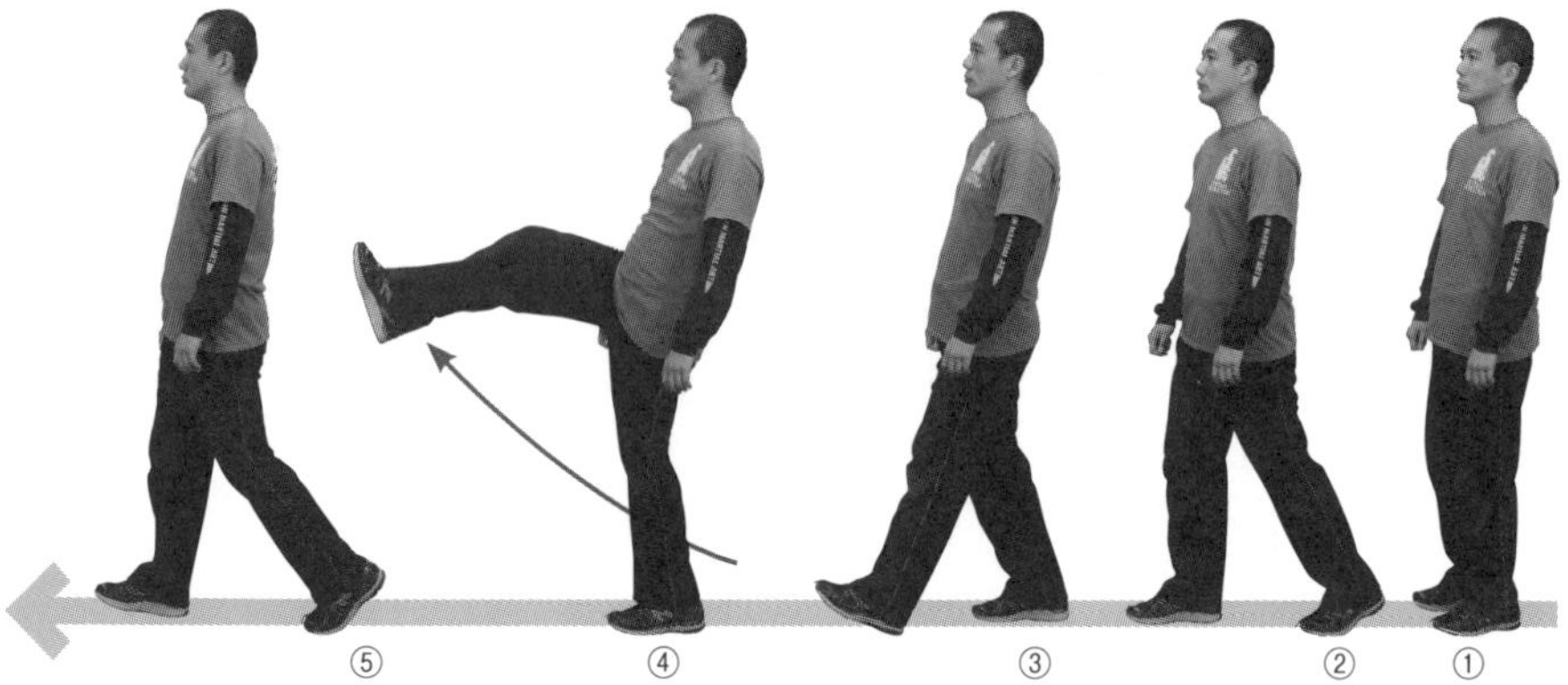

○システマで用いられる蹴り

システマではパンチを打つ際、肘と肩をリラックスさせます。キックではこれがヒザと腰に置き換わります。呼吸をし続け、姿勢を崩さず、ヒザと腰をリラックスさせ、居着くことなくキックします。足をぐっと突っ張らせたり、体重を乗せたりすることはありません。あくまでも歩きを止めることなく、その延長で足が当たる感じです。

立ち止まることを避けるため、格闘技にあるようなハイキックなどは基本的に使いませんが、別に禁止されているわけでもありません。ことさらメリットがないために使わないといった程度の位置付けです。でも足技を全く使わないわけでもありません。特に相手のバランスを崩す時にしばしば足が用いられますので、ここではそのアイディアをいくつか紹介します。

○内股へのキック

歩いてくる相手の内股を蹴ります。爪先立ちをする時に接地する部分や、靴を履いていれば爪先を用いても良いでしょう。大腿骨は腸腰筋を通じて骨盤や腰椎につながっているため、うまく蹴ると腰に衝撃を伝えて崩すことができます。もちろん武術的には金的を狙っても良いかも知れませんが、この方法であれば相手を傷つけずに動きをストップさせることができます。また安全な形で股間への警戒心を促すことも可能です。そのため必要に応じて使い分けると良いでしょう。

蹴り方のコツは上半身でいっさい気配を見せないことです。あたかも上半身は何気なく歩いているようでいて、蹴り足だけが一直線にターゲットに飛んでいくのがベストです。距離が近ければヒザで蹴るのも良いでしょう。

脚力で内股にダメージを与えるのではなく、足の重みを用いて腰に衝撃を伝えるように蹴ります。前足と後ろ足、どちらを蹴っても良いですが、うまく相手の軸足を蹴ることができればより効果的です。

腰に衝撃が伝わると相手が前のめりにバランスを崩します。この時、あらかじめ拳を持ち上げておくと、相手が自分から拳に顔を突っ込んでくるようなかたちになるので、そこから次の攻撃につなげることも可能です。

この内股蹴りは身体の要である腰に直接、衝撃が来るのでかなりの威力が生まれます。ミカエルからこ

相手の内股を蹴り崩す 1

①② B が踏み出してきた足の内股を蹴ります。
③蹴った後もバランスを崩さず、足がコントロールできているため、
④そのまま残った足を踏むこともできます。

相手の内股を蹴り崩す２

同じことをＢの奥の足で行います。
①②Ｂが踏み出してきた足の反対側の足の内股を蹴ります。
③④蹴った後は足を引かず、そのまま足を進めます。

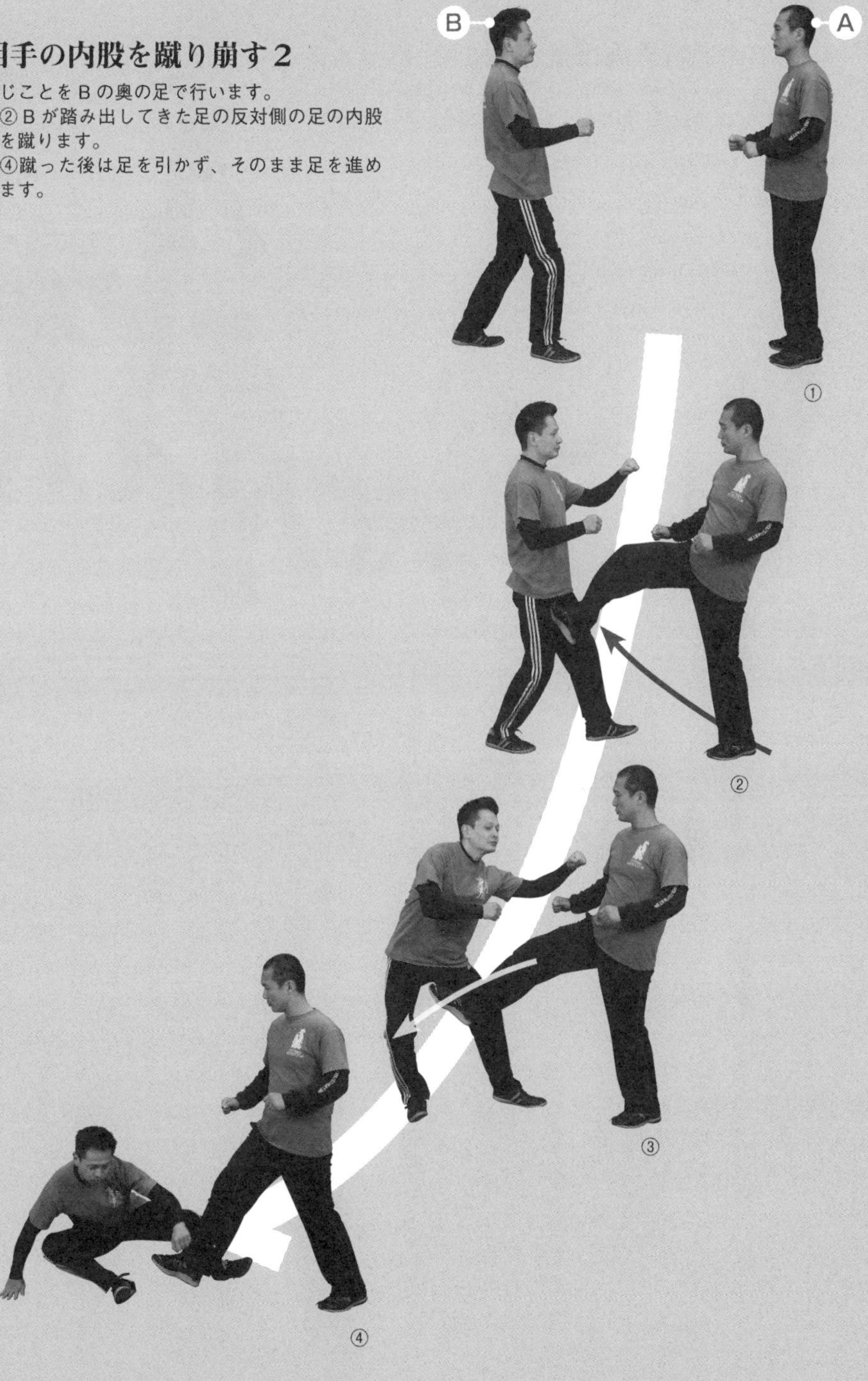

相手の進行方向に足を置く

AがBの進路から身体をどかしつつ足だけを残します。その結果、Bの歩行を妨げることができます。

れまで何度もこの蹴りを受けましたが、身体ごと吹っ飛ぶほどの凄まじい衝撃でした。それでいて痛みが全く残らないことから、必要なところに必要なだけエネルギーを届ける、きわめて高度にコントロールされた打撃であることをうかがい知ることができます。

足を「置いてくる」

相手を蹴らずとも大きな効果があるのが、足を「置いてくる」テクニックです。相手の進行方向に片足をさりげなく残しておくことで、歩行を妨げるのです。歩くペースを変えたり、足元を凝視してタイミングを見計らったりしてしまうと気付かれてしまうので、極力不自然な動作を省くようにしてください。うまくいけば気づかれることなく相手の足を引っ掛けてバランスを崩すことができます。

グラウンドワークでの例

Aは地面に転がって、Bの進行方向から移動しつつ、足を払ってバランスを崩します。

後ろからの例

Aは後ろから前進しつつプッシュしてくるBの進行方向に足を残します。この類のテクニックは全て相手に予期されると効果がありません。予備動作を最小限にするようにしましょう。

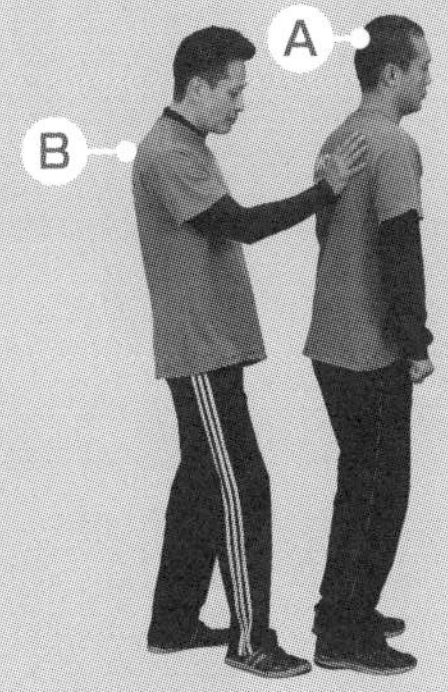

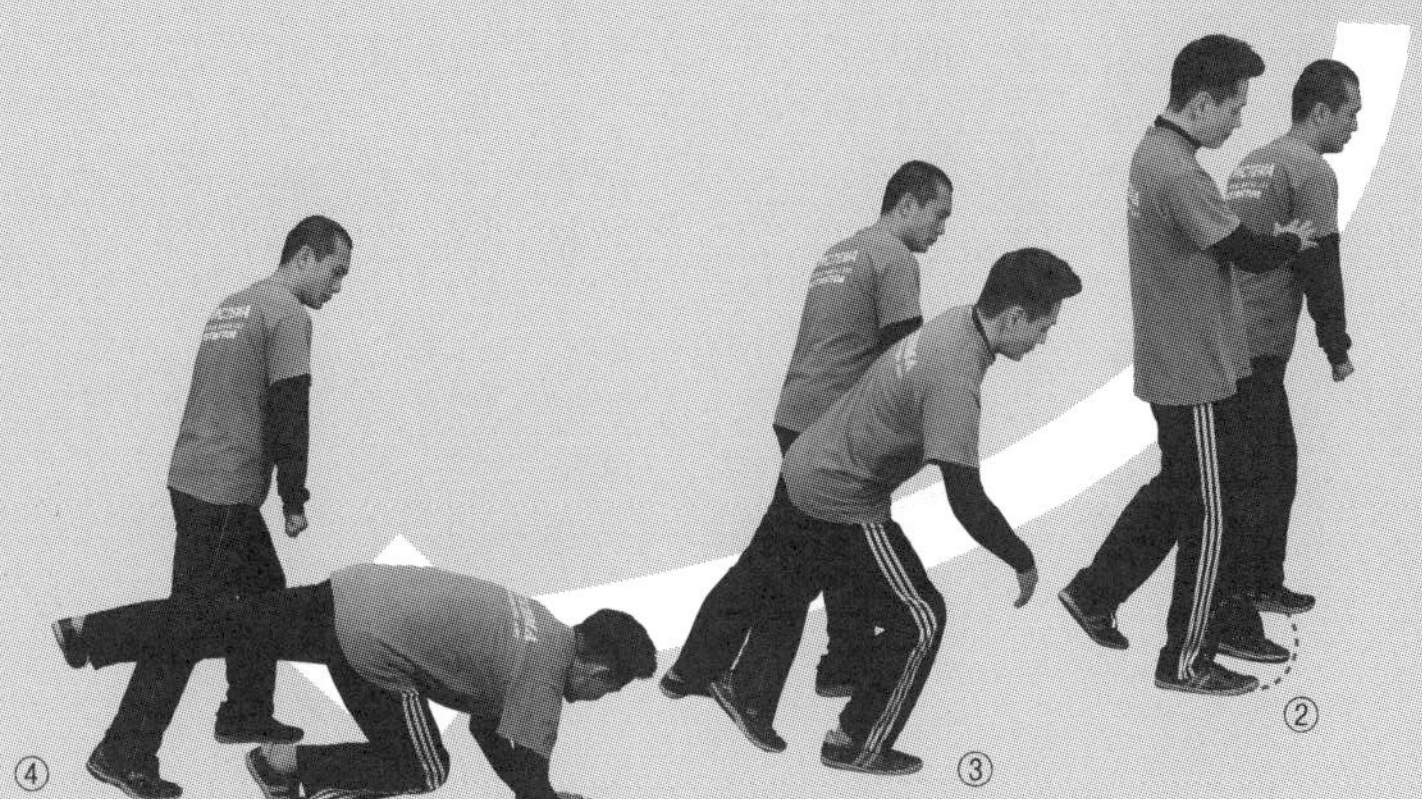

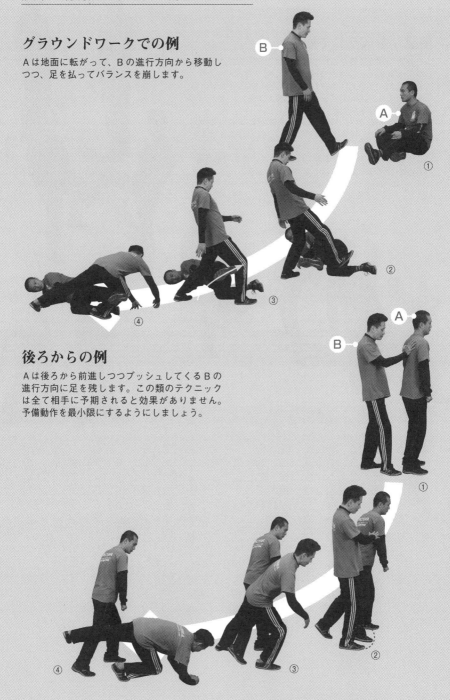

前蹴りをズラして崩す

①BがAに対して蹴りつけます。足裏で腹部を踏み抜くようにします。
②AはBがヒザを上げるのと同時に自分のヒザを上げ、自分の足をBの足にそえるようにあてます。
③Bの足が下がる間も足で触れ続け、
④着地の直前に少しだけ、Bの足をズラします。ズラすのは足幅一つ分程度で良いでしょう。これが広すぎるとBに抵抗され、なおかつ自分のバランスが崩れてしまうことになります（NG参照）。この動きに慣れてきたら、もう少しズラす幅を広げても良いでしょう。

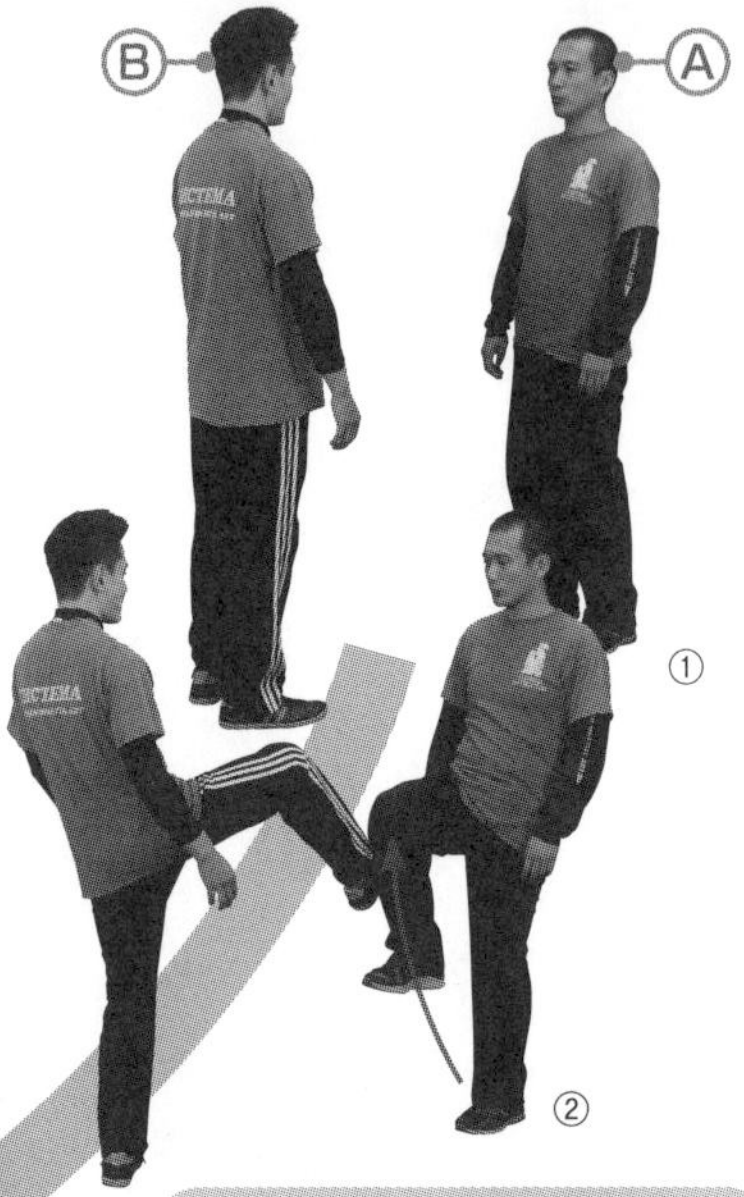

足を払う

ターゲットの足を軽く払い、バランスを崩すドリルです。歩く相手の横や背後から足を払います。倒すのではなくバランスを崩すのが目的なので、あまり大きく払う必要はありません。

歩いている段階から歩調を合わせておくのがコツです。足元に視線を落とさず、急激に歩く速度を変えたりせず、自分の姿勢を崩さずに行うようにしてください。払う感覚を掴むには、前蹴りを用いた練習から始めると良いでしょう。

パンチとの組合わせ１

あらかじめ手を持ち上げておくと、動きをスムーズに連続させせることができます。

Ａはバランスを崩したＢを倒したり、打ったりします。

ここはＢのバランスを崩した瞬間にＡ自身も一緒に固まってしまっていないかを確かめる程度の意味合いです。

前蹴りをズラす

同じことは相手の前蹴りに合わせても行えます。いずれもポイントは自分の足を相手の足にそえるようにあてることです。この時、あくまでも触れるくらいの軽い接触にとどめ、相手の足を払いのけないように注意します。また、相手のヒザに合わせて自分のヒザを上げるテクニックは、蹴り足を払うだけでなく防御に使ったり、そのまま違う方向に歩くことで攻撃を回避したりと、様々な用途に使うことができます。

このドリルは相手がきちんと蹴り込まないと成立しません。

パンチとの組合わせ2

①〜④のように踏み込んでパンチを当てても、
②'③'AはBのバランスを崩したらその隙に
逃げてもいいでしょう。

しかし実際には相手が転倒を恐れて硬直し、まともに蹴りを出せなくなってしまうことが多々あります。こうした場合、無理に相手を倒そうとすると事故に繋がります。どうしても倒されることへの恐怖が抜けない場合、この練習はタイミングを合わせるくらいにとどめ、ローリング（受け身）の練習を積んで恐怖心を軽減するようにしましょう。

　この練習を通じて着地の瞬間に足をズラす感覚を掴んだら、同じことを歩いている相手に行います。

　また、視点を変えて、足を

歩く足をズラす

①Bは普通に歩きます。
②AはBの近くを歩きながら歩調を合わせます。
　まずは同じ方向に歩くと良いでしょう。
③～⑤足元に目を落とすことなくタイミングを
　見はからって、AはBの踏み出した足が着地
　する間際にずらし、Bのバランスを崩します。
慣れてきたら、すれ違いざまに足を払う練習を
　するのもよいでしょう。

払われてもバランスを崩さず、柔らかく足払いをいなして歩き続ける練習をすることもできます。

○バランスを崩す意味

この章で紹介した足技は全て、相手のバランスを崩すことを目的としたものでした。そのため空手やキックボクシングに見られる蹴り技のような、ダメージを与えることを目的とした蹴り技とは大きく異なる印象を受ける方も多いことでしょう。

一見、派手さに欠けるように見えますが、バランスを崩

す足技には、使い方次第で、わずかな力で状況を一変させられるだけの可能性が秘められています。その意味を詳しく教えてくれたのが、ミカエルの高弟にして、ロシア軍特殊部隊での豊富な指導実績を持つコンスタンチン・コマロフです。

ある日のクラスで路上でのケンカで優位に立つテクニックについて質問が出たときのことです。歴史に残るような紛争を戦ってきたコンスタンチンにとっての〝実戦〟は、戦場の最前線などからの生還を指します。その彼からしたらケンカの技術はあくまでも枝葉の技術に過ぎません。そのため、「あくまでも時間をかけて習得するようなものではない」と断ったうえで、コンスタンチンはいくつかのテクニックを教えてくれました。そのうちの一つが、先に紹介した内股を蹴るテクニックです。

内股を蹴り、衝撃が腰へと伝わると相手は一瞬、バランスを崩します。この瞬間、バランスの崩れた身体は、バランスの回復を最優先事項とします。これは脊椎反射によるものなので、とっさの時に意志の力で逆らうのはかなり困難です。

この瞬間、それまで行っていたあらゆる動作は中断します。つまりバランスを崩し、回復するまでの間はこちらを攻撃することも、攻撃を防ぐことも、回避することもできません。まさにガラ空きの瞬間が生まれるのです。バランスの重要性については第2章で解説した通りです。これを逆手にとった例が、一連のバランスを崩すテクニックと言えるでしょう。トレーニングを通じて人体の仕組みや振る舞いを理解することが、マーシャルアーツに直結することの良い例と言えます。

○グラウンドワーク

足は歩くためだけの道具ではありません。倒れて地に足がついていない時にも移動手段として活用することができます。倒れた時に足がただの負担になるか、動力源となるかでその後の動きが大きく変わってきます。システマでは倒れた状態で動き回るグラウンドワークを重視します。そのポイントとなるのが、足の有効活用なのです。

○足をバランサーとして使う

足の重量は、全体重のうちかなり割合を占めます。これを持て余してしまうと、他の部分で足を運ばなくてはならなくなるため、グラウンドワークの負荷が高まります。体幹の筋肉を過度に使い、背骨が歪むことで内臓に高い負荷がかかるためです。これを防ぐためには、足の重さを動力として活用します。そのトレーニングには、まず足の重さを感じるところから始めます。

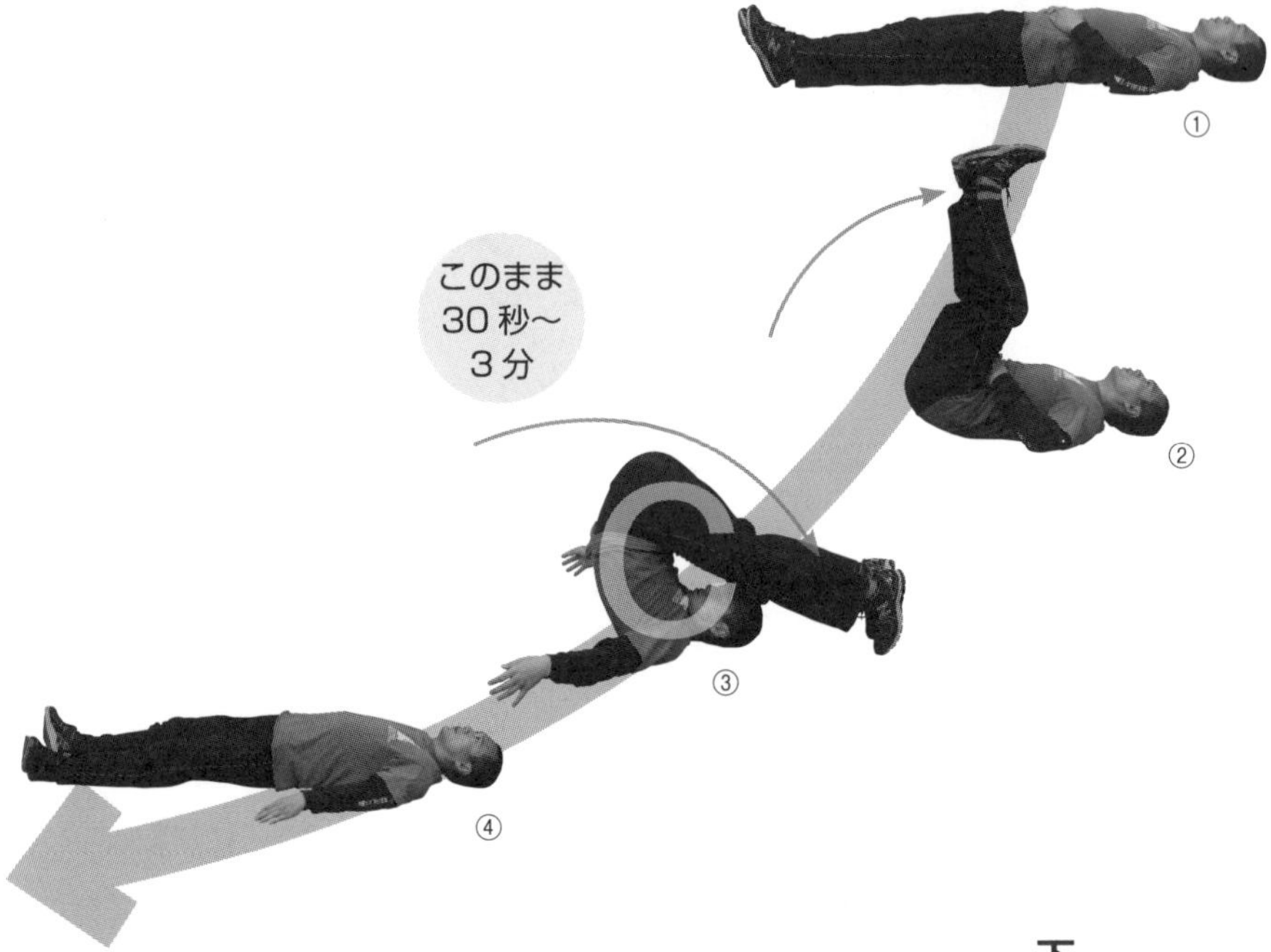

ポイント

下半身の重さを感じる

　足の重さを用いて背骨をゆるめるエクササイズです。グラウンドワーク全般に必要な背骨の柔軟性を養うこともできます。

①仰向けに寝ます。

②ゆっくりと足を頭上に伸ばすようにして持ち上げます。

③このまま下半身をリラックスさせ、重みを感じます。すると下半身の重さによって背骨がC字形に湾曲します。腰や首の背骨、あるいは体内に負担感が生じたら、ブリージングによって解消していきます。

④これを30秒から3分ほど続けたらゆっくりと仰向けに戻ります。1分ほど仰向けになって、背骨を休ませます。エクササイズによって椎骨の間が一時的に引き伸ばされ

腰や背中が曲がらないよう、注意してください。バランスが崩れそうになったらブリージングをして力を抜くことで回復します。ただまっすぐに硬直するのではなく、足と上半身のつり合いをよく感じるようにしてください。

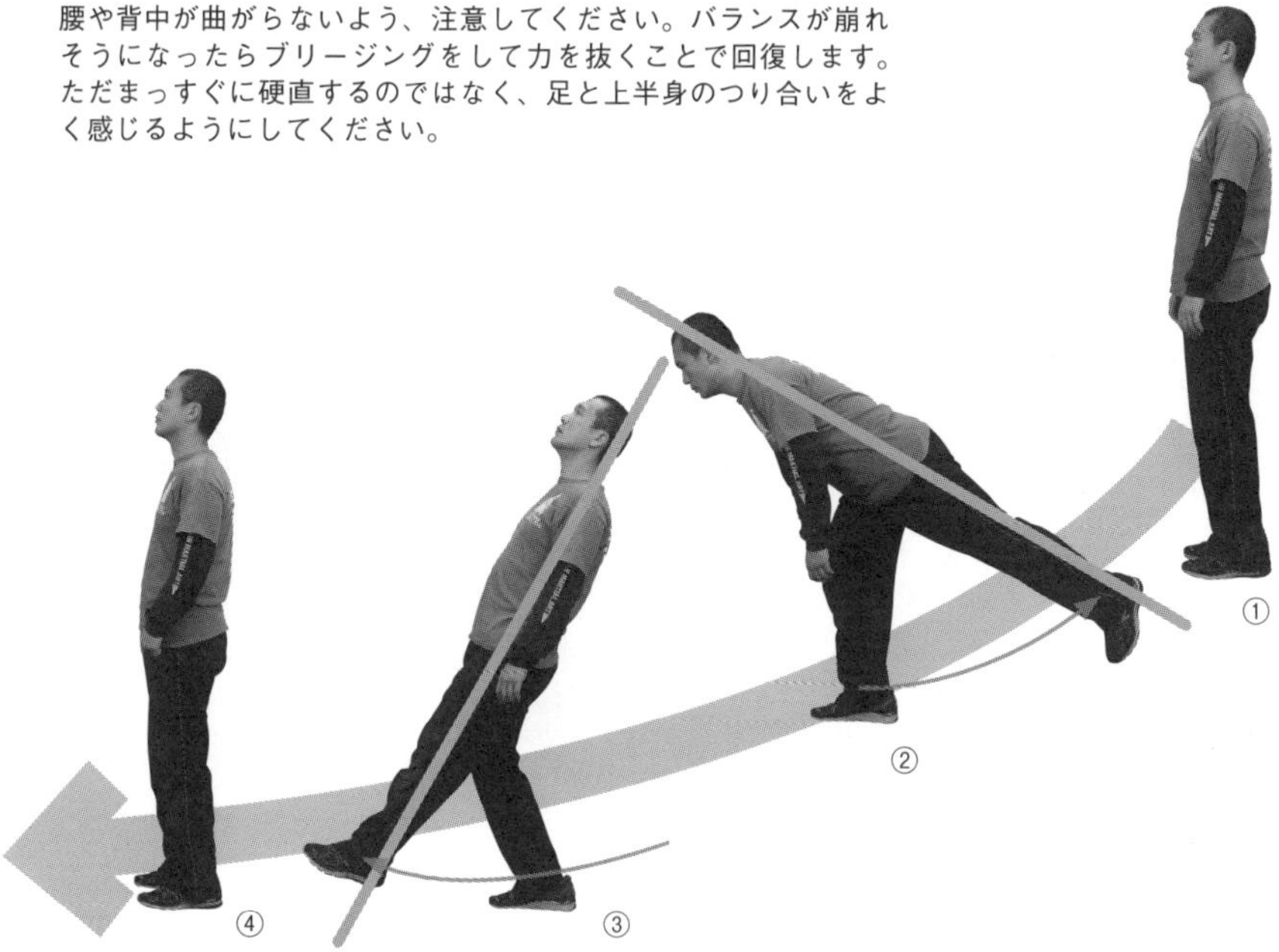

ているため、急に立ち上がると思わぬ怪我をすることがあります。もし腰や肩が固くてこの姿勢を維持するのが難しい場合は、手を腰にそえて支えても良いでしょう。

上半身と足のバランスを感じる1

続いては足と上半身でバランスを取るエクササイズです。

①まっすぐ立ちます。

②片足から頭にかけて直線を保ったまま、足を後ろに上げるようにして身体を傾けます。ちょうど軸足の股関節が回転の中心になります。

③足から頭まで直線をキープしたまま、ゆっくりと元の姿勢に戻ります。今度は足を前に上げます。

④元に戻り、これをゆっくりと天秤のように繰り返します。

後ろに倒れる上半身と、前に伸ばした足でバランスを取ることで、落下速度を調整してみてください。こうして足の重さが使えるようになってくると、前に紹介したキックの威力も上がります。足に重さが乗るようになるためです。

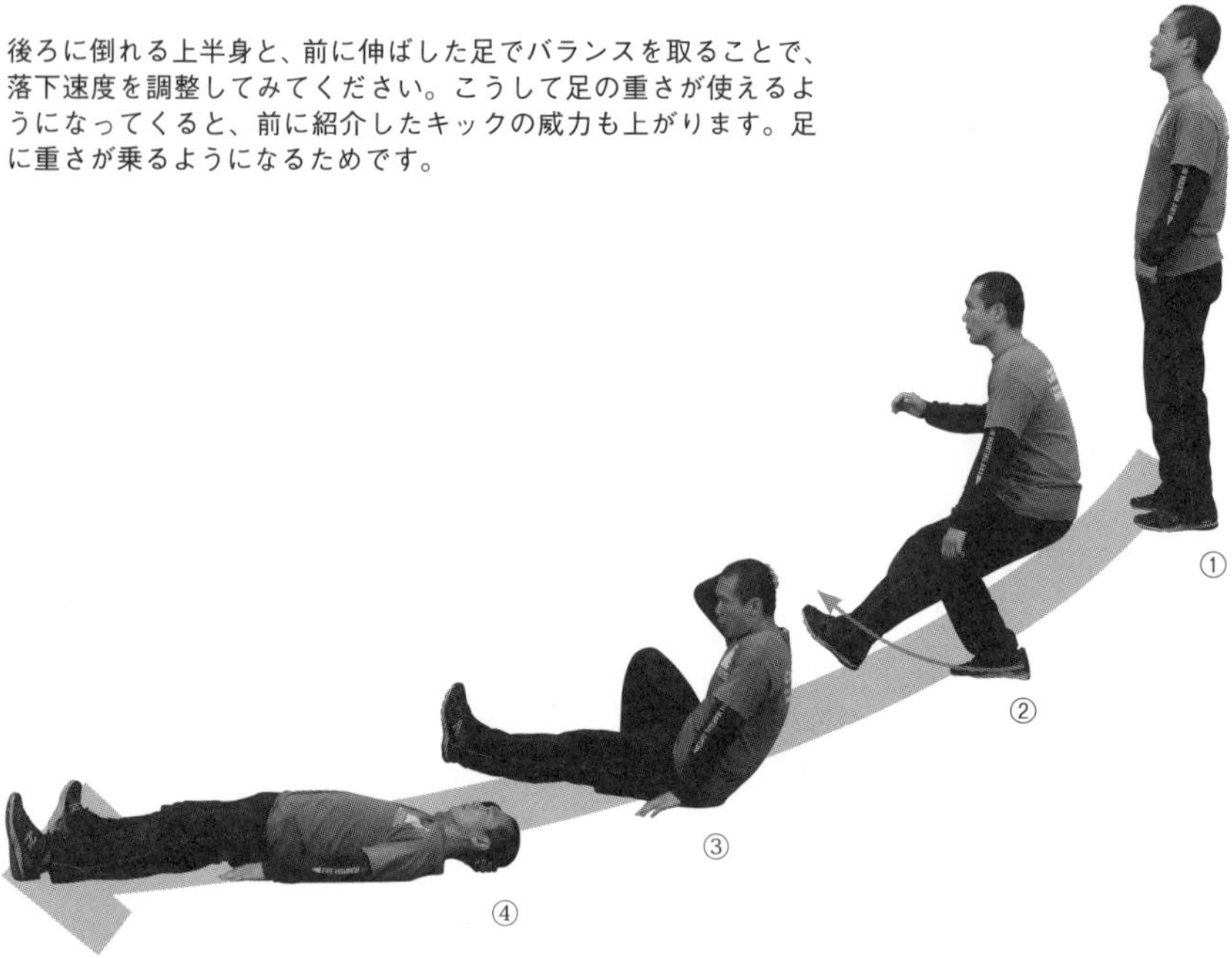

上半身と足のバランスを感じる2

同じく前後でバランスをとりますが、今度は足を前に出しつつ地面に倒れます。

①リラックスして立ちます。

②片足を後ろから払われたような形で、前に投げ出します。

③前に投げ出した足と身体でバランスを取りつつ、ゆっくりと軸足を曲げてしゃがみます。片手をあてがうことで後頭部を守るようにしてください。

④お尻とカカトがついたら仰向けに倒れます。

これはシステマのクラスでは一般的に倒れる練習の初歩として行われているエクササイズです。ですが前に伸ばした足の重さを使い、倒れながらバランスを維持するトレーニングとしても役立ちます。

○足が先導する動き

ここからはより積極的に、足を動力源として活用していきます。

まずは倒れた状態から楽に起き上がる身体の使い方です。

仰向けから起き上がる

①仰向けに寝た姿勢から

②足を振り上げます。

③④足を振り下ろした勢いで上半身を起こします。

足の勢いを使い、腹筋の力で補助しないようにします。うまくいくと全く努力感なく起きることができます。うまくいかなければ両足を振っても良いでしょう（②'）。

仰向けから立ち上がる

同じく足を動力源として使い、立ち上がります。

①仰向けに寝た姿勢から、
②足を振り上げます。
②足を振り下ろした勢いで上半身を起こしつつ、
④膝を曲げて足裏を床につけます。
⑤上半身を起こした勢いをそのまま用いて体重を前に移動させ、立ち上がります。

もしスムーズに立ち上がるのが難しい場合は、手を斜め上方に伸ばす勢いを用いて補助することもできます（④'⑤'）。

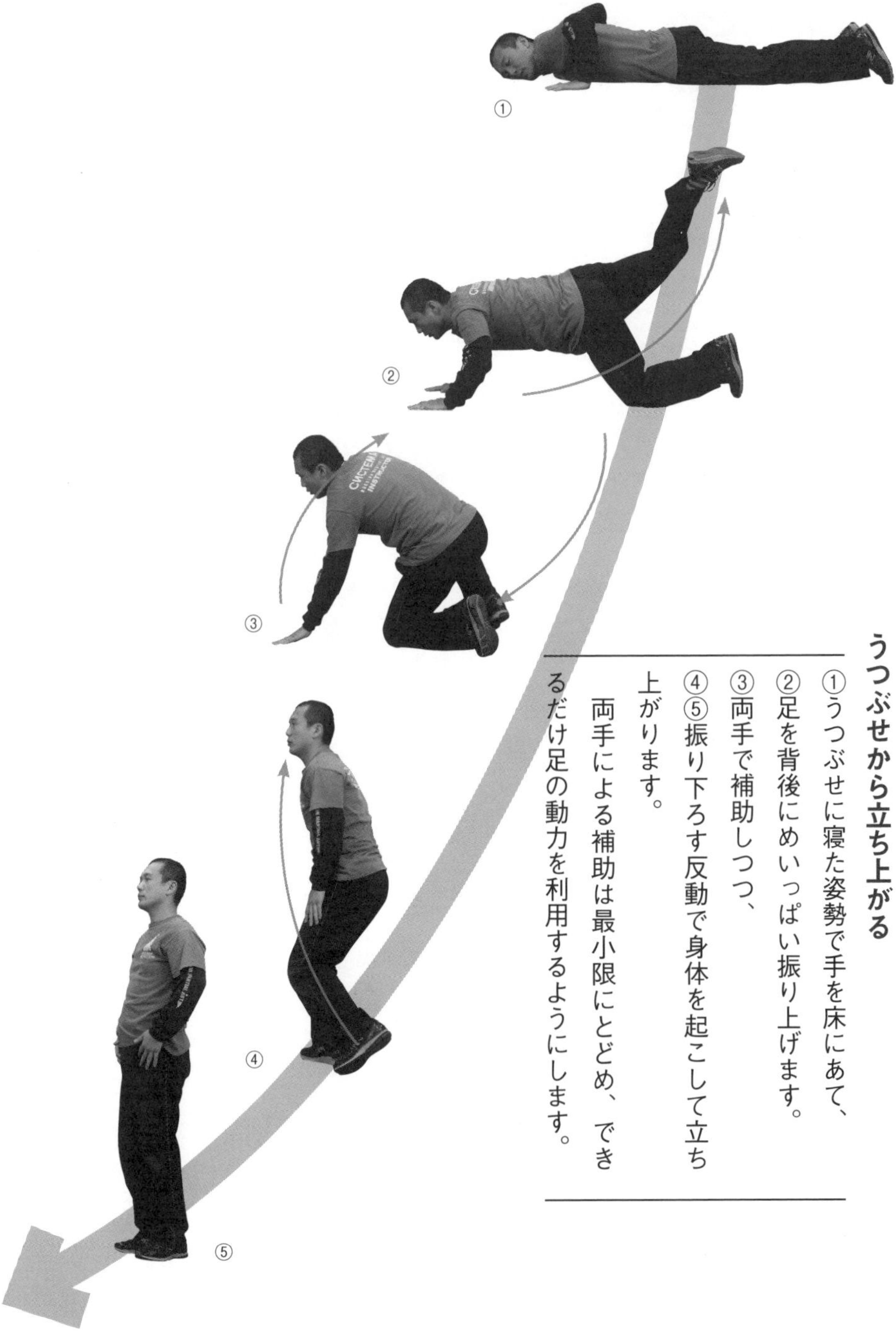

うつぶせから立ち上がる

①うつぶせに寝た姿勢で手を床にあて、
②足を背後にめいっぱい振り上げます。
③両手で補助しつつ、
④⑤振り下ろす反動で身体を起こして立ち上がります。

両手による補助は最小限にとどめ、できるだけ足の動力を利用するようにします。

足を用いたグラウンドワーク

これまでに紹介したエクササイズを組み合わせて、自由に動き回ります。動きを切らすことなく、ひとつながりの動きに乗り続ける練習です。足を伸ばす方向を変えれば、好きな方向に移動することができます。寝たり、座ったり、立ち上がったりと高さも変えてください。

⑦
⑧
⑨
⑩
⑪
⑫
⑬
⑭
⑮
СИСТЕМА
INSTRUCTOR

対人で行うグラウンドワーク

Aは自分に向かって来るBに踏まれないように移動し続けます。動きを止めることのないようにしましょう。

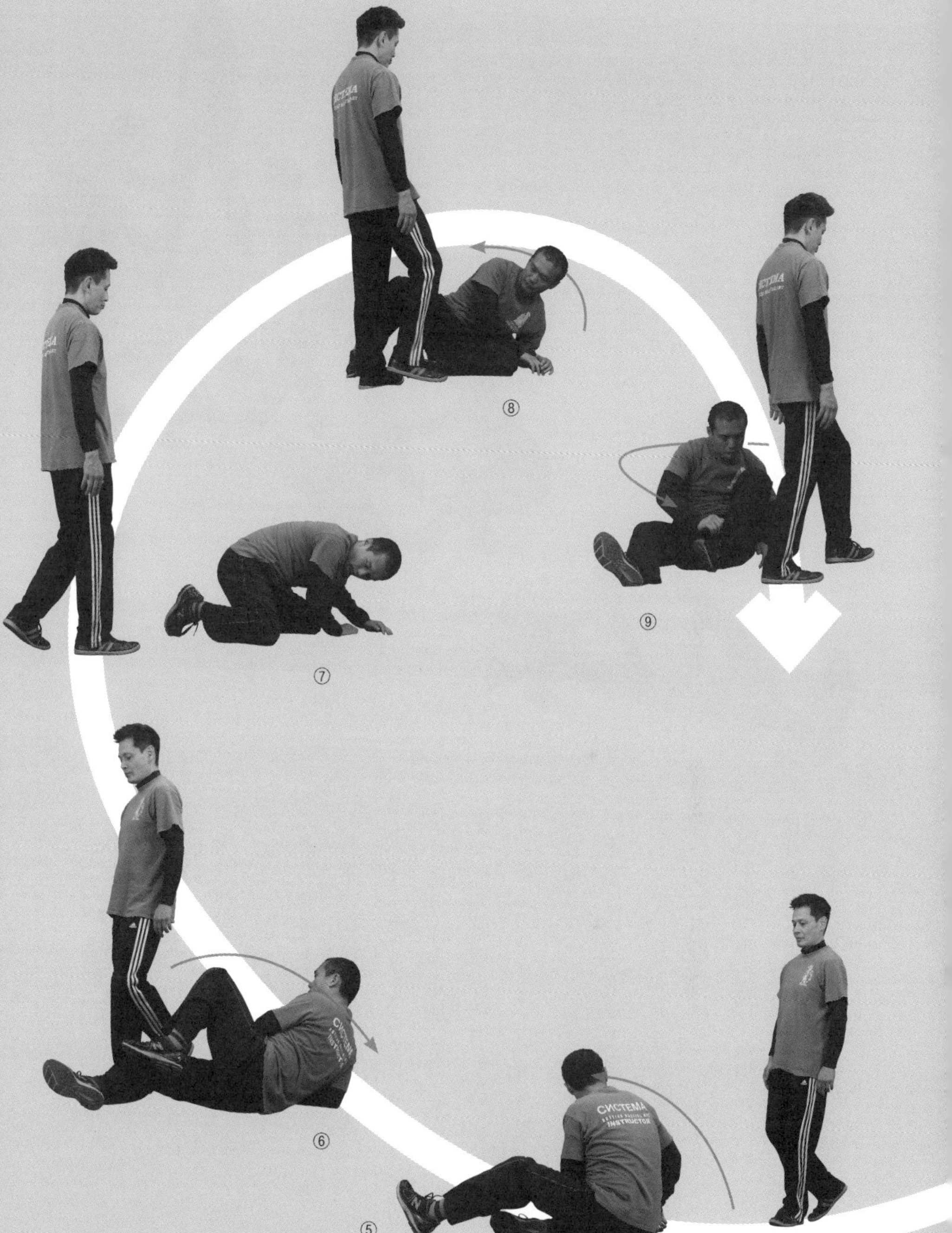
⑧
⑨
⑦
⑥
⑤

足の構造を確認するためのドリルです。
Bは片足を出して立ちます。
Aはどうすれば Bの姿勢を崩せるのか、色々試してください。

○足の構造を崩すドリル

足の構造を利用してバランスを崩す方法もあります。これにはまず足の構造を学ぶところから始めます。

基本的な原理は、足元を固定し、そこを中心とした円運動を描くような力を加えることです。その原理を利用することで、多くのバリエーションを生み出せます。

まずはパートナーに立ってもらって、その足を崩すところから始めると良いでしょう。カカト側や小指側、親指側に足や手をそえて足を固定し、その点を乗り越える円の軌跡を描肩や胴体など、手以外の部位を使った崩し方を試します。Ｂは特に踏ん張って抵抗する必要はありません。自然に倒れればOKです。

くようにスネやヒザへ力を加えます。手や足、あるいは肩や脇腹などを使えば、色々な方法を作り出すこともできます。

慣れたら歩いてくるパートナーの足を崩すワークや、フリーワーク（232～233頁参照）に織り込んで試してみましょう。

足を用いてＢを崩します。

急に力を加えると、Ｂのヒザや足首を痛める恐れがあるので、ゆっくりと力を加えます。どうすれば崩れるのか色々試してください。

自分に向かって歩いてくる相手の足を崩します。ＡはＢを崩しつつも、Ｂの動き自体は止めないように行います。

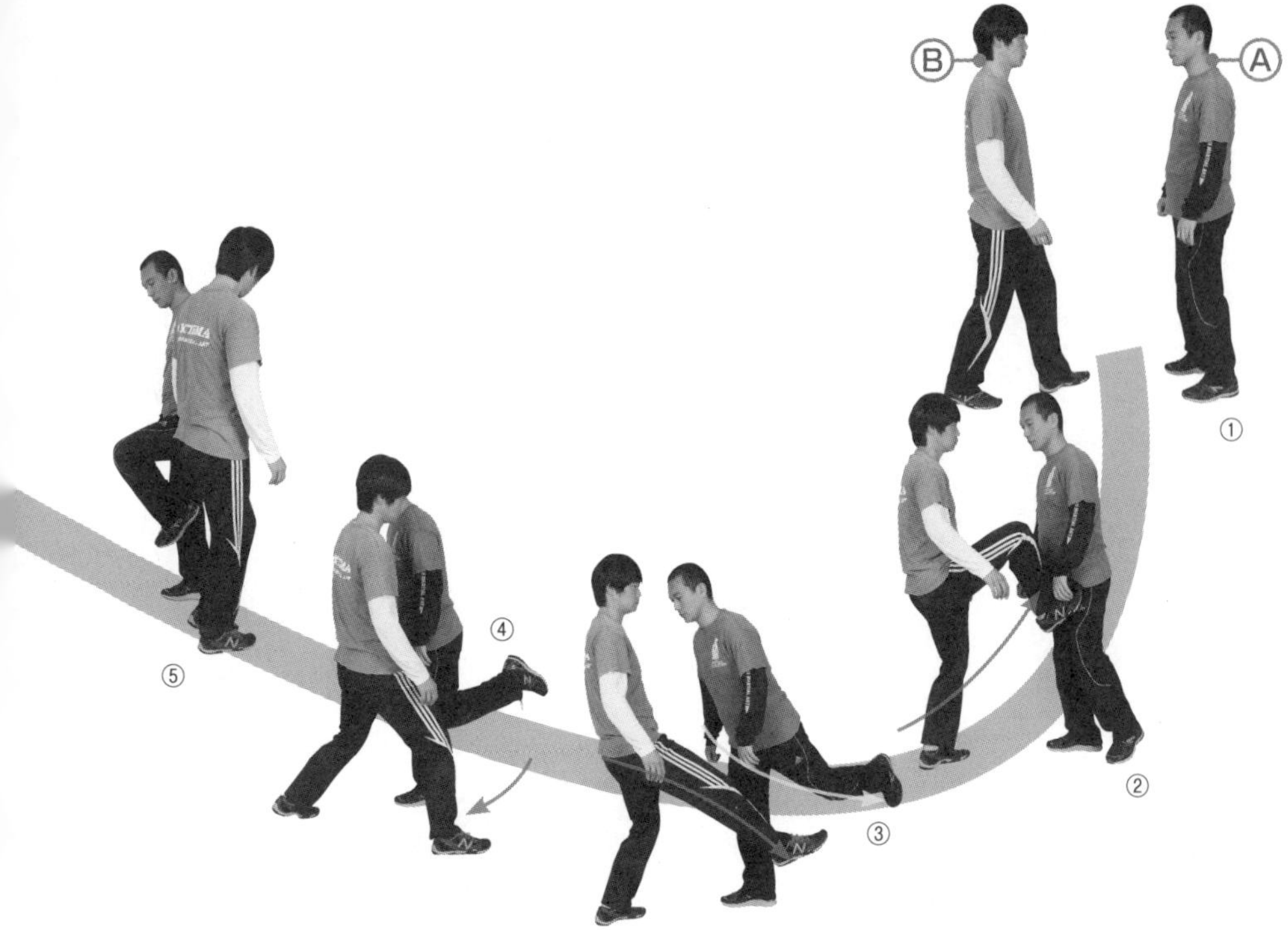

◯足のエクササイズ

足の自由度を高めるのに有効なトレーニングです。

足でのプッシュ&ムーブ

①Aはリラックスしつつ、片足をわずかに浮かして立ちます。

②BはAの足を蹴ります。AはBからもらった力を利用して歩きます。

③〜⑫Bは再びAの足を蹴り、AはBの力をもらって歩きます。これを繰り返します。

Aは足の自由度とバランスを保ち、上半身がなるべくブレないようにします。

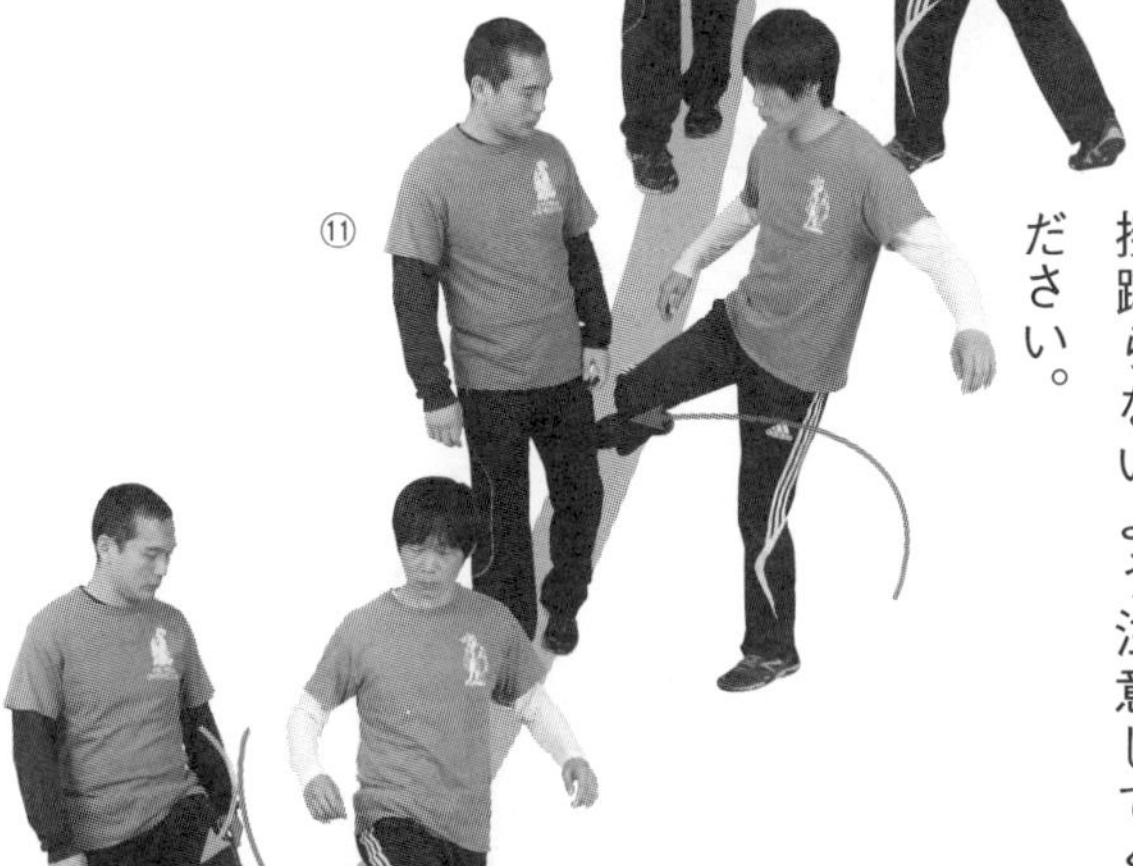

またBもAの足にエネルギーを伝えられるように力を抜き、足の重さを十分に活用するようにします。

膝関節を損傷する可能性があるので、トレーニングではヒザを正面や横から直接蹴らないよう注意してください。

足でのラリー

次は交互に足を蹴りあいます。バランス、遊脚のコントロール、軸足の柔軟性、足を置く位置の正確さなど様々な要素が同時に問われます。

①BがAの足を蹴ります。

②AはBから動きを受け取り、それをそのまま一歩以内で蹴り返します。浮かした足を置く位置をコントロールして、二歩以上歩かないようにします。

③〜⑫以下これを繰り返します。

ここで大切なのは、キャッチボールをするように、交互に力の流れをやりとりす

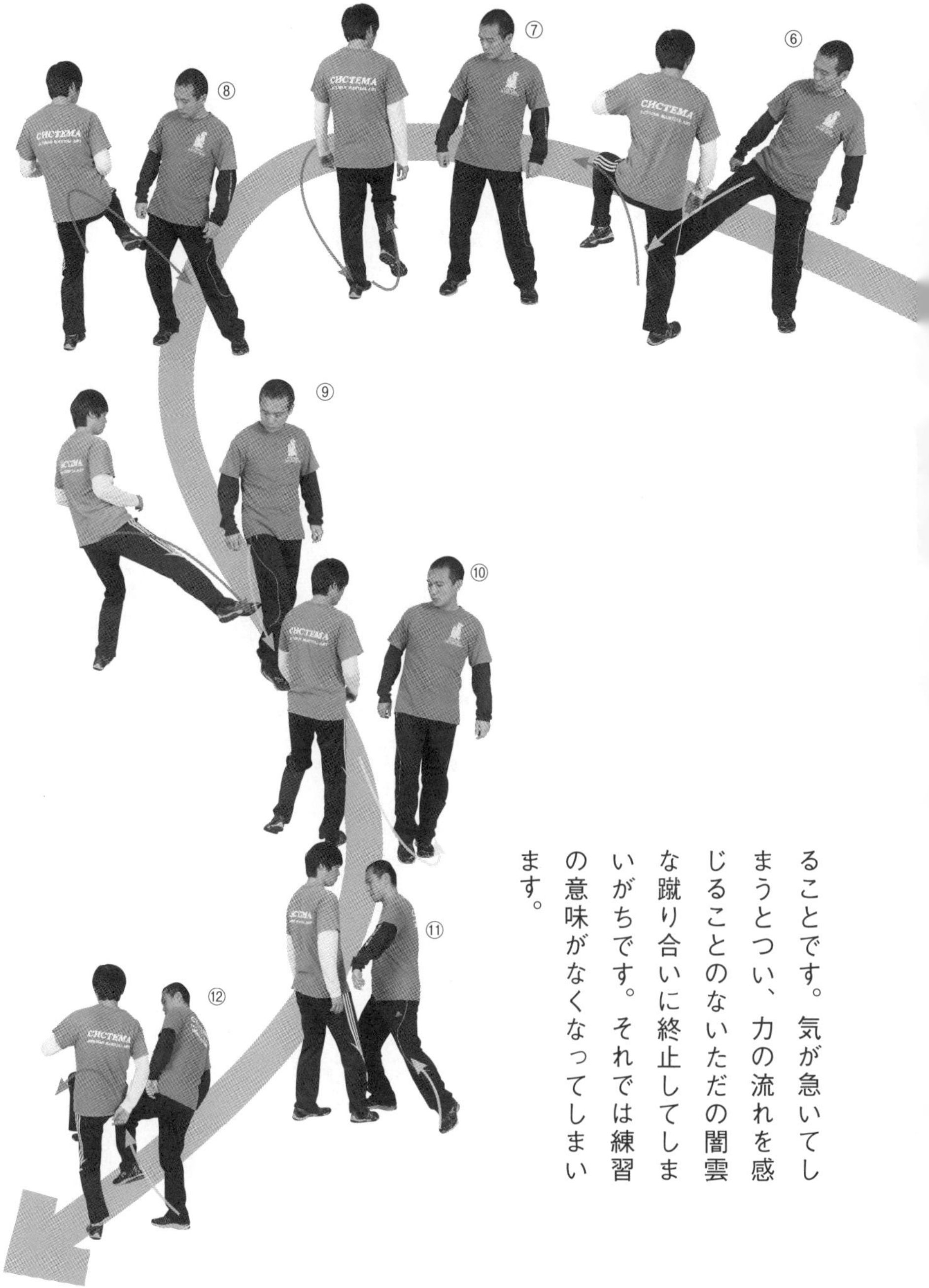

ることです。気が急いてしまうとつい、力の流れを感じることのないただの闇雲な蹴り合いに終止してしまいがちです。それでは練習の意味がなくなってしまいます。

フリーワーク

足でのラリーに手の動きも加えます。つまり両手両足を使って自由に打ち合うのです。足の置き方、姿勢、バランス、リラックスなどシステマで学んだことを全て動員し、交互に力の流れをパスしあうようにします。慣れないうちは恐怖心でつい手で防ごうとしてしまいますが、なるべく身体で受けるようにします。なぜなら肘を折られたり、ナイフで手首を切られたりといったミスにつながるためです。相手がうっかり手を出したら、パートナーはそれを利用した反撃をしかけても良いでしょう。またキャリ

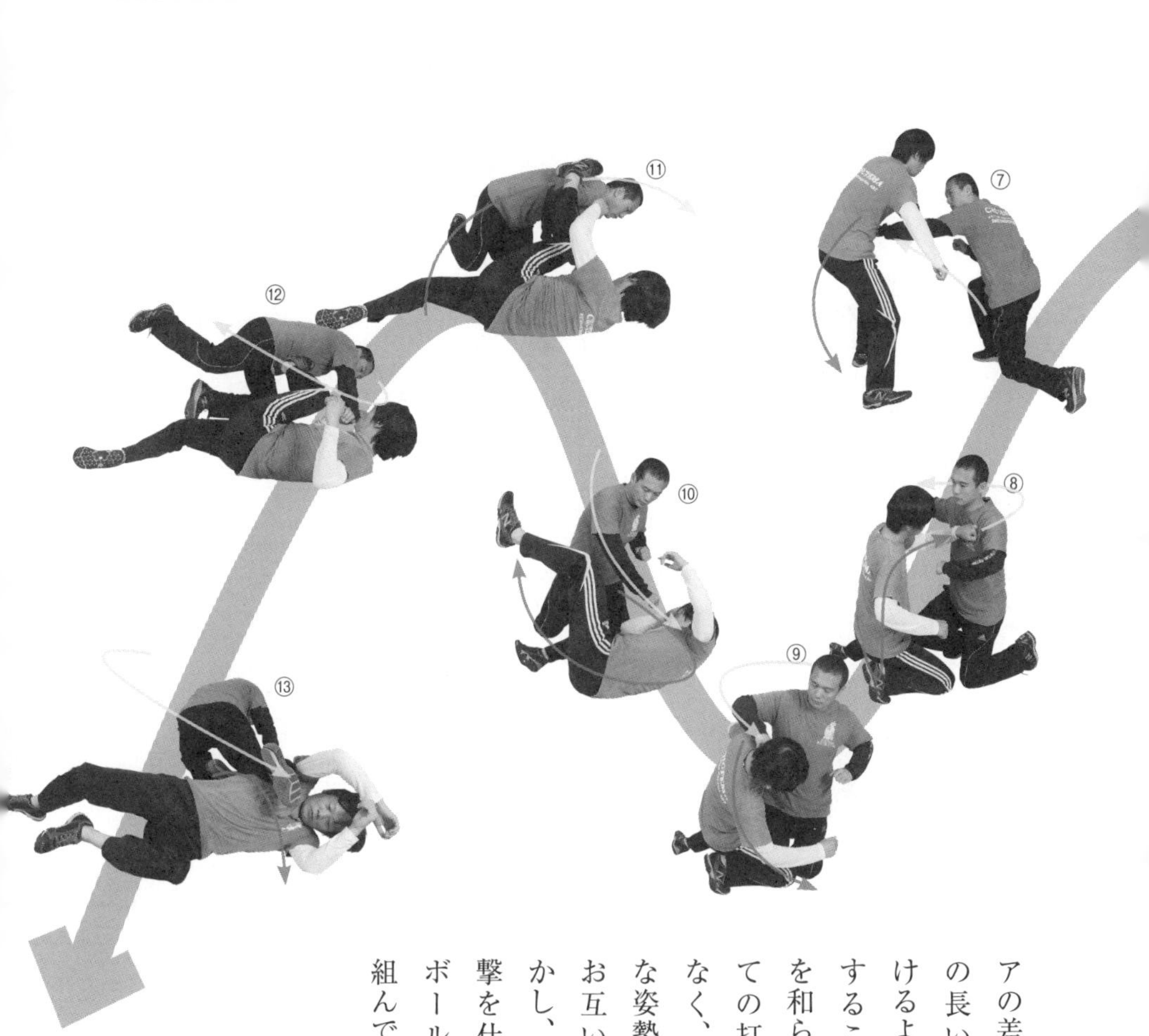

アの差がある場合は、キャリアの長い方が積極的に攻撃を受けるようにしてください。そうすることで攻撃に伴う恐怖心を和らげてあげるのです。立っての打ち合いにこだわることなく、座ったり寝たり、様々な姿勢で行うと良いでしょう。お互いがのびのびと身体を動かし、たまにはトリッキーな攻撃を仕掛けたりしてキャッチボールを楽しむつもりで取り組んでみてください。

○フリーワークの効果

トロント本部のシニア・インストラクターとして名高いゼットラー兄弟は、システマ歴自体は、筆者より一年ほど長いくらいです。しかし双子でひたすらこのフリーワークをやり続けた結果、長足の進歩を遂げて今や世界各国からセミナー講師として招かれるまでになりました。またモスクワ本部では、シニアインストラクターであるヴラディミア・ザイコフスキーが、クラスをリードする傍ら、親しいインストラクターとひたすらこのワークに興じているのをしばしば見かけます。ともにじゃれ合う子供たちのようにいかにも楽しそうで、アグレッシブさや恐怖心は微塵も感じられません。一般的な格闘技ではしばしばスパーリングが行われますが、システマでそれに代わるのがこのフリーワークとなります。このフリーワークを成立させ、楽しめるようになれば、ひとまず初心者の段階は卒業したと言えるのではないでしょうか。

○ノンコンタクトワーク

人と人は物理的な接触がなくとも、お互いに関わりあっています。第1章で扱ったパーソナルスペースはその一種といえるでしょう。こうした目に見えない要素は、システマのトレーニングを積むほどに重要な意味を帯びてきます。その中でも大きな意味を持つのが位置関係です。ここまでは主に、「自らの安全が確保され、自らの攻撃範囲に相手を入れる」という目的で足さばきについて解説してきました。しかしこれだけでポジショニングの全てを説明できるわけでもありません。物理的な接触のない状態で、お互いがどのような影響を及ぼし合うのか。それを少し掘り下げることで、ポジショニングがこれまでとは違った様相を呈するようになります。ここではノンコンタクトワークの導入としてミカエル・リャブコが教えてくれたワークを紹介します。

○ノンコンタクトへの第一歩〝制止〟

ノンコンタクトワークの導入として、しばしば行われるのが「制止」のワークです。自分のパーソナルスペースを境界線として設定し、そこを踏み越えてはいけないという意思を明確に示すのです。

いわゆる〝実戦〟と試合の最大の違いは、開始の合図がないことです。ですから合図の代わりにパーソナルスペースの境界を用いる方法があります。自分のパーソナルスペースを踏み越えないように警告を発し、それでもなお相手が踏み込んできたら躊躇なく行動に移るのです。それにはまず明確な制止ができるようにします。その前提となるのは、自分の身体が物理的に相手を制止できる状態であるということです。それには姿勢を崩さず、強度と動きやすさを備えた状態で、制止するのです。

相手を止める 1

①BがAに向けて歩きます。
②AはBに手のひらを向けて止めます。
③Bは身体に自然な反射が起こるのに任せ、無理に押し込んだりしないようにします。
Aは足を踏ん張って姿勢を崩したり、タイミングを合わせて寄りかかったりしないようにします。バランスの崩れや力みがなければ、骨格の構造で負担感なくBを止めることができます。

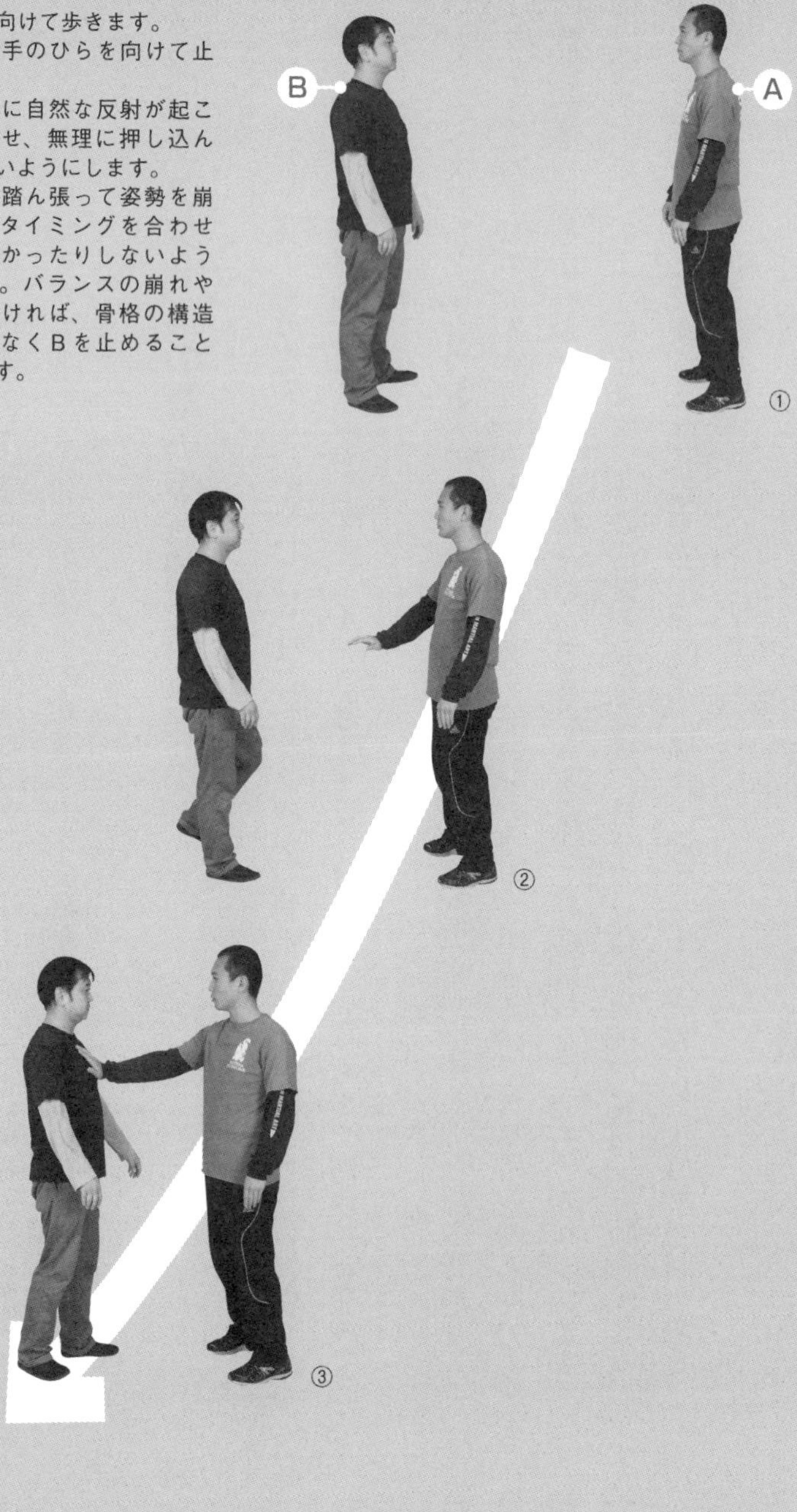

相手を止める２

慣れたら、次は手で触れることなく制止します。

自分の境界線を相手が乗り越えないよう、明確な意思を持って制止するようにしてください。

①ＢがＡに向けて歩きます。
②ＡはＢが境界線を踏み越えないように制止します。立ち入り禁止のところにうっかり入ろうとする人を止めるようなイメージです。
　Ｂもただ歩くのではなく、普段、路上で人とすれ違う時くらいの注意力を持つようにします。無神経にまっすぐ突っ込むだけではワークが成立しませんし、トレーニングとしても逆効果になります。危険に対して目を瞑る練習となってしまうためです

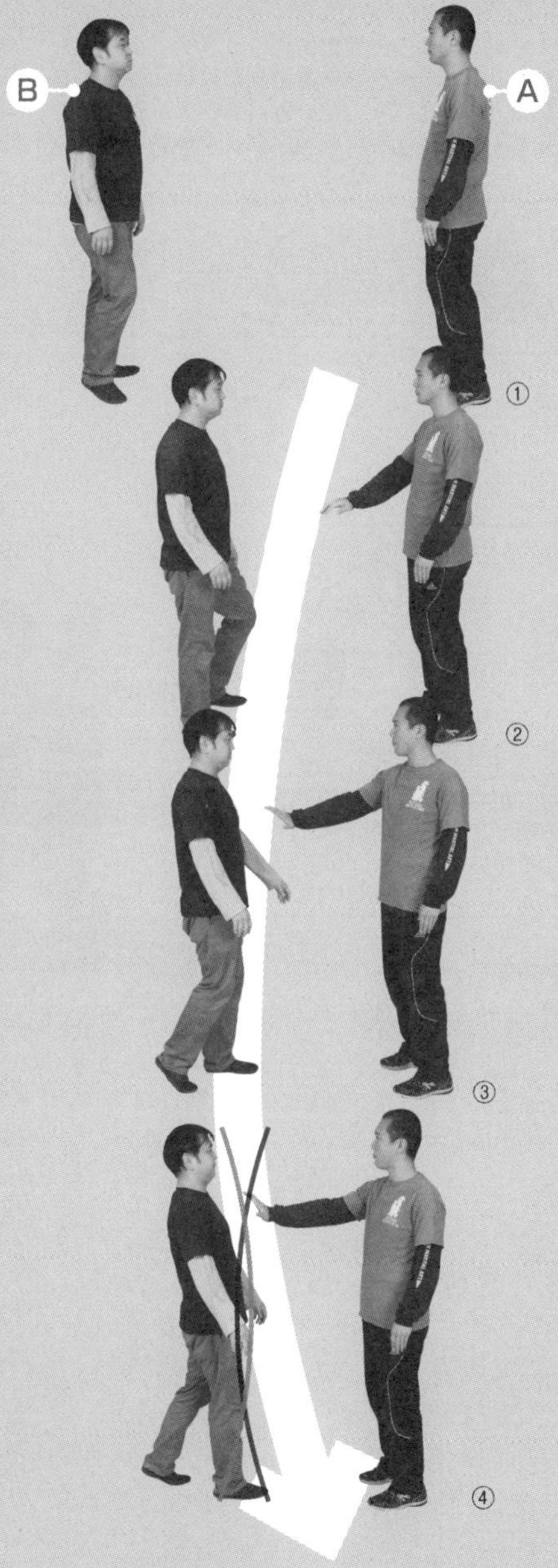

Ｂが無防備に近づいて来る場合には、パンチを入れることもあります。Ｂに適度な警戒心を持ってもらうためです。

相手を半分止める

①BがAに向けて歩きます。
②AはBの右、あるいは左半身だけ制止します。
③④Bは制止されていない方に進んでいきます。数歩進んだらBは再びAに向かって歩きます。

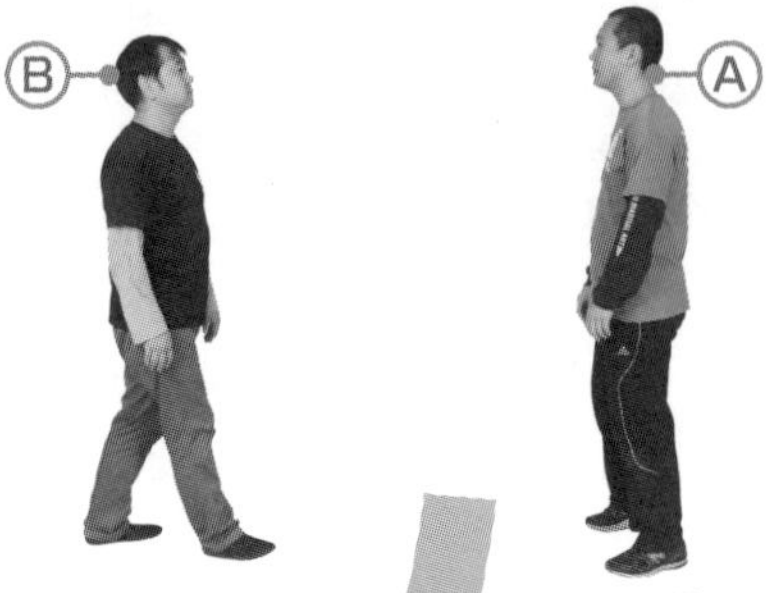

①

②
③
④

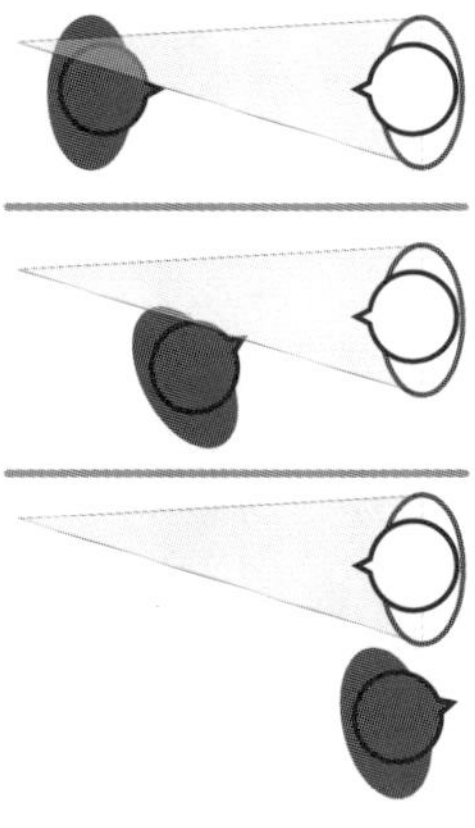

漠然と手を出すのではなく、相手の身体のどの領域を制しているのかを明確にして行います。

相手を半分だけ止める

次は相手の身体を部分的に制止します。すると制止された範囲を避け、制止されていない方向への移動が生まれます。この原則を利用し、相手の進行方向をコントロールすることができます。一定の選択肢を奪うことで、それ以外の選択をするよう促すのです。

まずは相手の右半身、あるいは左半身だけを制止するところから始めましょう。

これに慣れたら、今度は相手のコースをコントロールし、さらにバランスを崩すように誘導します。

相手のコースをコントロールする

①ＢがＡに向けて歩きます。
②ＡはＢの右、あるいは左半身だけ制止します。
③～⑤ＢがＡをかわしたら、ＡはそのままＢを任意の方向に誘導します。
ポイントはＡが自分の身体を壁のように使って、Ｂが進んではいけない方向を明確に示し続けることです。その上で進むべき方向性を示すと良いでしょう。ラッシュアワーの乗客を誘導する駅員のようなイメージです。

Ｂが警戒心に乏しく、制止されない場合は必要に応じてストライクを入れます。

このワークはコントロールされる側も相手の気配を察して動くことが重要です。また移動の際には、ここまでに紹介した原則を守り、安定して淀みなく動きます。

誘導してバランスを崩す

続いては制止を用いて相手のバランスを崩します。

①〜④Aは Bを左右に誘導するのに慣れたら、上半身、あるいは下半身への制止を折り込みます。

⑤〜⑦すると Bがバランスを崩します。Bがバランスを回復する妨げとなるような方向に制止のサインを出し続けることで、相手の姿勢を崩したり倒したりすることも可能になります。慣れてくれば制止のサインをわずかに出すことで相手の動きを封じることもできるでしょう。

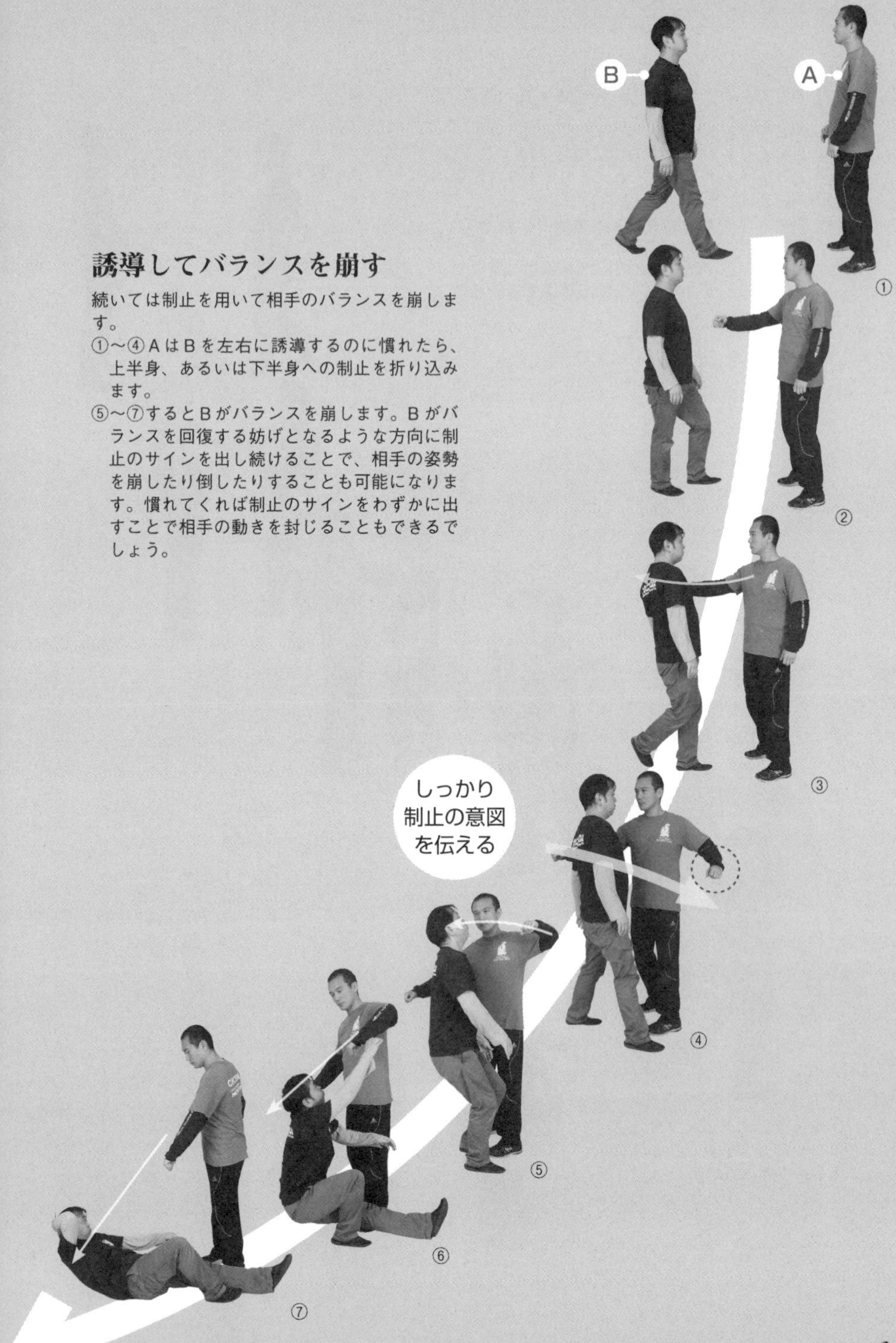

○ノンコンタクトワークの核は〝意図〟にあり

こうしたノンコンタクトワークは、あくまでも物理的な接触以前に起こる、人の無意識的な反応を理解するためのトレーニングです。決して触れることなく相手を崩すことが目的ではありません。相手が自分を狙っているかどうか、狙っているとしたらどこを狙っているのか。またはそこに秘められた意図はなんなのか、その中でどう動けば安全が確保されるのか。こうした接触以前に自分の身に起きていることに気づけるようになることが目的です。

シャシュカを手にしてミカエルと立ち会うと、知らぬ間に空間を侵食され、気づいた時には斬り伏せられているといったことが度々起こります。ミカエルの全身は私の視野に入っていますし、目にも留まらぬ動きをするわけでもありません。それなのにどれだけ慎重に防ごうとしてもミカエルの持つシャシュカによって、いつの間にか制圧されてしまっているのです。

あまりにレベルのかけ離れた技を受けた時は、自分の身に何が起きたか分からないものです。これは恐らく相手がこちらの認識の外側から技をかけているためなのでしょう。

ミカエル・リャブコは近年、インターナルワークと呼ばれる自らの内側へと目を向け、動きの源を探るワークに力を入れています。姿勢を整え、意識を広く開放してもなお内面に残る死角を見つけ、取り除いていくのです。

ミカエルは「インターナルワークに上達するとどうなるのですか?」という問いに対し「それまで感じられなかったことが感じられるようになる」と答えています。それは内側の死角が取り除かれることで、より多くの情報をキャッチできるようになることを意味しているのでしょう。それはそのまま視野の広さとなり、それまで認識できなかった領域への知覚に繋がります。すると以前には感じられなかった動きを察知し、乗ることができるようになっていきます。

こうして自らを整え、外界と一体化し、然るべき状態で然るべき位置に存在する。それがトレーニングを進めた先にある、自然なフットワークなのではないかと思います。

○対複数のドリル

一対一での動きが分かってきたら、同じことを人数を増やして練習します。それによってより精神的な負荷の高い状況でも、同じ原則を活用できるかどうか検証することができます。位置取りの原則は第1章で述べた通り「相手の攻撃が届かず、自分の有効な攻撃が当たる位置」を確保することです。相手が複数の場合、アタッカーの攻撃範囲が重なる範囲では危険が倍増します。ですから攻撃範囲がなるべく重ならないところから、安全な位置へと移動するようにします。

また相手が複数だとしても、自分の身体はひとつです。

一人が複数の相手と対峙する場合、アタッカー達の意識は基本的に自分に集中することになります。これは全てのアタッカーの進行方向を直線で結べば受け手の立ち位置で交わることを意味します。

す。

その性質を利用して、アタッカー同士の衝突を狙ったり、アタッカーのひとりを盾にしたりといったテクニックが生まれてきます。

またどれだけ正しく動いたとしても、全ての攻撃をかわしきることはできません。そのため攻撃を受けないことよりも、受けても動じることのない心身両面の安定性が求められることになります。特にヴラディミアが対多数のワークに関して注意しているのが、自分に攻撃を当てた相手への反撃を試みないことです。その瞬間に一対一のケンカとなってしまって、他のアタッカーの存在がごっそりと意識から抜けてしまいます。すると死角から多くの攻撃を受けることになり、結果的に自滅してしまうのです。

システマでは一対複数だけでなく、二人で一人を拘束したり、二人でコンビを組んで多数のアタッカーの相手をしたりなど、数名のグループで行う練習がたくさんあります。敵だけでなく味方との位置関係を把握したりなど、広い視野を保ち瞬時に状況を判断して行動するトレーニングとしてとても有効です。

対複数のワーク1

相手が複数の場合、全く攻撃を受けないことはありません。むしろ相手の攻撃を利用して囲みから抜けだして安全な位置に移動するようにします。

対複数のワーク２

最初は攻撃手段をパンチに限定し、慣れてきたらキックも加えます。

相手を「盾」にする

アタッカーの一人を盾として使って、他のアタッカーからの攻撃を防ぐこともできます。自分と二人のアタッカーが一直線に並ぶような配置に移動します。

対複数のナイフワーク

アタッカーがナイフを持って攻撃を仕掛けます。ナイフに集中することなく広い視野を保ちます。

アタッカーのナイフを用いて、別のアタッカーを攻撃するのも良いでしょう。

相手同士を衝突させる 1

アタッカーが複数いる場合、その動線はターゲットで交わります。それを利用してアタッカー同士を衝突させることができます。

相手同士を衝突させる２

複数のアタッカーを衝突させると同時に、それぞれの腕を絡めるようにして身動きを封じても良いでしょう。

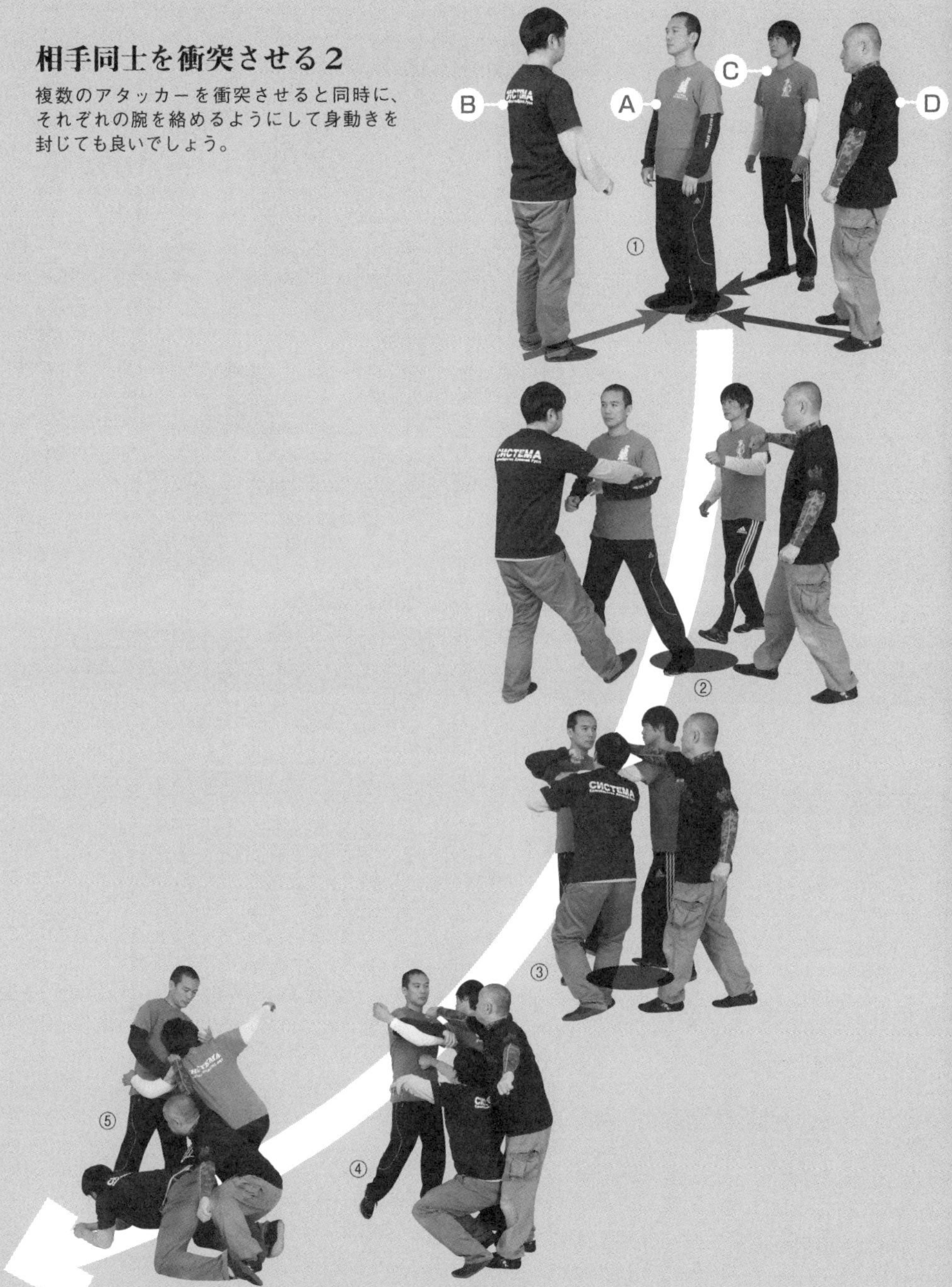

○フットワークの真価とは

かつて日本の武術家は袴を穿くことで足運びを隠していたと言われています。その説の真偽は分かりませんが、足運びにはあらゆる技術の根幹を担うだけの意義があることだけは確かです。

サッカーやバスケットボールなどの球技でも、技量はそこそこなのに、なぜか良い位置にいるプレイヤーがいます。たまたまこぼれ球が転がる先にいて、得点してしまうようなプレイヤーです。こういうプレイヤーは単に運が良いと片付けられてしまいがちですが、良い立ち位置を見極め、誰にも悟られることなく、そうした良い位置にいるのは、とても高度な技術です。立ち位置が表面的な実力を凌駕することの好例と言えるでしょう。おそらく本書をお読みの方々はセンス、体格、練習量、若さなど、いずれにおいても特に人並み外れたものはないものの、一心に武道を志すような人々なのではないかと思います。そういう方々にぜひ取り組んでもらいたいのが、フットワークです。然るべきタイミングで然るべき位置にいるというのは、それだけであらゆる天賦の才を覆し得るほどの強力な武器となるのです。強い人が強くなるのは単なる必然です。強くない人が強くなることこそが、マーシャルアーツの存在意義です。それを信じて研鑽し続ける人たちにとって、フットワークは大きな助けとなるはずです。

おわりに

「次の本のテーマは、フットワークでお願いします」

編集者からそうオファーされた時は正直、面食らいました。

本編でも述べた通りフットワークは非常に重要ですし、思い入れのある分野でもあります。マスター達も歩き方や立ち位置の重要性についてたびたび言及しているものの、あまり注目されることはありません。そのため、システマを学ぶ多くの人はストライクやナイフワークといった見栄えのする練習を好み、足の置き場所なんていう地味なことに興味はない。私はそんな印象を抱いていたからです。そのためフットワークは個人的な研究にとどめ、普段のクラスでテーマとして取り上げることもほとんどありませんでした。しかし編集者の下村氏は長年武道関係の書籍や雑誌を手がけ、そのなかで様々な武術と多くの先生を見てきた人物です。こうした背景があればフットワークの価値が分かるのもうなずけます。でも、一般の人がお金を出して、本を買ってまで知ろうとするとは思えなかったのです。そこでフットワークをテーマとした本にニーズがあるか。周囲に探りを入れてみました。するとやはり返事は異口同音に「興味深いけど、売れないんじゃないですか?」というもの。一部の人には受け入れられても、広く受け入れられることはないという予感は、いよいよ確信へと変わっていきました。

このことを告げても、下村氏の決意は変わりません。

では、それでもなおこの本を手に取るのはどんな人なのだろう?

執筆にあたって、その人物像を想像してみました。以前に比べたらかなり知られてきてはいますが、システマはまだまだ日本ではマイナーな存在です。定期的に練習している人など微々たるものです。また同じシステマを学んでいる人同士でも、求めるものは大きく違います。生きる術としてシステマを学ぶ人もいれば、自我を満足させるための人、運動不足解消のための人など、様々でしょう。その中で、フットワークなどという地味で効果がよく分からないうえ、習得が困難な技術に目を向ける人など、さらに少数派です。そんな特殊な本を手に取り、なおかつこうしてあとがきまで読んでくれるような人達。その人物像を想像すると、異邦の地で不意に同郷の人に会ったようななんとも言えない親近感を感じます。実際にどのくらいいるか分かりませんが、こうした人達に、

「こんな本が欲しかった」

と言ってもらうことを目指して執筆したのが、この『システマ・フットワーク』です。

決して売れ線とは思えないこの本が完成し、書店に並ぶに至ったのはひとえに「大事なことだから、本にしておいた方がいい」という下村氏の覚悟と熱意の賜物です。

本書の内容は決して簡単ではありません。読んですぐにできるようになるものではありませんし、私自身まだまだ学んでいる最中です。それでも本書を手にとってくれた方が、

「遅いはずなのに当たる、届くはずなのに届かない」

というフットワークの妙を体験してもらえればと願っています。フットワークにはこうした小さなミラクルを起こすだけの可能性が秘められているのです。

最後に本書の製作にあたってお世話になった次の方々に謝辞を捧げます。

編集の下村敦夫氏、執筆場所を提供してくれるエスプレッソファクトリーの鳴海裕氏、ロシア語の指導をしていただいている福田知代氏、呼吸に関する深い知見をシェアしてくれた、システマインストラクター・菅谷明義氏。活動を支えてくれる家族、トレーニング仲間と今まで指導を受けたすべてのインストラクター、フットワークに注目するきっかけをくれたアレン・ダッベルボア氏、トロント本部校長ヴラディミア・ヴァシリエフ氏、システマ創始者ミカエル・リャブコ氏。

２０１５年　冬　北川貴英

北川貴英（Takahide Kitagawa）
2008年、ミカエル・リャブコより日本人二人目の公認システマインストラクターとして認可。各地のカルチャーセンターなどを中心に年間400コマ以上を担当し、セキュリティ関係者から専業主婦、幼児から高齢者に至るまで幅広い層にシステマトレーニングを提供している。テレビ、ラジオ、雑誌などを通じてシステマを紹介するほかシステマ関連書籍の著述や翻訳なども行っている。

【著書】
『システマ入門』（ＢＡＢジャパン）
『最強の呼吸法』『最強のリラックス』（共にマガジンハウス）
『逆境に強い心のつくり方―システマ超入門―』（PHP文庫）
『人はなぜ突然怒りだすのか？』（イースト新書）
『システマ・ストライク』（日貿出版社）
『システマ・ボディワーク』（BABジャパン）
『ストレスに負けない最高の呼吸術』（エムオンエンタテイメント）

【監修】
『Dr. クロワッサン 呼吸を変えるとカラダの不調が治る』（マガジンハウス）

【連載】
『病院安全教育』（日総研）
Web Magazine コ２【kotsu】「システマ随録」（http://www.ko2.tokyo/）

【ＤＶＤ】
「システマ入門Vol.1 2（ＢＡＢジャパン）」
「システマブリージング超入門（ＢＡＢジャパン）」

Web site「システマ東京」 http://www.systematokyo.com/

撮影協力：天田憲明（システマ銀座）、牛尾幹太、山田和彦、嶋英彦（システマ六本木）、三木正彦、鈴木太、渡辺かおり、大塚学

サバイブのための歩法《ほほう》

システマ・フットワーク

●定価はカバーに表示してあります

2015年12月24日　初版発行

著　者　北川《きたがわ》 貴英《たかひで》

発行者　川内 長成
発行所　株式会社日貿出版社
東京都文京区本郷 5-2-2　〒 113-0033
電話　(03) 5805-3303（代表）
FAX　(03) 5805-3307
振替　00180-3-18495

印刷　株式会社ワコープラネット
装幀　渡辺 文（ayadesignstudio）
写真撮影　高柳利弘　糸井友康

ISBN978-4-8170-6011-2
http://www.nichibou.co.jp/